商务印书馆（成都）有限责任公司出品

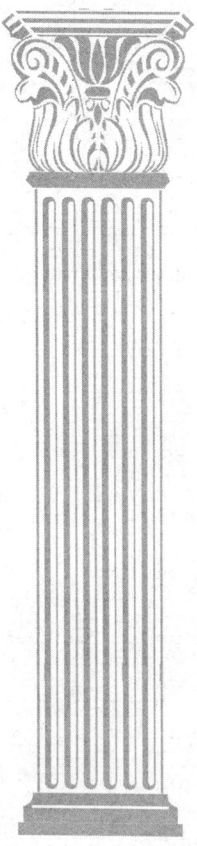

论柏拉图的
《政治家篇》

[法] 柯奈留斯·卡斯托里亚蒂斯 著
张建华 译

Cornelius Castoriadis
SUR LE POLITIQUE
DE PLATON

商务印书馆
The Commercial Press

SUR *LE POLITIQUE* DE PLATON
by Cornelius Castoriadis
Copyright © Éditions du Seuil, 1999
Simplified Chinese edition copyright © 2015 Shanghai Sanhui Culture and Press Ltd.
Published by The Commercial Press
All rights reserved.

目 录

序言　卡斯托里亚蒂斯与《政治家篇》(皮埃尔·维达尔-纳盖)　　I
导言　活的思想在工作(帕斯卡尔·维尔奈)　　XI

1986 年 2 月 19 日的研讨课　　1

柏拉图的《政治家篇》　　13
　　一、《政治家篇》的写作时间和情境　　16
　　二、《政治家篇》的对象和结构　　28

1986 年 2 月 26 日的研讨课　　41

再度开始和预期　　43
　　三、两个定义　　46
　　　1. 第一个定义：政治家作为人群的牧者　　48
　　　2. 第二个定义：政治家，王者，作为编织者　　57
　　问题　　69

1986 年 3 月 5 日的研讨课　　79

　　四、八个附带插入　　83
　　　1. 第一个附带插入开始于 262a，涉及的问题在于，究竟是应当按照种类来划分还是按照部分来划分　　83

  2. 第二个附带插入(263c—264c)当然与此联系在一起。无论如何，外邦人批评了那些带有主观基础的二分   88

  3. 第三个附带插入是迄今为止最为重要的，它涉及范例   89

1986 年 3 月 12 日的研讨课   113

 四、八个附带插入(续)   115

  3. 第三个附带插入，关于范例(续)   115

  4. 第四个附带插入，在 281d，涉及的是固有原因的艺术和伴随原因的艺术之间的区分   122

  5. 第五个附带插入(283c—285c)涉及相对尺度和绝对尺度的差异   123

  6. 第六个附带插入宣布说，对话的真正目标只是辩证法的训练   128

  7. 第七个附带插入(304b—d)谈论服务于政治技能的诸多艺术   128

  8. 第八个附带插入涉及各种德性的区分   129

 五、三个离题   131

  1. 第一个离题：克罗诺斯统治的神话   132

1986 年 3 月 26 日的研讨课   149

 五、三个离题(续)   153

  1. 第一个离题：克罗诺斯统治的神话(续)   153

  2. 第二个离题：各种政体的形式   166

 问题   179

1986 年 4 月 23 日的研讨课   181

 五、三个离题(续)   184

    1. 第一个离题：涉及克罗诺斯统治的神话（续）   184

    2. 第二个离题：涉及政体的形式（续）   185

    3. 第三个离题：唯有科学界定政治家   188

  问题   213

1986 年 4 月 30 日的研讨课   219

  五、三个离题（续）   221

    3. 第三个离题从科学的观念出发来定义政治家（续）   221

    4. 再论第二个离题，即关于政体形式的离题   233

  六、结语：关于《政治家篇》的谋篇布局   235

  问题   241

附录   246

  关于翻译   246

  英译者后记   252

译后记   272

序言

卡斯托里亚蒂斯与《政治家篇》

皮埃尔·维达尔-纳盖(Pierre Vidal-Naquet)

这本小册子的历史是一个有趣的故事。最开始,它是一份研讨课的记录。这次研讨课是给社会科学高级研究院的学生开设的,致力于探讨柏拉图的一篇最为困难的对话,即《政治家篇》。从1986年2月19日到4月30日,每一周的研讨课都在录音磁带上记录下来。

1992年,帕斯卡尔·维尔奈(Pascal Vernay)和他的三位朋友一起合作,把录音材料的最初草稿整理出来,然后交给柯奈留斯[我们都叫他高乃依(Corneille)]。他当时感到意外——"我还不知道我写了一本新书",同时也显得很高兴,而且严肃,一如他往常对待自己的态度。从那个时候开始,文本得到进一步的修改和充实,澄清了一些细节。于是诞生了一个工作小组——当时他还在世,这个小组在他去世之后继续协作,并且打算按照必要的严格性,出版卡斯托里亚蒂斯指导的研讨课的全部记录:这可是一项编纂百科全书的任务。

帕斯卡尔·维尔奈撰写的"导言"讲述了有关的基本情况。关于他的工作,我可以谈一谈他没有可能讲述的事情:这项工作在何种程度上是值得注意的,在什么方面是值得注意的。柏拉图是一位谴责书写的作家,在《斐德罗篇》——恰恰也在《政治家篇》——他指责书写是来自埃及的神灵塞乌斯(Theuth)的邪恶礼物。书写成文的法律不可能与体现在掌权的哲学家身上的科学相匹敌。诗人应该被逐出《国家篇》的城邦;书写只是一种"第二次航行"(*deuteros plous*),一种次好的事物,与活生生的言说和记忆相比,书写只是一种权宜之计。在不可能的言说和理论性的书写之间,柏拉图选择了一种崇高的折中:对话。对话之于言说,犹如神话之于真理。维尔奈整理的研讨课记录也是类似折中的结果,当然,它比柏拉图的对话更接近于说出的言语,但是它被故意放置在口头表达和书面表达之间。有些著名的研讨课,它们的记录者宣称自己是完全忠实的,结果却导致了混淆,有时候甚至走向了荒谬可笑的境地。这份关于《政治家篇》的研讨课的记录不是这个样子。

大约二十年前,在提名柯奈留斯·卡斯托里亚蒂斯入选社会科学高级研究院的候选人资格的时候,我想起曾经发生在费尔内(Ferney)的一场关于伏尔泰(Voltaire)的对话。一位著名的罗马法教授说:"只是在罗马法方面,我发现他有些不足。"达朗贝尔(d'Alembert)回应说:"至于我看嘛,这也是我的意见,他在数学方面有些不足。"我试图向我的同事们说明,作为古希腊文化专家,我完全没有发现卡斯托里亚蒂斯在这个领域"有些不足",恰恰相反,我有很多东西要向他学习。实际上我确实从他那儿学到很多。我学到的东西与雅典民主制有关,那是在1963—1964年的冬季,我第一次与卡斯托里亚蒂斯交谈。自从另一年冬天,1956—1957年的冬季,我已经知道他和克劳德·勒弗尔(Claude Lefort)主持的刊物《社会主义或野蛮》,到了1958年年末,我与该群体有过短暂接触,但是我对他本人所知甚少。

与勒弗尔和其他人一起,高乃依参加了一个名字叫"圣-茹斯特圈子"(Cercle Saint-Just)的思想团体。[1] 这个团体要求弗朗索瓦·夏特莱(François Châtelet)、让-皮埃尔·韦尔南(Jean-Pierre Vernant)和我研究希腊民主制的起因,并提交我们的研究成果。1962年,韦尔南出版了《希腊思想的起源》,[2] 他在这本著作中表明,希腊思想是城邦的女儿,而且是仿效政治领域(le politique)来塑造的。夏特莱写了《历史学的诞生》,[3] 他表明,历史学,作为赫卡泰奥斯(Hécatée)[4]、希罗多德(Hérodote)和修昔底德(Thucydide)建立的学科,也同城邦的结构密切地联系在一起。至于我本人,我与皮埃尔·雷维克(Pierre Lévêque)合写了《雅典人克利斯提尼》,这本书论述雅典民主制的奠基者克利斯提尼(Clisthène),他在梭伦(Solon)之后但是以更彻底的方式建立了雅典的民主制。[5]

---

[1] "圣-茹斯特圈子"后来成为"政治与社会研究中心"(CRESP)。关于这个团体的活动,参见皮埃尔·维达尔-纳盖:"漫忆卡斯托里亚蒂斯与《社会主义或野蛮》",载《欧洲社会科学评论》(Pierre Vidal-Naquet, "Souvenirs à bâtons rompus sur Castoriadis et *Socialisme ou Barbarie*", *Revue Européenne des Sciences Sociales*), 1989年第86期,第19—20页;重印于乔万尼·布希诺(编):《自律和社会的自行转变:柯奈留斯·卡斯托里亚蒂斯的战斗哲学》(*Autonomie et autotransformation de la société: La Philosophie militante de Cornelius Castoriadis*, ed. Giovanni Busino, Geneva: Droz), 1989年,第19—20页。——英译注

[2] 让-皮埃尔·韦尔南:《希腊思想的起源》(Jean-Pierre Vernant, *Les Origines de la pensée grecque*), 巴黎,法国大学出版社"战车丛书",1990年再版。

[3] 弗朗索瓦·夏特莱:《历史学的诞生》(François Châtelet, *La Naissance de l'histoire*),巴黎,子夜出版社,1962年;瑟伊出版社1996年再版两卷本。

[4] 赫卡泰奥斯(Hécatée de Milet,或写作 Hecataeus,约公元前550—前478),古希腊伊奥尼亚的"纪事家"和地理学家。——中译注

[5] 皮埃尔·雷维克和皮埃尔·维达尔-纳盖:《雅典人克利斯提尼:从公元前六世纪到柏拉图去世之间的希腊政治思想中的时空表象》(Pierre Lévêque et Pierre Vidal-Naquet, *Clisthène l'Athénien: Essai sur la représentation de l'espace et du temps dans la pensée politique grecque de la fin du VIe siècle à la mort de Platon*), 巴黎,美文出版社,1964年;马库拉出版社1983年再版。[trans. David Ames Curtis as *Cleisthenes the Athenian: An Essay on the Representation of Space and Time in Greek Political Thought from the End of the Sixth Century to the Death of Plato*(Atlantic Highlands, N. J.: Humanities Press, 1996)。——英译注

我当时还年轻，总之，有点儿自命不凡，过分地为自己的新学识感到骄傲。民主制是如何诞生的？或许是在开俄斯岛（Chios）——尽管人们几乎不再相信这一点——然后是在雅典。我认为民主制是基于两种经验建立起来的：僭主政治，它创造了诸多平等形式；殖民，它是诸多政治发明的来源；而且，民主制建立在这个基础上：奴隶制。我很快就明白，我面对的不是业余爱好者，而是一些专家，尤其是卡斯托里亚蒂斯，他非常熟悉所有重要的文本：哲学家的、历史学家的以及悲剧作家的文本。至于民主制，远远不是"形式上的"（就像某些愚蠢的人所说的那样），在雅典，它是社会的自行建制（auto-institution）的真正典范。

我没有必要承认高乃依关于古希腊的论述全都是对的。如果不是这样，那么与一部作品进行的对话还有什么用呢？然而这里涉及的是一部重要的作品，一种强大的思想。读者手里拿的是这个令人难以置信的丰富头脑创造出来的最为出色的文本之一。它涉及柏拉图的一篇对话，即《政治家篇》，它本身就是与柏拉图的一场对话，诚如帕斯卡尔·维尔奈所言，是"哲学'广场'（agora）上的一个惊人的演出片断，在这里，柏拉图和卡斯托里亚蒂斯彼此对峙，各自施展绝顶的智谋，他们的赌注则是：民主制"。

* * *

研究柏拉图的方式有很多。按照《斐德罗篇》讲到的一个意象来说，卡斯托里亚蒂斯就像一个好的屠夫那样行事：他证明了他所说的《政治家篇》的"离奇怪诞的结构"，这个结构有三个离题枝节，八个附带插入，两个定义，其中任何一个定义都不是最合适的。我们可以把卡斯托里亚蒂斯的研究与另一位注释者的研究进行对照,这位注释者做了大量的工作来研究柏拉图:他就是列奥·施特劳斯(Leo Strauss)。像卡斯托里亚蒂斯那样,施特劳斯紧紧跟随文本,以至于效仿文本,然而结果却是持续地辩护极其微小的论证细节。相反,卡斯托里亚蒂斯致力于造成文本的变化,致力于表明在表面上次要的东西实际上是本质性的,例如,在讲到克罗诺斯神话的时候就是这样,而且他还表明,对于智者派的指责恰恰充分地接受了智者派的手法。他还无懈可击地表明了,《政治家篇》如何借助于维拉莫维奇(Wilamowitz)[6]谈论的"顺从",将我们带进晚期柏拉图的典型标志之物的核心:混合,对于混合物甚至中间体(metaxu)的接受。民主制是法律统治的政体之中最坏的政体,是没有法律的政体之中最不坏的政体。

在我求学的时候,卡尔·波普尔(Karl Popper)的《开放社会及其敌人》正在迎头攻击柏拉图的"魔咒"。这本著作直到1979年才被翻译成法语。[7] 它把柏拉图描绘成一位"反动的"思想家,大肆宣扬"回到家长制部落社会"的口号。波普尔以这种形式采取的攻击完全错失了目标。柏拉图不是反动的思想家,比方说,像是夏尔·莫拉斯(Charles Maurras)[8] 一类的人物;他并没有梦想过一种不可能的倒退。关于《法篇》的研究表明,柏拉图精通公元前4世纪时的雅典司法和政治机制,而且,他还委托一位来自雅典的外邦

---

[6] 这里指的是德国古典学者、语文学家乌尔里克·冯·威廉莫维茨 - 莫伦道夫(Ulrich von Wilamowitz-Moellendorff,1848—1931)。——中译注

[7] Trad. Fr. de J. Bernard et P. Monod, *La société ouverte et ses Ennemis*, t. I, *L'Ascendant de Platon*, Paris, Éd. du Seuil, 1979.

[8] 夏尔·莫拉斯(1868—1952),一位无情的辩论家,对许多法国的知识分子都有很大影响,他的作品鼓舞了反德雷福斯派和保皇派民族主义,是极端反动组织"法兰西行动"的主要领导。——皮埃尔·维达尔 - 纳盖和英译者注

人在克利特岛为一座新城邦勾画详细的方案,与《国家篇》的城邦相比,这座新城邦"在统一性方面位居第二"。不过,尽管柏拉图熟悉他周围的这个世界,熟悉这个在他之前的世界,但是他却憎恨这个世界。他的憎恨不仅针对同时代的民主制——当他在公元前348年去世的时候,他那个时代的民主制已经在对抗马其顿的腓力(Philippe de Macédoine)——而且首先针对正在建立的民主制,针对伯里克利(Périclès)的民主制:在《高尔吉亚篇》,柏拉图直接或间接地抨击伯里克利,假借卡利克勒斯(Calliclès)这个名字来丑化伯里克利。

除了《法篇》之外,柏拉图的每一篇对话的发生场景明显是在苏格拉底去世以前,或者是在苏格拉底去世之时,也就是公元前399年。因此,柏拉图对话中的所有人物都是生活在公元前5世纪的人,即便柏拉图利用一切可能的、可以想象的随意性来对待年代顺序。例如在《美涅克塞努篇》,修昔底德记载的伯里克利在阵亡将士葬礼上的演说遭到无情的嘲讽,而且,这种嘲讽出自阿丝帕西娅(Aspasie)之口——一位妇女,交际花,伯里克利的情妇,这表明柏拉图完全知道他应该打击什么地方:不是打击"堕落"的"蛊惑家"(démagogues),而是袭击城邦的心脏,那位宣称雅典是全希腊的教育者的执政官。[9]

《政治家篇》在一开始就告诉我们:把智者、政治家和哲学家相提并论,好像他们有"同等的价值",这是在大声地说"非常荒谬的话"。来自爱利亚的外邦人在雅典寻找的是王者,说到底,唯有王

---

[9] 在修昔底德的《伯罗奔尼撒战争史》记载的葬礼演说中(2.41),伯里克利把雅典称为"希腊的教育者"。——英译注

者配得上统治城邦;公民没有能力就城邦面临的重大问题提出自己的看法,如果这些问题不是技术性问题的话。然而,《普罗泰戈拉篇》提到的神话肯定地表明公民具有这样的能力,毫无疑问,这个神话反映了伟大的智者派的思想,即每个人都拥有最低程度的政治技巧(savoir-faire)。柏拉图不怀好意地玩弄"技艺"(technè)一词的模糊性,好像政治技能(la politique)[10]属于一种技术性知识。然而整个问题恰恰就在于,国王是否能够驾驭城邦而没有破坏城邦的基础。

卡斯托里亚蒂斯正确地指出,在希腊,"国王"是一个边缘人物。在雅典,"国王"是一位执政官,是通过抽签选定的年度执政官。他的职能纯粹是宗教方面的。他的妻子——"王后"——则嫁给了狄奥尼索斯(Dionysos)。在斯巴达,两个"国王"是一种考古学的古董。他们的职能基本上都是军事方面的。伯罗奔尼撒战争期间最伟大的斯巴达将军吕桑德尔(Lysandre)出身于王室门第,但他从来都不是"国王"。

从阿里斯托芬的戏剧《蜂》(约公元前422年)中的一个人物那里,人们可以听到雅典人毫无愧色地说,他们的权力"不向任何王权让步"(第549行),而在此之前,通过伯里克利和克利昂(Cléon),雅典人已经运用某种类似于"僭主政治"的东西来影响联盟的城邦,[11]就是说,他们之于米蒂利尼(Mytilène)、之于萨摩斯(Samos),如同俄狄浦斯(Oedipe)之于忒拜(Thèbes),在表面上看

---

[10] 法语中的 politique 作名词的时候有阴性和阳性,阴性的 la politique 有如下含义:政治;政策;政治活动、政治生涯;策略、手腕。阳性的 le politique 有如下含义:政治家;政治,政治事务。我们的译文基本上遵循英译者的做法,依据上下文,把 la politique 翻译成"政治技能"(英文是 statesmanship)或"政治"。关于 plitique 的翻译,还可参见英译者写的"关于翻译"。——中译注
[11] Thucydide, II, 63; III, 37.

来，俄狄浦斯之所以成为国王,不是凭其出身,而是由于历史的机遇(tuchè)。至于名副其实的国王,他们都位于希腊世界的外部边缘:在伊庇鲁斯(Épire),在塞浦路斯(Chypre),尤其是在马其顿(Macédoine)。

不过,除了典型的国王(统治波斯帝国)之外,在公元前4世纪的希腊政治思想中,王家人物仍然是一种重要的甚至首要的形象。在这个方面,柏拉图并不是独一无二的。色诺芬(Xénophon)的《居鲁士的教育》(La Cyropédie)是与柏拉图的《国家篇》几乎同时代的著作,它论述了希腊城邦怎样正确利用天命之人(l'homme providentiel),尽管它声称自己讲述的是阿基梅尼德王朝奠基人的教育故事。伊索克拉底(Isocrate)撰写的《埃瓦格拉斯》(Évagoras)同样如此,这是赞美一位塞浦路斯国王的颂歌。柏拉图、色诺芬和伊索克拉底预告了这样的一个时代:在腓力之后,尤其是在亚历山大之后,将会是国王们的时代;亚历山大相当符合亚里士多德在其《政治学》第三卷召唤的全权君主(panbasileus),而亚里士多德恰好是亚历山大的老师,此前则是柏拉图的学生。

色诺芬、柏拉图和伊索克拉底将会是希腊化世界的先知。当然,城邦没有消失。在最初的几位罗马皇帝时代,城邦依然是一种基本的生活环境,但是在地中海世界,甚至在希腊世界,它已经不再是占有优势的因素。希腊化世界的最大城市乃是亚历山大里亚,它"靠近埃及",但是不"在"埃及,与其说它是一个城邦,倒不如说它是一座**城市**更确切。在那里,希腊人是公民,然而他们丝毫没有参与城市治理。在公元前3世纪末,在托勒密四世统治时期,斯巴达的流亡革命家国王克里昂米尼(Cléomène)试图号召希腊人争取自由,结果只是一场徒劳。亚历山大里亚不是一个自主的决策中心。正是在这个意义上，我们可以像卡斯托里亚蒂斯那样说，柏拉图"在希腊世界的毁灭之中扮演了一个值得注意的角色"。我们甚至还可以进一步说，正是在罗马帝国后期，从戴克里先（Dioclétien）开始，出现了一些宣称按照柏拉图的原则进行统治的哲学家—国王。不用说，戴克里先本人就是这么干的，他在301年颁布的一份诏书规定了全部商品的最高价格，诏书的序言就是由柏拉图的哲学所养育的。

* * *

对于卡斯托里亚蒂斯这位哲学家和政治理论家来说，社会应当趋向一种明显的自行创造，这种自行创造不停地受到他所谓的"社会的想象建制"的更新——"社会的想象建制"，这是他最有名的著作的标题。[12] 对于柏拉图这位米利都学派和爱利亚学派之后的哲学创造者来说，唯有"王者的种族"才能够被定义为"自行指导的"（autepitaktikè，《政治家篇》，260e）。在卡斯托里亚蒂斯看来，雅典人给政治思想带来的不朽贡献，就是他们对于历史性的整合。按照修昔底德的记载（第一卷，68—71），科林斯人在斯巴达人面前就是这样描述雅典人的；[13] 然而对于柏拉图来说，政治家的一切努力就是力求遏制历史的进程。

至于想象之物（l'imaginaire），柏拉图充分地加以利用，无论是

---

[12] 柯奈留斯·卡斯托里亚蒂斯：《社会的想象建制》（Cornelius Castoriadis, L'institution imaginaire de la société），巴黎，瑟伊出版社，1975年；1999年再版。

[13] 维达尔-纳盖指的是卡斯托里亚蒂斯在《社会的想象建制》（The Imaginary Institution of Society, trans. Kathleen Blamey, Cambridge, Mass.: MIT Press and Cambridge, UK: Polity Press, 1987; cor. paperback edition, Cambridge, UK: Polity Press, 1997 and Cambridge, Mass.: MIT Press, 1998）第208页有关修昔底德这个段落的讨论。——英译注

涉及简单的意象(例如从各种行业的词汇中借来的丰富的比喻),还是涉及范例(例如编织的范例)[14],抑或涉及诸多神话(例如在《政治家篇》扮演了中心角色的那个神话,卡斯托里亚蒂斯对其做出了贴切的分析)。但是,神话、意象或范例都没有使我们通达"最美最大的无形体的实在"。柏拉图明确告诉我们,对于这些"最珍贵的"实在来说,没有任何"创造出来的意象可以给人们提供关于这些实在的清晰直观"(《政治家篇》,285e—286a)。

尽管如此,柏拉图仍凭借一种难以置信的技巧,利用他所谴责的事物!例如,他利用编织这个范例,以便于把国王说成一位将勇气和仁慈结合在一起的编织者,犹如他的手艺人模型所做的那样,把经线和纬线合并起来,编成一幅织物。编织范例的使用远非偶然。卡斯托里亚蒂斯非常敏锐地领会到这一点,并且在研讨课之后撰写的作品中极其详细地证实:编织给希腊的神话思想和政治思想提供了一件极其宝贵的分析工具。[15]

确实,柯奈留斯·卡斯托里亚蒂斯从雅典来到巴黎,如同柏拉图对话中出现的外邦人,这个外邦人从大希腊的爱利亚[Velia(维利亚)]来到雅典,要在雅典成为"真理的教师",这种真理不是想要窒息自由,而是要促进自由。

---

[14] 参见维克多·哥德施密特:《柏拉图的辩证法中的范例》(Victor Golddschmidt, *Le Paradigme dans la dialectique platonicienne*),巴黎,法国大学出版社,1947 年;弗汉出版社 1985 年再版。

[15] 参见约翰·希德和耶斯贝·斯文博洛:《宙斯的手艺:希腊—罗马世界的织物和编织神话》(John Scheid et Jesper Svenbro, *Le Métier de Zeus. Mythe du tissage et des tissus dans le monde gréco-romain*),巴黎,发现出版社,1994 年;关于荷马史诗,参见伊奥那·帕帕多波洛-拜尔梅蒂:《珀涅罗珀的歌声》(Ioanna Papadopoulou-Belmehdi, *Le Chant de Pénélope*),巴黎,贝林出版社,1994 年。[也可参见让-皮埃尔·韦尔南:"编织友谊",载《大杂烩》(Jean-Pierre Vernant, "Weaving Frierldship", 1995, trans. David Ames Curtis, *Salmagundi*),2001 年春夏卷,第 130—131 期,第 75—87 页。——英译注]

导言

活的思想在工作

帕斯卡尔·维尔奈

卡斯托里亚蒂斯是在 1992 年冬天读到目前的这份记录材料的，其内容记载了 1986 年他在社会科学高级研究院（EHESS，"社科高研院"）开设的七次研讨课；当然，他做的注释、修正和添加都已经整合到读者面前的文本之中了。当时，他的判断稍微有些自相矛盾。最开始的时候是高兴："我还不知道我写了一本新书……"；然后是大方：这是"一件漂亮活儿"；最后则是保留，因为如果打算出版的话，"有些地方还不够成熟"。然而这些研讨课的记录还是出版了，并且是以未曾得到他认可的形式出版的。那么，我们为何没有尊重他的否定的意愿呢？

首先，与当时的实际情况最有关系的理由是，高乃依在 1992 年年初的时候忙于准备《迷宫的交叉路口》第四卷和第五卷，尤其是忙于加工《人的创造》。[1] 经过计划、思考以及长达几乎二十年的营造，《人的创造》打算以授课记录的形式（尽管粗糙）出版，记载了

---

[1] 《迷宫的交叉路口》（*Carrefours du labyrinthe*）第一卷以《迷宫的交叉路口》（*Crossroads in the Labyrinth*, trans. Martin H. Ryle and Kate Soper, Carnbridge, Mass.: MIT Press; Brighton, UK: Harvester Press, 1984）为题出版。这里提到的从第四和第五卷选出的文本出现在《碎片中的世界：论政治、社会、精神分析和想象》（*World in Fragments: Writings on Politics, Society,*（转下页）

1980年以来卡斯托里亚蒂斯在"社科高研院"主持的200多次研讨课。重写一本关于哲学史的评注——过于匆忙地说,尽管这本评注在他的全部重要作品的出版工作中占有自己的位置——这在当时并没有列入他优先考虑的事情之内:他希望从"厚重的"哲学即存在论开始,因而只是在六七卷之后再来谈论古希腊、谈论政治。所以,他说这本论述柏拉图的著作有些太过于"不成熟",其实也就是用这种方式告诉我们:我现在还有别的事情要做……

在斟酌这件事情的时候还牵涉到第二个因素,就是高乃依对他自己、对他署名的作品的高品质要求。这不只是关乎优雅和形式的完美,尽管一些浓缩的结论性表述所具有的针对性和尖锐性如同先行的论证一样带有很强的凝聚力;此外,由于讨厌不明确的粗略表达,讨厌重复,卡斯托里亚蒂斯利用脚注来指涉那些已经牢固确立的要点,结果,他的大部分作品都具有极端的密度。这涉及完成:当一个文本能够独自站立,它的论题、论证和论据都已经预先经过批判的检验和打磨,足以抵抗反驳,这时候它才算是完成了。着眼于这样的一种完成,着眼于这种自卫的能力,人们将会看到,这七次研讨课是有后盾的:人们阅读的并不是一个简单的文本评注,而是哲学"广场"上的一个惊人的演出片断,在这里,柏拉图

(接上页) *Psychoanalysis, and the Imagination*, ed. and trans. David Ames Curtis, Stanford: Standford University Press,1997)和《卡斯托里亚蒂斯读本》(*The Castoriadis Reader*, ed. David Ames Curtis, Oxford, UK, and Malden, Mass.: Blackwell,1997)。来自这两卷法文本的其他论文,以及这个系列中的遗著即整个第六卷《迷宫的交叉路口(第六卷):可思之物的形象》(*Figures du pensable: Les carrefours du labyrinthe VI*, Paris: Seuil, 1999),即将在斯坦福大学出版社出版,由我编译。有些更早一些的《迷宫的交叉路口》文本——选自第二卷和第三卷——以前被翻译为《哲学、政治、自律》(*Philosophy, Politics, Autonomy*, ed. David Ames Curtis, New York: Oxford University Press,1991)。《人的创造》,是计划的多卷本著作的标题。——英译注

和卡斯托里亚蒂斯彼此对峙，各自施展绝顶的智谋，他们的赌注则是：民主制。

最后，这份记录带有未曾充分修饰的口头表述性质，也许会让高乃依感到为难，然而，恰恰是这一点，在今天使得这本长篇评注对于我们来说显得弥足珍贵：它让我们重新发现他的声音，如此敏锐、令人信服、富有活力、富有挑战性并且有趣的声音——简言之，令人振奋的声音，由此稍微弥补了他的离去给我们带来的悲痛之情。另外，对于经常阅读他的作品的读者来说，这份记录还显示了一位迄今未知的卡斯托里亚蒂斯，他在言说的时候进行反思，做出重复、修正，毫不犹豫地反复诉说他的听众绝对应该掌握的东西……还有最为珍贵的：这份记录让我们感觉到思想，这个思想在每次研讨课结束的时候寻找自己、反复摸索，有些局促不安，然后在下一次研讨课开始的时候呈现它的全部幅度、全部精确度。

不过，这种保存下来的、重新发现的活生生的言说，还是经过了重新加工。[2] 当然是在研讨课录音材料的基础上进行的加工。首先，录音材料被转写成抄本，可以说是散装的抄本，尽可能极其仔细、忠实和详尽。然后就是修改各种形式（语法、句法等）的错误或者失误，核对引文，但是绝没有伤害他的言说的进展。在此之后的第三个阶段，尽可能小心地提高整体的可读性：把两个句子合成一个，或者把一个句子拆开；把有些说明转变成注释；把他本人明确指出的一些被遗忘的发展重新放回到整个评注的适当位置上来。最后，按照有些过于笨拙的、讲究形式的做法，标记出论证和

---

[2] 巴贝利（Stéphane Barbery）、弗利萨尔（Olivier Fressard）和伊里奥普鲁斯（Nikos Iliopoulos）在1992年，贡迪卡斯（Myrto Gondicas）在1998年提供了宝贵的帮助。

阐述的衔接,这些衔接要么是他没有注意加以强调的,要么就是已经淹没、丧失在陈述的整体之中。至于希腊语的词汇和句子,我们依照卡斯托里亚蒂斯本人使用的代码来直译:用拉丁语字母翻译希腊语字母,用法语惯用的重音符号表示元音的音长(因此,ê 表示"伊塔",ô 表示"奥米伽",e 表示"伊普西隆"……)。不过,与问—答活动融为一体的更长的引文,我们在注释里给出它的希腊语文本,即奥古斯特·蒂耶斯(Auguste Diès)的文本[Paris:Les Belles Letters,(1975),1960]。

我们觉得,为了把这七次研讨课重新放回到卡斯托里亚蒂斯在"社科高研院"十六年的教学活动之中,有些基本的主题方面的细节还是有用的。这里有一个非常粗略的概括:在1980—1986年,他基本上致力于讲授希腊思想,讲授哲学和民主制的创造,还有散落各处的比较简明的分析,涉及阿那克西曼德(Anaximandre)、赫拉克利特(Héraclite)、悲剧作家伯里克利的葬礼演说、柏拉图的《政治家篇》……1987—1992年,卡斯托里亚蒂斯再次重新开始讨论哲学的重大问题,让他的"源生观念"(idées mères)面对哲学史上的"四大伟人"的分析:柏拉图、亚里士多德、康德和黑格尔;最后,在1993年、1994年和1995年,他差不多完全专注于探讨人的心灵,从弗洛伊德出发,借助于弗洛伊德,有时候也反对弗洛伊德。

最后,为了把这本关于《政治家篇》的评注置于他在1985—1986年的整个工作之中,这里附上卡斯托里亚蒂斯本人写给"社科高研院"年报的工作概要,其标题是"社会的建制和历史性创造:古希腊的民主制和哲学"。这份报告的内容如下:

1985—1986年度的研讨课首先致力于凸显希腊的政治想象之

物与现代的政治想象之物的差别和对立。[3] 在那些希腊的民主制城邦中,人们直接参与权力、参与自我管理,没有国家,没有"意识形态",社会建制没有超乎社会之外的基础,没有体制方面的(constitutionnel)幻象,与此截然不同的是,在现代,存在着"代议制"的想象物,存在着一种处于政治活动之外但又无所不在的、全能的官僚制国家,存在着这样的政府权力的伪装,存在着"意识形态"。但是另一方面,与古代政治活动的局限截然不同的是,现代政治活动的诸多限制都被解除了:形式上的主权扩展到全体居民,政治共同体[确实,在那里,民族(nation)依然是政治哲学没有消化的结块]具有法律上的普遍性,一切建制都可以依法受到指控。最后,与古代政治风尚的直言不讳的坦率(在亚里士多德之前,不存在任何对于奴隶制的辩护)截然不同的是,存在着属于现代的成建制的欺骗(一方面发源于一神教,另一方面发源于罗马帝国)。在背景层面,对于希腊人来说,存在着作为混沌/宇宙的存在,以及对于必死性的接受;对于现代人来说,则是存在着主体(上帝以及相继占据上帝位置的继任者,最终通向实体性的个人),以及有关不死的幻想。

柏拉图构成了上述两个世界之间的过渡。他的一元存在论,以及他把存在等同于善,这些都完全疏异于希腊的想象之物,后来却成为现代思想和实践的中心。柏拉图深切憎恶民主世界及其枝干("诡辩术"、修辞学、政治活动甚至诗歌),借助历史的篡改、修辞学、诡辩术、戏剧场景以及蛊惑,他建构了一种关于民主世界的欺骗性的意象,这个意象将会产生诸多沉重的历史效应:人们在谈论

---

[3] 现在可以参见"希腊的和现代的政治想象物"("The Greek and the Modern Political Imaginary",1991),收入《碎片中的世界:论政治、社会、精神分析和想象》,第84—107页。——英译注

"希腊政治思想"的时候,仍然援引柏拉图,然而他是希腊政治思想的全盘否定。柏拉图成功地完成了一个重大的历史运作,把民主制的事实上的(de fait)毁灭转变成事理上的(de droit)垮台。但是,希腊政治思想应当在民主制的政治创造那里去寻找,而且这个创造基本上是在公元前404年(或者公元前399年)就已经完成了。苏格拉底和柏拉图之间的差别本身就是这一完成的象征:苏格拉底留在城邦,柏拉图退出城邦;苏格拉底曾经是城邦的战士,把他的儿子们交给了城邦,并且担任过行政官员,但是人们没有听说柏拉图做过任何类似的事情。

与此同时,柏拉图第二次创造了哲学。他发明了一些具有巨大潜能的想象图式,他最先表述了这些图式,他以绝妙的方式展开诸多集合——同一论的(ensembliste-identitaire)手段,在这种展开的过程中,并且借助于这种绝妙的展开,他谱写了他的图式。他最先追求并且实现了一个自称是详尽无遗的体系,然而他也是能够反过来质疑他自己的结果的第一个人。柏拉图创造的不仅仅是哲学的论证(raisonnement),他还创造了哲学的理性(Raison)——哲学的逻各斯;正是由于这一点,甚至在他的反对者那里,哲学仍然是柏拉图主义的。

我们选择《政治家篇》作为详细研究的对象:它不仅是《国家篇》和《法篇》之间的艰难的过渡,而且本身也是一篇极其丰富的对话。不过,它尤其是这样的一篇对话:它的表面上以及真正的古怪之处(有两个定义,其中第二个定义实际上没有结果,还有三个大的离题、八个较短的离题或附带插入),使之成为柏拉图的著作之中——也许甚至可以说是其所有哲学著作中——让人们能够最好地看到活的思想在工作的地方。

1986 年 2 月 19 日的研讨课

上一次我告诉你们说，柏拉图在可以称之为希腊世界的毁灭中扮演了一个值得注意的角色。从历史的角度来看，他把本来是事实上的毁灭转变成了一种显然是事理上的毁灭。就是说，如果雅典的民主制最终崩溃了，这归根结底是属于事物的秩序，不是在希罗多德所说的那种含义上："一切伟大之物必定变得微小"，反之亦然；而是因为它在根底上就是一种败坏的政体，这个政体是由无知的民众来统治的，冲动而狂躁的民众，不是由智慧之人或者智慧所统治，不是由正义之人或者正义所统治。因此，雅典民主制的衰落不是一场历史的悲剧，它变成了内在的哲学法庭的一个案件。

一方面，柏拉图确实——如果可以这样说的话——做到了这一点：他提出了这样的观念，即可能存在而且应该存在一种关于政治（la politique）的知识（*epistèmè*），一种可靠而确定的知识，可以在政治领域发挥指导作用；这种关于政治的"知识"最终依赖于一种超越的知识；并且，它依赖于超越性本身。说到底，正是在这种意义上，人们可以并且应该认为，匆忙而轻易地说来，与《国家篇》描绘的政体相比，《法篇》描绘的政体更为适度中庸。就像人们所说的那样，柏拉图在他年老的时候变得温和了，犹如烈酒兑上了水。并非人人都会发生这样的变化，但是柏拉图确实发生了这样的变化。

不过,尽管《法篇》的政体较为中庸一些,但它本质上仍然是一种神权政治的政体。在某种意义上,这个政体敞开的道路不仅通向针对民主政体的批判,而且还通向针对法律本身的颇为含混的批判。此外,当我们在《政治家篇》(294a—c)读到针对法律的批判,当这个批判使得柏拉图能够辩护他的宣称,即宣称要凭借一种更加优越的知识的名义来超越成文的法律,这时候,针对法律的批判并不是"含混的",而是"非常清楚的"。

还有,最终正是柏拉图完全颠覆了希腊的正义观,这种正义观就是把正义当作经常不断地在城邦之中保持敞开的疑问:谁应该付出什么,谁应该拥有什么?这个疑问经常不断地提出公民之间的分配问题,同时也就敞开了通向进一步探询的道路。柏拉图颠覆了这种界定,他还把正义打造成现代人可能会而且已经将其称为整体论特性的东西,把它打造成整体具有的特性。对于柏拉图来说,正义就是这个事实,即城邦的整体被很好地划分、很好地衔接,而且,在城邦的这个整体之中,每一个人都有他的位置,不去觊觎别的位置——这是《国家篇》的构想,也是《法篇》的构想。按照《国家篇》的著名说法,正义就在于 τὰ αὑτοῦ πράττειν καὶ μὴ πολυπραγμονεῖν(《国家篇》,433a),在于做你自己的事务,做那些属于你自己的事情、归你做的事情、适合于你的事情、与你的位置相应的事情,不要试图让你自己忙于一切事情,不要试图成为"好事之徒"。顺便说一下,"好事之徒"(busybody)这个词是 *polupragmonein* 的最佳译法。

然而,与此同时,正是在柏拉图那里,我们第一次看到这样的企图,就是试图把等级制合理合法地建立在城邦之中。希腊城邦存在着自由人和奴隶,或者存在着穷人和富人,这的确是一个事实。在柏拉图手里，这个事实变成了一种所谓的正当(un droit)。也就是说，变成了某种取决于组成城邦的个人所具有的不同本性的东西。我说过，为了做到这一点，柏拉图通过他的作品来致力于一项巨大的运作，费尽心机，而且还表现出一种奇怪的前后不一，我甚至称之为心术不正——我坚持使用这个词来形容。柏拉图经常非难修辞学教师，但是他自己却无数次地利用修辞方式进行言说。利用似乎有理的东西、似乎真实的东西，甚至利用羞愧、体面和谦逊的力量，他力图获取人们的信服，而且他成功地获取了人们的信服——证据就是，人们依然在谈论他。通过影响听众，不只是影响听众的理性，而且是影响听众的灵魂，他力图向听众表明，存在着善与恶，体面的人只能是站在善这一边的人。在诸多对话中，那些坏人都感到羞愧了，就像《国家篇》第一卷末尾的塞拉西马柯(Thrasymaque)那样："塞拉西马柯承认这些(……)但是很不情愿，非常勉强(……)当时，我看到塞拉西马柯脸红了，我从来没有见过他这样脸红。"(350d)

对于智者派也是如此：柏拉图非难他们，然而他自己就是一位无与伦比的智者。故意的诡辩和谬推，在柏拉图的对话中数不胜数。《国家篇》本身就是一个衔接起来的巨大的诡辩，一个多层次、多阶段的诡辩。

上述两个考虑表明，柏拉图对于蛊惑家的指控，可以反转过来针对他自己。只不过，他煽动、搅动和力图往某个方向上裹挟的，并不是那些亲自在场的日常的民众(dèmos)；他煽动的是历史上有文化修养的民众，是千百年来读他作品的读者。此外，出于同样的理由，柏拉图还是一位 eidôlopoios，一位幻影制造者——这是他对智者派的指责。例如，关于人们的不同的本性，柏拉图所讲述的一切，都用来辩护《国家篇》提出的阶级划分，或者用来辩护《法篇》第三卷涉及雅典历史的时候所宣扬的那些厚颜无耻的、有意捏造的谎言,如此等等。

如果更进一步,人们可以说,柏拉图同时还是个缺乏羞耻心的人。不过,这是在有才智的人、好争辩的人身上表现出来的那种不知羞耻。为了证明这一点,我只需引用一下《高尔吉亚篇》针对雅典的政治家尤其是针对伯里克利的指责{515d 及其以下}:[1] 如果这帮家伙确像人们说的那样正义、聪明,那么他们就应该按照相应的方式培养他们的儿子。说这些话的人本身就是出自苏格拉底的门下,然而在苏格拉底的门徒中,一方面有阿尔基比亚德(Alcibiade),另一方面还有后来参与了三十人僭主政治的十几个人。按照柏拉图的逻辑,这就是苏格拉底教导的结果!而且,第二点,说这些话的人可是连一个儿子都没有培养过,无论是好是坏,无论是在正义的还是在不正义的方向上。这就是俗话说的"厚脸皮",用文雅的说法来讲,就是哲学上喜好争辩之人具有的那种不知羞耻。

比较一下阿尔基比亚德与柏拉图——不过,为了支持这个比较,推进这个比较,需要仔细阅读《会饮篇》,我们在这里不可能这么做。人们可以说,在某种意义上,柏拉图简直就是颠倒的阿尔基比亚德。柏拉图比阿尔基比亚德年轻得多,大概年轻 30 岁左右。阿尔基比亚德具有无法抑制的追求权力的激情,正是这种激情导致他在雅典历史上的所作所为;柏拉图升华了阿尔基比亚德的这种激情,将其转换到另一个平面,转到著述、学校教育以及向权贵和僭主提供建议的平面。这似乎就是柏拉图在西西里跟着狄奥尼修(Denys)后来又跟着狄翁(Dion)所做的事情。

然而与此同时,在他与培养他的城邦的关系方面,存在着某种

---

[1] 大括号给出的内容,是英译者添加的。——中译注

冷漠的态度。这再一次使他与苏格拉底形成对照。对于阿尔基比亚德来说，雅典全然是他自己的权力工具。当雅典人将他从西西里召回撤职的时候，[2]他先是经过斯巴达那一边，然后才返回雅典。同样，柏拉图对雅典也是完全冷漠的；他非难雅典，不只是指责它的民主制。他保持着一种彻底的傲慢，如果可以这样说的话，人们在《法篇》末尾{969c—d}仍然可以看到他的傲慢，在那里，对话中的斯巴达人和克里特人都同意，如果这次哲学远行——字面意义上的远行，也是比喻意义上的远行——没有那个雅典人陪伴的话，他们绝没有可能解决关于好的城邦的问题。柏拉图因此保留了这一点敬意，但是，对于雅典的内容和实质、雅典的历史创造，他却将其唾弃。无论如何，他只是利用他作为雅典公民的处境，以便从他已经学到的东西中获益，从苏格拉底这位城邦之子那里获益，从发源于雅典的教育（*paideia*）中获益，从他自己的地位中获益。而且，为了最终在阿卡德米花园建立他自己的学校，他还从自由主义那里获益，从雅典人对于自由的热爱中获益，因为雅典人再次容许有人开设这种攻击他们城邦的公共教育，而不是像柏拉图特别喜爱的斯巴达的监察官会做的那样，立即处死这个人。

这个维度还应该加上对于自己一生的美学风度的关切，如果我没有弄错的话，正是伴随着阿尔基比亚德，这种关切第一次真正出现在古代文化之中，因此我们把它单独分开来讲。毫无疑问，柏拉图本人一直都在培育——直到最终都是如此——他的生活的美学风度，并且确保他的追随者、他的学生以及整个学园都来经常不断地编造柏拉图的神话，这个神话借助许多事物来传递，其中可能

2　雅典人剥夺了他对攻打西西里的远征军的指挥权。——帕斯卡尔·维尔奈注

包括编造书信。关于最后这一点,到时候我再来讲。

从所有这些观察点出发,我们可以考虑一下苏格拉底的这两个孩子、这两个极其显赫的学生:阿尔基比亚德和柏拉图。同样毫无疑问的是,在这个时代,公元前5世纪末前4世纪初,在悲剧诗人和修昔底德之后,这两个雅典之子是在完全不同的领域之中的最有才华的人物,但是他们都已经变得心术不正,而且不爱他们的城邦(polis)。

为什么柏拉图会有如此的影响?我将会在最后返回到这个问题上来。一方面,必须在这种影响中看到起因于柏拉图本人的东西,我们已经看到这些:一整套运作,他运用的策略。但是也有起因于后来时代的东西。这个方面的事情相对比较简单。我不会谈论卡尔·波普尔,他创造了一种相反的偏见。我们不能把柏拉图称为极权主义者,也不能把他说成是极权主义之父。但是,由于他对民主制的憎恨,由于他经常流露出来的那种欲望,就是想要固定城邦的事物,想要终止历史的演化,想要终止和消除自行建制,由于这一点,柏拉图显然就以某种方式变成了灵感之源,变成了武器库,为历史上一切代表这种态度的人们提供灵感和思想武器。按照比较幼稚的说法来讲:柏拉图鼓舞了一切反动派,鼓舞了既成秩序的拥护者,鼓舞了民主运动的一切反对者。在罗马那里,在早期的基督徒那里,在中世纪,以及在现代,都可以发现这种情况。在这里,我不打算而且也不可能真正地仔细检查这种情况的整个历史,因为这是一项艰巨的工作。

最后,我们当然必须记住柏拉图的异乎寻常的真正创造的元素,这种创造具有无可争辩的超历史的价值,依附于他的作品,也是他的作品的另一个核心,或者说是另一个极端(pôle)。我不喜欢过多地谈论极端,因为它不是相互对立的关系;柏拉图在哲学、文学和艺术上的创造,与这一创造所携带和承载的东西(作为政治的当然也是哲学的想象之物),这两者之间的诸多关系是非常奇特的。存在着这样的另一种元素,即柏拉图的创造。作为无与伦比的天才,柏拉图把哲学的深度、逻辑的—辩证的力量、文学的技巧,以及我刚才说到的政治中的观念技巧同时结合起来。这对于他所造成的影响来说起到了很大的作用,所以,如果我们在这里讨论柏拉图,讨论《政治家篇》《国家篇》和《法篇》,就不能采取简单化的做法,仿佛涉及的只是一位"意识形态的"作家,只需指出他的诡辩就够了。每走一步,我们都会碰到这一个或者那一个哲学金块,我们因为有所发现而狂喜,最终,我们还会发现我们在今天所思考的事情的一个根源,发现我们的思维方式的一个根源。

* * *

在接触到明确的要点之前,还需要补充一点:在柏拉图那里,我们第一次看到后来所谓的哲学中的派性精神。这是由他的修辞学和场景布置来支撑的。在柏拉图以前,甚至在他以后,哲学家只是展示他们的见解。他们很少像赫拉克利特那样傲慢地评论其他的哲学家。从柏拉图开始,哲学家讨论他们的对手的观点;亚里士多德也是这样做的。然而,柏拉图是第一个而且也许是最后一个把这种讨论转变成名副其实的斗争的哲学家,在这个意义上,他差不多让我们想起马克思,或者毋宁说,马克思让我们想起柏拉图。柏拉图确实想要分化他的读者,勒令读者在"他们"和"我们"之间做出选择,在坏人和好人之间做出选择。坏人就是犯错误的人以及想要欺骗世界的人;与坏人不同,我们是处在真、善以及正义之中的人。在一些极端的情形中,柏拉图有时候停止论证,仅仅是为了进行嘲弄。

但是柏拉图没有局限于此,没有局限于这些针对"他们"的抨击和驳斥,如同后来的亚里士多德所做的那样。柏拉图最早开始使用保罗·利科(Paul Ricœur)所谓的猜疑的武器——这里我们再次看到他的创造所具有的含混性——伴随着马克思、尼采和弗洛伊德,这种猜疑的武器在现代确实已经变得非常重要。他不是说:你的言论是错误的,我要向你证明这一点;相反,他这样问:你为什么提出你的这些言论?而且,这个"为什么"并非指涉逻辑上的理由,而是指涉最宽泛意义上的主观的理由:你之所以说这个,是因为它与你般配;你之所以拼凑诡辩,因为你就是一个智者,而且,这并不是同语反复。你是一个智者,这意味着说:你是个兜售谎言的店主,推销谬论的商人,一个卖假货的商贩(kapèlos),并且,正是你作为一个智者所具有的社会地位和存在论地位,使你说出你所说的东西。存在论的、社会的以及政治上的指派——如果可以这样说的话——补充了逻辑的反驳:你之所以这么说,因为你是无产阶级的敌人(马克思);你之所以这么说,是因为你的神经官能症导致你这么说(弗洛伊德);你之所以这么说,因为真理是弱者的毒药,而且因为你不能承受真理(尼采)。

在柏拉图那里是这样:你之所以这么说,是因为你依靠买卖谎言为生。这不仅意味着你依靠收取学费来谋生,柏拉图极力强调这一点,而且还意味着,你在存在论上就是以这种方式生活的。智者的存在是一种依赖于非—存在的存在。这是因为存在着非—存在以及这种可能性,即有可能把非—存在当作存在、把存在当作非—存在(这将会导向《智者篇》提出的著名的存在论修正,导致弑父,也就是对巴门尼德的谋杀),从而是因为人们可能把存在和非—存在掺杂混合起来。这也就意味着,以某种方式,存在不存在,非—存在存在。此外,这个"以某种方式"是多余的。如同柏拉图自己在《智者篇》{259b}中所说的那样,"在成千上万个场合,存在不存在,而且非一存在存在"。正是因为存在着这种存在论上的关联,所以你们这些智者才能够生存。

此外,从这个视点出发,可以把柏拉图的对话分成两组,尽管我们的主要兴趣不在于这种区分。一组对话基本上是戏剧性和论战性的,其意图在于反驳一两个智者:《欧绪德谟篇》《美涅克塞努篇》和《高尔吉亚篇》,反驳的是波卢斯(Pôlos)、卡利克勒斯和高尔吉亚。这些对话发生在听众面前,在公众面前展开,听众就像是合唱队,通过运用某种无声的谴责,调动最终残留的羞耻之心——甚至智者,甚至塞拉西马柯这样的人,在其灵魂之中也都存在着几分羞耻——从而制止智者继续其诡辩。

另一组对话属于真正的探究,是探索性的对话,对于这些对话来说,公众并不是必要的,事实上,公众甚至完全是缺席的。《巴门尼德篇》就是这样:那里说出了一些非常深奥的异乎寻常的话,但是没有任何公众。这是几个诚信之人的对话:青年苏格拉底、巴门尼德;完全不需要合唱队,不需要沉默的、进行谴责的裁判。

* * *

严格意义上的哲学创造:必须提请大家注意一些要点。首先,我们已经看到这个事实,即柏拉图是对一些立场进行诠释而不只是进行反驳的创造者。事实上,他不停地重新开始他的探究。柏拉图是第一个进行这种尝试的哲学家:他试图把诸多疑难固定下来,或许还试图把走出这些疑难的出路也都固定下来,对于我们来说,这些疑难都围绕着知识和真理问题。同样,在世界之中的合理性的诸多界限也是如此。这基本上是《蒂迈欧篇》的主题,而且总是重新出现。针对今天依然是逻辑学和哲学上的"驴桥"[3]的问题,柏拉图是第一个发动猛烈进攻的思想家:一方面,普遍与个别之间的关系(除了其他的文本之外,可以在《巴门尼德篇》看到这个问题)——在什么程度上我们可以说,有一只狗,有一个社会,有一位上帝,有一门法语,有"一个"数字一。在什么意义上,所有这些都是"一";"一"的这个本形或本相或本型(*eidos*),[4]与我们(作为现代人,作为后康德主义者,我们会说)只有借助(更准确地说,通过)"一"这个范畴才能够思考的诸多具体现实的关系是怎样的。是不是就像康德讲的那样,我们借助"一"这个范畴来进行思维,只是因为这就是我们的心灵的结构,因为我们不能以别的方式进行思考,而且,这是据说可以证明的事情?或者是不是这样:我们不可能在没有"一"这个范畴的情况下进行思考,因为存在着"一"?如果我可以说,存在着"一",那么,它存在于何处?我们依然没有摆脱这些疑难,因为很显然,不能把"一"的形式强加于现象或者对象,如果某事物在这里不适合,在这里不容许我们的范畴来支撑和应用于它的话。因此,我们不能简单地断言"一"是一个范畴。但是另一方面,认为"一"属于事物,或者认为因果性属于事物,这种观念确实显得非常令人迷惑,而且似乎开凿了一道鸿沟,让人无法得知这种观念究竟可能意味着什么。在某种意义上,我们几乎没有向前推进,因为在《巴门尼德篇》《泰阿泰德篇》,或者是以另一方式在《斐莱布篇》以及《国家篇》的一些段落,这些探询都已经制定出来并且得到详细的阐述。我们在讨论《政治家篇》的过程中将会看到这方面的一些例子。

---

3 le pont aux ânes:"驴桥",比喻容易克服的困难,显而易见的初步的知识。——中译注

4 我们把"Forme"译作"本形",把"Idée"译作"本相",把"*eidos*"译作"本型"。实际上,作者在文中将这几个词作为同义词来使用。——中译注

柏拉图的《政治家篇》

好了,不用再耽搁,我们现在可以直接面对这篇对话,与它短兵相接。不过,这里还是会有一些预备步骤,而且你们会觉得这些步骤相当复杂,无章可循,因为我不知道用什么更好的办法,可以按照真实的并且是线性的、井然有序的方式,来谈论一部重要的著作或者一个重要的主题。我没有别的办法,只好从一端开始、返回、往前推进、把事情翻转过来、偏离主题……因此,在讨论过程中将会出现大量的来回反复,如同《政治家篇》的文本之中存在的反复一样。

第二点:为什么要选择从《政治家篇》开始呢?大体说来,有三个理由。第一个理由相对于我们今年的工作来说关系不大。鉴于我们这次研讨课的目标,我们不可能深入细致地分析我们感兴趣的所有文本。在过去的两年,我们讨论了阿那克西美尼的格言、《安提戈涅》中的合唱、修昔底德的一些话语,但是在今年,我们不可能对《国家篇》《政治家篇》和《法篇》进行名副其实的分析,然后再对亚里士多德的《政治学》以及随后而来的其他文本进行分析。另一方面,我希望我们大家一起来完成一项工作,这项工作远远不是详尽无遗的,而是要深入地研究一个限定的文本。我们要紧紧抓住一个文本,目的是想让大家看一看,对于一个文本的真正的研究意味着什么。从篇幅方面来说,唯一可以使用的文本就是《政治家篇》。《国家篇》太长了,《法篇》或者亚里士多德的《政治学》也都太大了。

第二个理由是,《政治家篇》属于我们很快就会说到的柏拉图的第四个也是最后一个时期。正是在这个文本中,在某种意义上来说(而且不是在过于黑格尔主义的意义上),含蓄地积淀了柏拉图在此以前的整个发展的结果,而在此以后并没有出现重要的东西。由此看来,《政治家篇》实际上包含着柏拉图的哲学轨迹,它的总问题、诸多疑难和矛盾。这些都可以从《政治家篇》中提取出来,从它的那些显得是不连贯或者奇特之处提取出来。这种不连贯和奇特性的印象出现在第二个环节。在第一个环节,当我们阅读这篇对话的时候,我们会觉得事情发展顺利,会觉得柏拉图就是这样,或者柏拉图的诸多特征就是这样。在第二个环节,事情一点儿都不顺利。然后,在第三个环节,我们揭示出某种结构。在第四个层次,我们觉察到这个结构本身带有一些非常深刻的缺陷,而且这些缺陷都不是偶然的,它们都是柏拉图的思想的缺陷,也许是一切思想的缺陷。

第三个理由:通过一种本质性的变化,这个时期(柏拉图的第四个时期)体现和表现在《政治家篇》中;而这个本质性的变化与一个要点有关,这个要点在表面上是次要的,但是延伸得很远,因为在这里,由于思想具有的岩浆般的结构,我们仍然可以由此重新发现差不多一切事情。而且,这个发生在《政治家篇》中的变化还与这样的定义有关,即界定适合于进行统治的人,就是说,与政治家、政治人或者王者的定义有关。按照《国家篇》提出的定义,适于进行统治的人(经过适当的训练之后)被等同于哲学家。《政治家篇》没有直接提到作为统治者的哲学家,而是提到王者(后面我们还要讲到这种王者),不是作为牧者出现的王者(牧者是第一个定义,后来抛弃了），而是作为国王般的编织者出现的王者。我们随后将会看到，国王般的编织者编织的东西也不是非常融贯协调的。之所以不协调，倒不是因为编织在一起的事物都是不协调的，而是因为它们位于不同的层面：一方面，编织在一起的事物是城邦的不同个人；另一方面，编织在一起的事物是个人的灵魂的不同部分。人们不可能让一个层面与另一个层面形成一一对应。

接下来，甚至这个国王般的编织者也不是政治家的真正定义。还有第三个定义，这个定义是隐蔽的，它不是把政治家定义成哲学家，而且也没有将其导向哲学家。事实上，这个定义为柏拉图在后来的《法篇》描绘的政体和政府类型准备了道路。在《法篇》的对话中，著名的夜间委员会的成员都是哲学家，受过这样的培训，并且被授予一份"履历"（*curriculum vitae*），这份履历让人想起《国家篇》的哲学家，然而在某种意义上他们都不是——至少在形式上不是——进行统治的人。在《法篇》的城邦中，真正的统治者是一些执政官，而且是选举的执政官。《政治家篇》就是这个过渡，这个浅滩，是水流变浅的地方，人们可以在此处涉水过河。人们可以从《国家篇》绝对地界定为哲学家掌权的政体过渡到《法篇》的政体，在那里，存在着选举的执政官，通俗地说来，这些执政官的绳子在某种意义上是由夜间委员会拉动的。因此，这就把《政治家篇》确定在柏拉图的整个思想发展的一个非常重要的位置上。

现在可以告诉大家，我打算怎样谈论这篇对话。一共有六个要点：

（1）第一个要点：简要地交代一下《政治家篇》在柏拉图作品中的日期和历史情境，然后讲一下它的一般总问题；

（2）第二个要点：《政治家篇》的结构本身及其奇特性，诸多定义、附带插入和离题所形成的错综缠绕；

（3）第三个要点：两个定义；

（4）第四个要点：八个附带插入；

（5）第五个要点：三个离题；

（6）第六个要点，谋篇布局的问题：这篇对话就像是一座巴洛克风格的建筑，带有两座主楼，三座配楼，八座附属建筑。在它背后，是否还存在着一个隐藏的结构？

最后，如果还有时间的话，我们就赋予自己一项权利，批判地检查它的内部存在的一切，否则的话，我们就在研讨课的进程之中进行这种检查。

一、《政治家篇》的写作时间和情境

几乎所有的作者都同意，《政治家篇》的写作时间可以定在公元前367年和前360年之间。有些人，包括我自己，将会选择一个更迟的日期。为什么这样推定年代呢？这与柏拉图几次西西里之行的整个故事有关。柏拉图生于公元前428年，当苏格拉底被判处死刑的时候（公元前399年），柏拉图不到30岁[1]。苏格拉底死后，柏拉图像苏格拉底的其他门徒一样，也许害怕这次判决将会殃及学生，于是，他离开了雅典。柏拉图自己在麦加拉隐居了一段时间，并且很快就在那里建立了一个麦加拉学园，重新开始苏格拉底教学的某个方面。后来，他无疑有过几次旅行，其中肯定包括埃及

---

[1] 英文本译作"柏拉图至少30岁"。——中译注

之行,时间是在公元前 399 年和前 387 年间。大约在公元前 387—前386年,柏拉图在雅典建立了阿卡德米学园。在此之前,在公元前 388—前 387 年,他有第一次西西里之行,除了《书信》之外的一些证据可以证明这一点。他在西西里遇到了僭主狄奥尼修一世,并且建立了一些友谊关系,后来表明,这些关系都是重要的:与阿尔基塔(Archytas)结交,此人属于最后的一批重要的毕达哥拉斯学派成员(当时他们在南意大利、大希腊地区非常活跃),还与叙拉古的狄翁结交,此人是狄奥尼修的女婿。

据传说,柏拉图在返回途中被海盗抓获,后来又在伊齐那(Égine)或科林斯被赎身。更有绘声绘色的传说甚至讲到,一些哲学家当时在科林斯聚会,他们在奴隶市场上看到柏拉图,立即凑钱将其赎回!人们可能会认为这个故事编得太过于巧妙了(ben trovato),不像是真的。我自己很有些怀疑这个故事的真实性。

按照传统的说法,既是柏拉图的《书信》的说法,也是古希腊哲学家著作的编集者们的说法,柏拉图还有两次西西里之行,与西西里的政治波折有关。非常精明而且很有权势的政治家狄奥尼修一世去世了。他的儿子狄奥尼修二世继位。两位狄奥尼修的女婿——他们的家务事非常复杂,混合着多偶、乱伦等等——狄翁也是一位才华过人的年轻人,可能是柏拉图的"爱侣"(erômenos),不一定是身体意义上的,而是像《会饮篇》描绘的那种爱恋情谊形式上的爱侣。柏拉图把狄翁看作可能将其哲学家观念付诸政治实践的人。按照这个传统的说法,应狄翁的邀请,柏拉图在公元前 367 年重返西西里,而且是为了把小狄奥尼修改造成哲学家—国王。这个企图遭遇失败。狄奥尼修与狄翁决裂,狄翁被流放。不过,狄奥尼修试图把柏拉图留在叙拉古。柏拉图拒绝了。

仍然是按照柏拉图的《书信》和古希腊哲学家论著的编集者们的传统说法，三年之后，柏拉图还有第三次西西里之行，狄奥尼修向柏拉图许诺了一些事情，包括召回狄翁。但是狄奥尼修没有履行诺言，他还把柏拉图囚禁起来，最后由于塔壬同的毕达哥拉斯派学者阿尔基塔的介入才将其释放。四年之后，狄翁登陆西西里，夺取了狄奥尼修的权力。接着就是多年血腥残酷的内战。最后，狄翁被阿卡德米学园的另一个学生卡利普斯(Callippe)所暗杀。

因此，依据这个传统以及柏拉图的《书信》尤其是第七封书信的说法，柏拉图有三次西西里之行。公元前 387 年的一次是确定的。公元前 367 年和前 362 年的两次西西里之行则是有争议的。"顽固的少数学者"，就像 M. I. 芬莱所说的，有什么理由拒绝承认这两次航行呢？（我不是"学者"，但我属于这个少数。）[2] 理由至少有两个。第一，无论是西西里的狄奥多尔(Diodore de Sicile)——他"不加删节地"(in extenso)谈论西西里的事务，谈论狄奥尼修的垮台，谈论狄翁的政治活动——还是亚里士多德，都只字不提这两次航行。可是亚里士多德在公元前 367 年和前 362 年都在阿卡德米学园；在《政治学》中，他还谈到了狄翁。不明白他为什么没有提到柏拉图的西西里之行。

---

[2] M. I. 芬莱：《古代社会》(M. I. Finley, *Ancient Sicily*, 1968; rev. ed., London: Chatto & Windus, 1979)，第 92 页。卡斯托里亚蒂斯凭自己的记忆说，"顽固的少数学者"。但是芬莱的书中写的是"固执的少数人"，没有出现"学者"的字眼。不过，芬莱进行了比较：关于柏拉图的三次西西里之行，一方面，"大部分现代历史学家"都"接受了这个传奇故事"；另一方面，"固执的少数人继续坚持"认为这个故事有一些"矛盾和不可能的事情，从而得出的结论是，这个传奇故事大部分都是虚构的，也许整个都是虚构的（除了柏拉图在公元前 387 年的那一次私人访问）"（同前，第 92—93 页）。卡斯托里亚蒂斯也持有芬莱的怀疑立场，而且在研讨课上概括了支持这个怀疑立场的理由（芬莱也援引了这些理由）。他在这里坚持说他不是一个学院的"学者"，这个添加的主张应该保留下来。——英译注

第二个理由是，如果柏拉图真的有第三次航行，就是说，再次相信狄奥尼修的诺言并且重返西西里，那么这将会表明柏拉图自己的某种无可救药的彻底的无能，将会表明他没有能力去判断人，然而实际上很难把这种无能归之于柏拉图。无论柏拉图想要影响一位国王、僭主或者掌权者的欲望究竟如何，人们还是不能相信，他在和狄奥尼修这样的人物打交道的时候竟然会第二次出错。

同样，对于拒绝承认柏拉图的《书信》的真实性来说，这种不可能存在的轻信态度也是一个因素。而且，人们有充分的理由来理解，为什么这些书信可能很早的时候就在阿卡德米学园伪造出来了：首先是为了强化这个传说，即柏拉图用尽一切办法，力图检验他的观念、实现他的观念；其次，是为了尽量弥补学园的两个学生的行为，这两个学生就是狄翁（觊觎王位者，后来是准僭主；参见芬莱[3]）和卡利普斯（暗杀者）。在这个事件中，有太多令人不快的事情，用柏拉图的伟大形象——柏拉图尝试过，为了他的观念冒过生命危险，然后才回来——来掩盖这些事情，会是非常方便的做法。

不过，反对将《书信》作为伪作加以废除（athétèse，对窜入文句的删除，如同语文学家所说的那样）的东西，反对拒不接受《书信》的真实性的东西，仍然是《第七封书信》的品质，它非常优美、非常深刻。这封书信的开头是一番极其令人信服的辩白，表明柏拉图为什么在苏格拉底的判决之后不再参与政治。然后就是那个非凡的段落，谈论语言与日常知识的关系，与事物本身的知识和本相的知识的关系，与著名的"突然"（*exaiphnès*）的关系。正是在这个地

---

[3] 这里指的是芬莱：《古代社会》（M. I. Finley, *La Sicile antique*, trad. J. Carlier），巴黎，马库拉出版社，1986年，第101页。——皮埃尔·维达尔-纳盖注

方,他说其他的一切知识都是为真正的知识做准备。人们必须练习这些知识,然而这些知识并不是带来真知的东西。它们就像预先的"摩擦",最终,在一个不确定的出乎意料的时刻,令人吃惊的(exaiphnès:突然的)时刻,这种摩擦使火焰迸发出来,一下子照亮对象和主体,并且让人能够看见。一切逻辑、一切讨论、一切数学、一切辩证法都是为此服务的。它们都是预备性的。这让人想起后来的神秘主义者所说的事情,即神秘的苦修是为了达到那个不可强求的神视时刻而做出的准备。《第七封书信》描述了知识,真知、最终的知识。而且,这个描述相当符合《会饮篇》《斐德罗篇》《国家篇》关于灵魂和知识的关系所说的一切事情,从而足以使人们认为,如果说《第七封书信》在字面意义上是不真实的——因为有关第三次航行的事实都是不存在的,所以这封书信不是真实的——那么,由于它提供了有关知识与其对象的关系问题的哲学论述,因而它是真实的。

无论如何,《政治家篇》只能列在所谓第二次航行的日期之后;如果有第二次和第三次航行,那么这篇对话也许是这两次航行之间写的,也许是第三次之后写的。如果你们已经读过《政治家篇》,你们也许会记得它紧跟在《智者篇》之后,而《智者篇》被认为是在《泰阿泰德篇》之后。与此同时,还有关于第四篇对话的许诺,这篇对话没有写,可能会是《哲学家篇》。

这三篇现存的对话以及许诺要写的第四篇对话即《哲学家篇》,是由几个人物、几个主角的某种圆舞连接起来的。在《泰阿泰德篇》,苏格拉底提问,年轻的泰阿泰德回答。在第二篇对话即《智者篇》,还是泰阿泰德回答,但提问的是爱利亚的外邦人,*xenos*。注意:在希腊,*xenos* 不仅意味着 étranger(外国人,外乡人,外人),而且尤其意味着受到留给外邦人的那种对待的人，也就是受到款待（l'hospitalité）的人。存在着一位 Zeus Xenios，外邦人的保护神；*xenia* 就是"款待"的意思。因此，*Xenos eleatès* 既是外邦人又是客人，是来自爱利亚的来宾。不过，尽管"来自爱利亚的朋友"是更为忠实于原意的说法，我们还是称之为"来自爱利亚的外邦人"，因为这个称呼已经是众所周知的，而且，还因为现代人为了雅致的缘故已经采纳了这个称呼：他是一位进入游戏之中的外来者。

在第三篇对话即《政治家篇》中，爱利亚的外邦人仍然是提问者。相对于《智者篇》来说，这是保持固定的一点。而且这是明确宣告过的：被提问的人是小苏格拉底，一位青春期末年的雅典年轻人，就像泰阿泰德一样；这个年轻人的名字碰巧也叫苏格拉底。苏格拉底在别的地方曾经就此开玩笑，说泰阿泰德有他的相貌，长得像苏格拉底一样难看，还说小苏格拉底有他的名字，人们可能会认为小苏格拉底也非常聪明，就像泰阿泰德那样。在许诺写但是没有写的第四篇对话即《哲学家篇》，为了保持对称，被提问的还会是小苏格拉底，进行提问的应该会是苏格拉底。

如果我们属于结构—解构主义学派，我们可能会抓住这个事实加以发挥，我们可能会说，泰阿泰德就像苏格拉底一样，非常聪明非常丑陋；在最终涉及界定真正的哲学家的时候，我们会有真正的哲学家苏格拉底来提问小苏格拉底；我们会看到逻各斯返回到它的同一性，其中不仅包括陈述的视点，还包括陈述者的视点；还有，碰巧第四篇对话没有写，它正好处在柏拉图文本的边缘。在这种形式下的所有这一切都不是我们感兴趣的。我们感兴趣的是柏拉图思想的内容和发展进程。

在我看来，这个带有缺失部分的四部曲——《泰阿泰德篇》《智者篇》《政治家篇》《哲学家篇》(没写)——作为四部曲来说是人为的。这三篇现存的对话确实属于我所说的第四个时期,但是,《泰阿泰德篇》与另外两篇对话颇为不同。它的对象是:人们所谓的知识或认识是什么？这篇对话在本质上是疑难的:它没有结果,而且,这也是柏拉图的天才。这是一篇极其丰富的异乎寻常的对话,它询问什么是知识,最后却承认:此刻,我们不知道！我们大家明天再见。这可不是谁都能做到的。现代人不会去做这样的事情！如果他们这样做,那可就是有些恶劣了。

《泰阿泰德篇》以对话的方式展开,如同柏拉图的大部分对话那样,这里的对话形式既是虚假的又是真实的。不过说到底,对话形式在这里并不是多余的,然而《智者篇》和《政治家篇》的对话形式却完全是这样。在那里,对话是一种纯粹的诡计,理所当然地会让中学里的年轻人感到恼火,他们会臭骂这些对话,可能会责问这些手法究竟是要搞什么名堂。[4] 更何况,《智者篇》和《政治家篇》的逻辑工具不在于对话形式,而是要在切分(diérétique)工具、在逻辑划分那里去寻找,在《智者篇》和《政治家篇》的那个著名的爱利亚的外邦人所展开的没完没了的划分那里去寻找:在《智者篇》,柏拉图展开了六个层次的划分,力图抓住智者,而智者总是逃脱,不让自己陷入某个划分;在《政治家篇》,有两个相继的定义,我们将会看到,这两个定义事实上都没有成功地抓住政治家。

所以,从这个视点看来,人们看不到《泰阿泰德篇》与《智者篇》《政治家篇》之间存在着任何统一性,但是后两篇对话实际上是连在一起的。不只是由于爱利亚的外邦人的在场,还由于他所运用

---

[4] 在法国,高中生已经开始学哲学了。——英译注

的手法。因为,这个外邦人(xenos),这位友好的客人,在这两篇对话中以非常正确而且可信的方式具有一种一致的讨论风格:他嗜好切分(diérèsis),他迷恋划分,这种着迷在这两篇对话中运用得很成功。

而且,最终是由内容将它们连成一体。因为——在这个方面,有人可能还是会搞些结构—解构主义来自娱——在内容方面存在着一种联系和对立,存在着一种间接的关联。《智者篇》谈论虚假和非存在;谈论哲学家(智者所是的那种哲学家)的堕落;谈论造假;它没有谈论或者只是非常偶然地、附带地谈论哲学家——这是可以理解的,因为本来应该还有第四篇对话即《哲学家篇》。而且,《政治家篇》谈论真正的政治家,只是附带地谈到假政治家。好,结构主义本质上是一种记忆术,这给我们提供了一个示意图:

V	F
φ	σ
π	?

在这个示意图上,V = 真;F = 假。真正的知识,人们拥有真正的知识,说到底,人们本来应该拥有真正的知识,这是《哲学家篇》(φ)。假知识,人们也有假知识:这是《智者篇》(σ)。真实践,人们拥有真实践,这是《政治家篇》(π)。但是我们还缺少什么东西,还有一个空白,即(?)。填上这个空白,就可以入选法兰西学院!为什么这里有个空白呢?显然,这个空白并非完全是一个空白,因为在《政治家篇》有一个地方,人们可以在字里行间间接地看到什么是假政治家、蛊惑家。结尾部分的有些谈论讲到假政治家。然而这个主题本来应该得到真正的探讨。于是,真正的四联剧本来是:《哲学家篇》《政治家篇》《智者篇》《蛊惑家篇》。已经讨论过蛊惑家,不过总是非常间接地讨论。只要有可能,柏拉图每次都要暗

中诽谤政治家们；在《政治家篇》，他对塞米斯托克勒（Thémistocle）[5]多有冒犯。不过，没有任何对话正面抨击蛊惑家，要是有的话，应该是《智者篇》的对应物。

尽管如此，在这整个故事里面，我们还是拥有一个内容的统一体，就是说，诸多概念、诸多重要主题把这两篇对话衔接起来，但是，这实际上涉及四篇对话，其中两篇没有写，尽管《政治家篇》的末尾稍微谈到一些所谓的政治家，即声称是政治家但并非真是政治家的那些人。于是我们本来应该会看到：

——《哲学家篇》：苏格拉底会在那里提问小苏格拉底；

——《政治家篇》：爱利亚的外邦人提问小苏格拉底；

——《智者篇》：爱利亚的外邦人提问泰阿泰德；

——《蛊惑家篇》：苏格拉底会在那里提问泰阿泰德。

至于一些最为重要的哲学预设，需要注意的是，《智者篇》和《政治家篇》典型地属于这些安置了诸多新视点的对话。尽管仍然存在着一些疑难，但是，如果说在早先的对话中，这些疑难首先是言词上的或者概念上的疑难，那么在这里，它们完全是现实的疑难。而且，这些对话把混合物而不再是把纯粹的观念纳入诸多预设的中心之处。用更加方便的说法来讲：不再是绝对，而是混合物、现实之物、近似、相对。在政治层面上，这一点是通过《政治家篇》所谓的"第二次航行"（deuteros plous）来表露的。还有第一次航行，即《国家篇》的航行，它提供了真正的真理以及好的城邦。不过，人们不能声称实现了这个观念，或者说，这一实现只能是偶然

---

[5] 塞米斯托克勒是著名的雅典将领，领导雅典海军在公元前480年的萨拉米战役中打败了波斯人。——中译注

的结果。因此，人们不得不满足于第二个选择，即后来在《法篇》描述的选择，[6] 在那里也说，这个城邦，与《国家篇》的城邦相比，按照对于柏拉图的原文的解读，要么是 *mia deuterôs*：依据深层的内在统一性来说是第二等；要么是 *timia deuterôs*：在高贵方面是第二等。我相信，*timia deuterôs* 是奥托·阿佩尔特（Otto Apelt）的修订，但是我同意皮埃尔·维达尔－纳盖的观点，认为 *mia deuterôs* 可能是正确的解读。[7] 这个说法确实更加深刻得多，可以很好地表达这个意思：与《国家篇》的城邦相比，《法篇》的城邦在统一性方面以及在其各个部分的衔接之强度方面，都是第二等的。

因此，如果我们违反当代最受尊重的一切规则，反过来面向这些对话的内容，面向柏拉图哲学思想的演化，目的是为了把这些对话分组——这是一般的离题，但是如果想要讨论柏拉图的话，这就是不可或缺的离题——那么我们就会看到，通过采用适宜的标准（我将会说明这些标准），这个分组一方面几乎完全符合按照所谓外部标准（日期、在对话中出场的或者提到的人物）做出的分类；另一方面，这个分组几乎完全符合著名的风格统计学的分析，就是说，按照风格标志，按照对于柏拉图使用的表达法和小品词的统计结果，排列出这些对话的年代顺序。

于是有四组对话：

（1）首先是苏格拉底的对话，它们都是青年时期的对话。我们不想进入那些著名的但又是无法解决的问题：谁是真正的苏格拉

---

[6] 在 739e。

[7] 参见皮埃尔·雷维克和皮埃尔·维达尔－纳盖：《雅典人克利斯提尼：从公元前 6 世纪到柏拉图去世之间的希腊政治思想中的时空表象》，英文本，1996 年，第 93 页，第 189 页注释 89。——英译注

底？谁是真正的柏拉图？苏格拉底在哪里停止，柏拉图在哪里开始？有几篇对话肯定是在重述苏格拉底的教导，也许是给它赋予了一种尖锐的角度。这些对话是：《申辩篇》《克里托篇》《阿尔基比亚德篇 I》《欧绪弗洛篇》《拉凯斯篇》《吕西斯篇》《卡尔米德篇》，两个《希庇亚篇》以及《伊安篇》。

（2）然后是第二个阶段，该阶段至今没有被当作一个阶段分离出来，但是我认为必须分出来。这是个过渡阶段，是抨击智者派的阶段。这个阶段的几篇对话在某种意义上纯粹是论战性的，与最后时期的对话相反，因为最后时期的对话都是探询性的，没有重大的论战。这些对话和第三个时期的对话都是极其优美的对话：这是柏拉图的成熟时期，这时候他充分拥有他的诗意的力量。这几篇对话是《普罗泰戈拉篇》《欧绪德谟篇》《美涅克塞努篇》《高尔吉亚篇》以及《国家篇》第一卷——常常被称作"塞拉西马柯篇"，因为苏格拉底在此处的主要对话者是塞拉西马柯，一位智者。

显然，《普罗泰戈拉篇》《欧绪德谟篇》（这篇对话对智者派的嘲弄最厉害）和《高尔吉亚篇》是在彻底地抨击智者派。"塞拉西马柯篇"也是如此。《美涅克塞努篇》稍微起到了补丁的作用，可以为这里的空格提供例证材料，因为它戏仿雅典的葬礼演说，借此指控那些讲故事的政治家或者蛊惑家（按照柏拉图的意思）。就像《美涅克塞努篇》描写的那样，这些政治家讲述的事情都是难以置信的，对于严肃的读者而言，只能反过来损及演说者。

（3）第三个阶段是关于本相的理论的发现、肯定和发展。这个阶段可以从《美诺篇》开始，包括四篇伟大的"观念论的"对话：《斐多篇》《斐德罗篇》《会饮篇》，以及《国家篇》的主要部分。

（4）最后是第四个阶段，从柏拉图成熟期的顶点延伸到老年时期，我认为这个阶段开始于《克拉底鲁篇》，这是一篇极度疑难的对话。许多评论者都荒谬地认为，柏拉图支持这种理论，即主张有些语词自然而然就是恰当的(juste)，但是其他的语词并非如此。《克拉底鲁篇》完全是疑难的，而且引起巨大的麻烦，因为它探询我们与语言的关系以及语言与事物的关系，并且提出这个问题：用现代的术语来讲，既然我们当作真理来陈述的东西是经由语言而来的，那么，为了我们能够陈述某个真理，语言必须是怎样的？这是抓住了事情的一端，即语言的词项与事物的符合，然而抓住的正是这个问题。

于是，这里有三篇高度疑难的对话，即《克拉底鲁篇》《泰阿泰德篇》和《巴门尼德篇》，还有这个疑难(aporia)以及困惑(aporèsis)的诸多结果，它们的提出，是在《智者篇》《政治家篇》《蒂迈欧篇》，再加上《克里底亚篇》以及《斐莱布篇》，另外还有按照非常融贯的方式最后到来的《法篇》。正是在这些最后的对话中，关于混合物的理论被提了出来，并且得到极尽可能的展示：

——《智者篇》从消解巴门尼德的关于存在的绝对主义开始，强行规定这个真理：非存在存在，存在并非总是存在，或者并非在一切方面都存在；

——然后是《政治家篇》，我们将会看到，它打开了一条道路，导致抛弃《国家篇》在政治制度方面的绝对主义；

——《蒂迈欧篇》在存在论和宇宙论层面上确立了混合物，并且使得神、造物主无所作为，以至于他只有这样才是可能的，即一方面符合事物的本性，也就是符合他所塑造的质料的本性，另一方面符合他借以塑造本性的数目的本性，因为这些数目并没有让自己听任谁的意愿来摆弄；

——最后是《斐莱布篇》，它以谈论快乐为借口，宣布了关于下述事实的几个极端重要的论题：所有存在的东西都是一与多的混合物，是规定性和无规定性、界限（peras，终结，边界）和无界限（apeiron，无终结）的混合物。在第四个也就是最后一个时期的末尾，《法篇》以完全连贯的方式到来。

二、《政治家篇》的对象和结构

这篇对话显明的对象是由它的标题以及这个讨论所给出的：寻找政治家的定义。但是，柏拉图在对话本身中明确宣布的是相反的事情，这一点必须严肃对待。在一个既定时刻（285d），爱利亚的外邦人说：显然，我们并不是为了政治家的缘故来寻找政治家，对于我们来说，政治家并不是什么重要的事情。这一切只不过是一个辩证法的训练。我们遵守存在者那里的自然的划分，并且采用应该采用的标准，从而学会在应该怎样划分的时候进行划分。但是很明显，这第二个层面只是托辞。在第三个时刻，柏拉图在此处关注的事情确实就是政治家。《政治家篇》的标题完全是有理由的。柏拉图感兴趣的事情，如同《智者篇》那样，就是去界定智者和政治家，也就是说，绘制出这种关于最高的人类活动的网格：一方面是那些涉及知识的活动，另一方面则是实践。当他告诉我们说，所有这些只不过是一种托辞，目的是为了学会正确的划分，这时候人们可能会粗鲁地说：鬼才信你那一套！（*Tell that to the marines*！）柏拉图说的可不是真的，他没有选择虱子或蟑螂作为划分的对象，用来表明人们如何学习划分。借用精神分析的行话来说，他不是碰巧选择了智者和政治家；他选择的两个对象都是让他非常感兴趣的，而且，正是这两个对象将要成为切分性分析的主题。但是，如果说它们将会成为分析的主题,[8] 这是因为,在有关智者和政治家的一般问题上,柏拉图有些正负账目要来清算。关于这篇对话的对象,我们就说这些。

《政治家篇》的结构非常奇特,读者在阅读的时候很快就会觉察这一点。《智者篇》的建构也很古怪,但是它的奇特性要小得多。简要地说,在《智者篇》,相继有六个尝试性的定义;在第六个定义之后,又返回到第五个定义;这就形成一种反常。但是所有这些定义都服务于某个意图,即为了描绘那种不太值得尊重的、穿着形形色色的从业者外衣的智者;这些定义力求组成一幅尽可能令人不快的智者肖像。只有一个重要的离题,它在表面上是偶然发生的,但实际上是经过长期准备的,这就是关于存在和非存在的讨论。这在柏拉图作品的发展之中是相当复杂的,而且难以做出确定的断言。但是在《巴门尼德篇》,巴门尼德和他的热情的学生、他的"爱侣"(*erômenos*)芝诺都在场(显然,在这篇对话中,芝诺是巴门尼德的 *paidika*,是他的年轻的恋人),年长的老师巴门尼德的教导本身遭受了非常严峻的考验,这个教导就是,存在存在,非存在不存在,而且只有"一"存在。人们看到,这个教导只能导致一系列僵局。在我看来,这就是《巴门尼德篇》的教导。给人们留下来的就是这个否定性的结论。

因此,经由那个著名的弑父时刻{241d}——当时,爱利亚的外邦人说:现在,必须杀死我们的父亲巴门尼德,必须说出这个可怕的事情,即,存在不存在,非存在存在——《智者篇》提供了肯定性

---

8 这里使用了"faire les frais de qch",这个短语的意思是"支付某事的费用;承担某事的后果;成为(谈话的)主题"。所以作者下一句说到"清算账目"。——中译注

的反论。可以说,这位外邦人提出了肯定性的规划;他给出了一个全新版本的本相论,他本人将这些本相称作最高的种(genres){254c}。而且他提出了五个形式的最高的种:存在、相同、相异(l'autre)、静止和运动,认为它们始终存在,我们在今天也许会说,它们是存在论上的先验之物,所有存在的东西都是由它们形成的。(附带说一下,我们可能注意到,对于存在、相同、相异来说是这样。但是对于静止和运动来说,显然不应该在伽利略或者后伽利略的意义上来看待:伽利略以前,至少在希腊人那里,运动并非单单意指位移。运动是变化,是变更。在亚里士多德那里,这一点是非常清楚的;在柏拉图那里也是如此。当人们说静止和运动属于那些最高的种,这一方面意味着不变性,另一方面意味着变更的可能性和现实性(effectivité)。《智者篇》说的就是这个。)[9]

《智者篇》的这个离题是联系着对于智者的定义而自然地发生的,因为必须把智者定义成处在非存在状态的奸商。但是,如果非存在不存在,那么一个人如何能够是处在非存在状态的奸商呢?非存在必须以某种方式存在,而且人们必须有可能把存在描绘成非存在,把非存在描绘成存在。因此,经由这个显得琐碎的途径(如果不说它是不值一提的途径),引入进来一条重要的定理,从起源直到我们今天的哲学的一条最为重要的定理:非存在存在,存在不存在。这个定理的引入,就是从关于虚假影像等等的这种制造者的定义开始的。在此背后,人们立即就会看到,存在着一系列疑问,这些疑问是智者派以及随后的麦加拉学派已经提出的问

---

[9] 关于古代的运动观和现代的运动观,也可以参见卡斯托里亚蒂斯的"自然和自律"("Phusis and Autonomy"),收入《碎片中的世界:论政治、社会、精神分析和想象》,第334—335页。——英译注

题：如果虚假被定义成"陈述不存在的东西"，那么，虚假如何可能？但是巴门尼德已经说过：不存在的东西不存在，句号。甚至连这句话都不能说——这最终会迫使巴门尼德本人陷入沉默。必须摆脱所有这一切。而且，人们借助《智者篇》，借助这个独一无二的、中心的存在论上的离题来摆脱。

在《政治家篇》中，事情完全不同。它的结构是奇形怪状的：包括关于政治家的两个定义，在柏拉图看来，没有一个定义是正确的。正确的定义隐藏在对话之中；就像是做字谜游戏。另外还有三个离题、八个附带插入。如果有人是毕达哥拉斯学派的，那么他可能会说，8是2的3次方嘛！所以，有八个附带插入，这很正常，因为有两个定义和三个离题……

《政治家篇》的开头是简短的开场白(257a—258b)，然后是第一个定义：把政治家定义成牧者。这个定义从258b进行到277c。在277c，这个定义将会被抛弃。但是在这个行程中，人们得到严格意义上的展示(258b—267)；还有针对这个定义的批判，出现在好几个地方(267c—268d，274a—275a，275b—c)。对于第一个定义的展示是这样进行的，即通过一种下行的划分、关于不同种类的知识（理论知识/实践知识）的二分法，最后达到这个关于牧者的观念。

在这个展示里面，有两个附带插入，它们在哲学方面都非常重要。首先(262a—263b)，人们得到种类(espèce)和部分的区分。如果一个人确实有一丁点儿哲学头脑，他立即就会看出来这是一个绝对重大的问题。什么是一个部分，什么是一个种类？人类是动物的一个部分！好啊！那么双腿是人的一部分但不是一个种类。这是怎么回事？

第二个附带插入（263c—264e）同样重要：如果不加注意，那么正在进行划分的人的视点就可能成为无可避免的决定因素，决定划分的内容。第二个附带插入的内容就是：注意人们所实行的划分之中的主观视点。

接下来，在简要回顾了第一个定义之后，就是对这个定义的批判：政治家不可能是牧者。为什么？首先，因为还有别的艺术，它们也都照料着对于人的饲养。其次，因为牧者严格说来照料一切事情，但是政治家并非照料一切。在这个地方，突然之间，而且是在进一步批判之前，发生了第一次重要的离题：这就是关于克罗诺斯统治的奇异神话。这个离题的发生，确实就像是一个自由联想，因为在希腊语中，牧者就是 *nomeus*，来自动词 *nemein*，至少意指两件事情：一方面是划分的意思；另一个意思就是放牧，照料牧群或者其他事物。据其本质来说，牧者比他牧养的存在者要高级，他比山羊、绵羊高级。确切地说，他属于另一个种类。因此，如果存在着人群的放牧者，那么他应该是一位神……正好，在克罗诺斯时代实际上曾经有过一位神圣的牧者！就是凭借这个极其牵强的托辞，关于克罗诺斯统治的奇异离题被引入进来，从268e延续到274。我们后面再来详细谈论这个离题。

接下来，对话又返回到声称是首要的话题上来，以便继续批判作为放牧者的政治家，这个批判认为，确切地说，这个定义可能是把神圣的牧者与属人的牧者混淆了。这就叫人想起来，这个定义过于宽泛了；因此做出部分修改：不仅必须说他是牧者，而且还要说他进行照料（*agelaiokomos*），就是说，他以某种方式照料牧群（275c—276e）。然后，以没有说明的方式（否则就是无法说明的方式），在277a—c，外邦人说，所有这一切都不行，必须抛弃这个定义。可是他没有说为什么。就这样,牧群和整个牧歌都被丢下不管了。

外邦人接着引入三号附带插入,它是一个新的方法论原理。前两个附带插入已经在方法论上奠定了伴随着牧者的故事——牧养有角的和无角的动物等等的放牧者的故事——而来的切分手法。人们在那里讨论的是部分和元素之间仍然尚待做出的区分,而且还涉及这个事实,即必须注意不要把主观元素引入到划分的基础和标准上来,因为在这种情况下,鹤就会把动物划分成鹤与非鹤,如同希腊人把人划分成希腊人和非希腊人即野蛮人。这样做是不行的:这个做法不是按照客观性进行划分,而是按照一种主观的视点来划分。因此,与前两个附带插入一样,三号附带插入是方法论上的引言,以便引出随后要讲的东西,就是说,从编织出发的整个定义,把政治家界定成编织者。三号附带插入涉及范例及其元素。它涉及我们今天仍然面对的绝对根本的问题:我在采取正面进攻的方式来思考一个事物的时候遭遇到很多困难,或者我不知道怎么对待它,在这种情况下,如何从一个事物出发来思考另一个事物? 我能够做的事情就是找到一个范例,找到别的什么东西,这个东西足以呈现亲近性(parenté),或者无论如何让它自己被丰富地分联(articuler)和展开,使得我可以随后返回到第一个事物,并且说:好了,现在我可以这样来接近它了。

当然,这个附带插入回避了先行的问题:我怎么知道编织对于政治家的艺术来说是一个好的范例呢? 这只是柏拉图在《斐多篇》和《斐德罗篇》已经提到的问题的变种:在我已经看到人之前,我怎么知道人是什么? 如果不是已经拥有关于人的观念的话,那么我如何能够获得这个观念,从而可以说,"所有这些都是人"? 或者就此事而论,如果我不知道我已经在寻找的东西,那么我怎能寻找某个东西呢?柏拉图在以前的对话中提出的形而上学的回答就是"回忆说":事实上我始终知道它,但是这个知识被埋没了,被遮蔽了,必须有人来唤醒它。苏格拉底的灵知分析(la gnoséo-analyse),他的助产术就是从这个地方来的;这种助产术把人身上的包括《美诺篇》的奴隶身上的无意识的东西接生出来,把人所拥有的真理接生出来,因为他已经在另一次生命之中看到过这些真理。

考虑到《政治家篇》属于柏拉图思想中的混合物的时期,这个三号附带插入提供了解决这个疑难的一条属人的途径,如果我可以这么说的话。或者用更好的说法来讲:不是解决这个疑难,而是管理这个疑难。为什么呢?因为第三个附带插入只有在下述预设的基础上才是有意义的:诸多事物本身存在着固有的亲近性,这些亲近性不只是形式上的,或者,尽管是形式上的,然而是在这个词的特强意义上来讲的,即形式可能非常严重地规定内容。事物之间存在着诸多亲近性,使得人们可以采用丰富而有效的方式从事物的一个范畴过渡到另一个范畴,从编织过渡到政治家。这对于柏拉图而言并非只是为了展示的方便:整个阐述能够有效,仅当确实存在着属于两方面的某个事物,该事物按照足够适当的方式来说是充分近似的,以至于人们一旦澄清了编织的范例,就可以想到有关政治家的某种事情,于是,当人们关注政治家这类人的时候,对于编织范例的澄清就会导向政治家。

因此,从这个三号附带插入出发,人们来到政治家的第二个定义,把政治家定义成编织者;这个定义将会占据对话的整个结尾部分。它是从一个展示着手的(279b—280a);这个展示会让研究编织本身以及各种编织方法的技术发明的历史学家感到高兴。维拉莫维奇说过，人们在阅读这些段落的时候可以看到，很明显，关于编织、编织材料、编织方式等等，柏拉图知道的比他所说的还要多。柏拉图充分掌握了这项技术性事务。

可是这里面还有第四个附带插入，位于281d—e，它区分开固有原因的艺术与合成的或者附随的原因的艺术，或者如同柏拉图所说的那样，伴随的（comitante）原因的艺术。因此，这个附带插入在亚里士多德之前提出了这样的区分。

〔与第四个附带插入有关的亚里士多德学说的离题。希腊词 sumbainein 是典型的亚里士多德式的词语，意思是"走在一起、伴随"（aller ensemble）。在亚里士多德那里，始终存在着关于 sumbainein 的观念，关于 sumbebèkos 的观念，关于那些与其他事物走在一起的事物的观念。这些事物可能由于纯粹的偶然（hasard）从而走在一起，或者可能是在完全本质的然而不属于该事物的严格定义的方式上与其他事物走在一起。例如：任何三角形的内角之和等于两个直角。亚里士多德用令人吃惊的措辞说：这与三角形的本质走在一起（sumbainei avec），这是与它伴随的。任何三角形的内角和等于两个直角，这个事实碰巧是严格的数学证明的对象。不过没什么要紧的，这个相等关系并非属于三角形的本质，即三角形是由三条直线围成的平面图形。这里面的问题绝不是关于三个内角之和所产生的东西的问题。只不过，"碰巧"并非意味着这个相等关系是由于纯粹的偶然：它走在一起。

对于我们来说的问题，是由对于 sumbebèkos 一词的不幸的翻译所引起的,法语是用"accident"[10]来翻译这个词,其他的欧洲语言也有相应的词语,例如德语的 *Akzident*。因为在语义上说,在所有的拉丁语言中,偶性(l'accident)显然就是偶然性的偶性(l'accident du hasard)。现在,如果坚持这个不恰当的翻译,那么学哲学的年轻学生就要经受这样的强化训练:注意,在亚里士多德那里,偶性与公路交通没有关系,与任何事故(accident)没有关系;它可能是某种全然本质的东西。因此,心脏没有进入到人的定义之中,而且,正是由于偶性,所以你有心脏,我们都有心脏。我建议并且坚持主张,应该把 *sumbainein* 和 *sumbebèkos* 翻译成"comitant",后者是 *cumeo*、*comitans* 的法语译名,意思是"走在一起,伴随"。于是就有了"comitant essentiel"(本质性的伴随物)和"comitant accidentel"(偶性的伴随物)。"comitant"出现在"concomitant"(伴生的,伴随的)这个词语中,后者带有一个冗余部分,而且常常被拼错。"concomitant"在拼写的时候只有一个"t",因为它不是来自"mettre"(放置)这个词,[11]而是来自 cumeo 的现在分词。诸多"伴随的变化"(les variations concomitantes)就是走在一起的变化、一起发生的变化。]

第五个附带插入出现在重新返回到定义之前,非常重要:它涉及事物的尺度。对于柏拉图来说,存在着相对的尺度和绝对的尺度。有些尺度只是通过比较才有其意义,有些尺度却是绝对的,是事物的规范。这是一个非常奇特的观念,我们后面还要回过头来

10　这个法语词的意思是"偶性、偶然,意外,事故",等等。——中译注
11　"mettre"一词的变化形式很多都带有两个"t",例如它的分词形式就是"mettant"。如果把"comitant"和"concomitant"包含的词干"mit"误认作"mettre"的同源词,就有可能出现拼写错误,把"concomitant"多写一个"t"。——中译注

讨论。

然后突然出现了第六个附带插入,柏拉图在对话的真正对象这个事情上玩弄的花招:对话的真正对象不是政治家,人们或多或少并不在乎政治家,真正的对象是辩证法,是辩证法的训练(285d)。好长一段时间讨论的都是政治家,好吧,然而这只不过是托辞,唯有辩证法的收获才是让我们感兴趣的事情。

可是人们又返回到编织,为了定义它。随后,再返回到城邦,为了定义多元的在"城邦"之中共同生活的艺术(287c—289c)。柏拉图先是列举了七种共同生活的艺术,然后,作为这个定义的第三个部分,列举了辅助性的以及附属性的艺术(289—291a)。在这个地方,绕着弯子,仿佛是被291a这个段落勾住了,所有诡辩者之中最像魔术师的人出现了,这就是民主派的政治家。就是在这个时候,发生了另外两个异乎寻常的离题:

A. 第二个离题,关于诸多政治制度的形式(291d—292a)。这个离题作为复次离题再度出现于300d和303b之间,在那里,柏拉图说,民主制在各种政体之中既是最不好的又是"最不坏的"。

B. 第三个离题,头等重要,在第二个离题的两个部分之间楔入进来,柏拉图在此展开他的观点,认为唯有科学才是关于政治家的定义的基础。这个离题分述成五个要点:

(1) 292提出定义的基础;

(2) 在293a—e,确认了知道者的权力所具有的绝对性;

(3) 接着,在294a—c,展示一切成文法的本质缺陷;

(4) 第四个要点,第一次航行(294e—297d),柏拉图在那里再次确认知道者的绝对权力,这种绝对权力只要一出现,就理所当然地废止一切法律;

（5）最后，从 297d 到 300c，第二次航行，在此期间，人们说，在没有真正的政治家的情况下，可以满足于这些有缺陷的、不适当的规章，即成文法。

此外，正是根据第二次航行以及在那里所说的事情，在第二个离题的复次离题之处，人们可以再次着手讨论有关政体的形式、类型的主题，既然此处的情形与《国家篇》的情形相反，建立在权利基础上的国家（État de droit）或者由法律所统治的国家的实存成了一个显著的特征，使人们能够在各种政体之间进行分辨。最少腐败的政体是这些政体：尽管它们不是由政治家来统治的，但它们有法律并且服从法律，无论涉及的是君主制、贵族制还是民主制。最腐败的政体就是没有任何法律的政体。

第二、第三和第二个离题的复次离题之后，人们又返回到抛在一边的假政治家的身份（303b—c），然后谈论辅助性的艺术和基础性的艺术（303d—305d）。第七个附带插入：为其他艺术服务的艺术。在这些艺术之间存在着一种等级（304b—d）。于是，人们再次提出关于政治家的定义，把政治家界定成编织者（305e）。我们以为重重困难已经到头了，可是没有——因为，突然，与这个作为编织者的政治家的故事有关，人们极有可能在最后还是会自问：编织者，好，同意；但是这位国王般的编织者编织什么呢？为了履行其职责，编织者必须交织和缠绕起来的材料是怎样的呢？现在，当然啦，与这种编织的对象有关的第一次指涉，就是这些不同的艺术，七项主要的艺术，然后还有辅助性的艺术，它们对于共同的生活来说都是不可缺少的。但是在这里，就在第八个附带插入谈论德性的多样性之后（306a—308c），或者是与第八个附带插入同时，柏拉图突然引入一个新的编织对象，与先前的对象没有任何关系。到目前为止，人们可能已经理解到（这种理解并不是错误的），政治家是国王般的编织者，他把城邦生活必需的全部艺术都编织在一起，尽管他不是亲自如此编织，而是使得这些不同的艺术能够在城邦之中共存。但是，与这种理解相比，我们在这里得到某种完全不同的东西；我们得到这个事实，即人的德性包括诸多部分，这些部分是多种多样的，它们构成某种多样性，甚至可能以某种方式彼此对立。这个主题是柏拉图在《国家篇》之中或多或少已经勾勒出来的主题：例如，如果一个人是勇敢的，而且只是勇敢，这说到底可能对立于某种实践智慧（*phronèsis*）。一个人可能只是鲁莽，只是愚蠢的蛮勇。之后，亚里士多德将会在他的德性论中再次讨论这个主题。

所以，此处引入了这个新的心理学区分，当然指的是心理学这个术语在柏拉图那里的意义。存在论的对应之物，就是在其庄严形式上的并且具有诸多崇高维度的心理学。由此出发，政治家把德性的这些不同部分编织在一起，把个人身上的德性的心理学部分编织在一起；于是，从这里开始，人们重新转向了把德性的这些方面、这些维度编织在一起的政治家；实际上还拐弯抹角地出现了一种如同添加之物的东西。政治家并非只是把诸多艺术以及灵魂的诸多部分编织在一起，他还按照遗传学来编织城邦的居民。他尽量把最冲动的家族与最审慎的家族混合，以便他们的后代能表现出这些品质的混合，最好的混合。于是我们最终达到最后的定义（311b—c）。

我就停在这里吧。下一次课，我们开始按照这个顺序依次讨论两个定义、八个附带插入和三个离题。

《政治家篇》的分解纲要

- 257a 开场白
- 258b 第一个定义：神圣的牧者
  （1986 年 2 月 26 日）
- 262a 附带插入 1：种类—部分的区分
  （1986 年 3 月 5 日）
- 263c 附带插入 2：主观的划分
  （1986 年 3 月 5 日）
- 268d 离题 1：克罗诺斯统治的神话
  （1986 年 3 月 12 日；1986 年 3 月 26 日）
- 277d 附带插入 3：范例和元素
  （1986 年 3 月 5 日；1986 年 3 月 12 日）
- 279b 第二个定义：国王般的编织者
  （1986 年 2 月 26 日）
- 281d 附带插入 4：固有的原因/伴随的原因
  （1986 年 3 月 12 日）
- 283c 附带插入 5：固有的尺度/相对的尺度
  （1986 年 3 月 12 日）
- 285d 附带插入 6：辩证法的训练作为对话的目的
  （1986 年 3 月 12 日）
- 291d 离题 2：各种政体的形式
  （1986 年 3 月 26 日；1986 年 4 月 23 日）
- 292a 离题 3：科学，政治家的唯一基础
  （1986 年 4 月 23 日；1986 年 4 月 30 日）
- 300d 离题 2（复次）：各种政体的诸多形式（再论）
  （1986 年 4 月 30 日）
- 304b 附带插入 7：为其他的艺术服务的艺术
  （1986 年 3 月 12 日）
- 306a 附带插入 8：德性的多样性
  （1986 年 3 月 12 日）

1986 年 2 月 26 日的研讨课

再度开始和预期

大家还记得,我已经把这篇对话切割成好几个部分。用柏拉图在《斐德罗篇》的说法来讲{265e},我希望自己像是一位"好的屠夫"。更加明确地说,我把这篇对话分解成两个定义、八个附带插入和三个离题,此外,第二个离题又可以分成两个。

我提醒过你们,第一个离题是克罗诺斯统治的神话(268e—277c);第二个离题涉及各种政体的形式(291d—291e),而且,它还有复次离题(300d—303b)对其进行补充,这个复次离题是对各种坏政体的评价,这些政体都不是专制政体。最后,从292a到300c,第三个离题,也是最重要的离题,为我们在这里谈论《政治家篇》提供了辩护,它包含这个著名的论题:唯有科学界定政治家。第三个离题的第一个部分说明了这个论题,并且为其提供了基础;第二个部分表明了建立在科学基础上的政治权力所具有的绝对性格;最后是第三个部分,对法律进行批判,因为法律在本质上有缺陷。这个著名的观点认为,法律从来只是谈论普遍的东西,但是在现实之中,人们总是与个别的东西打交道。因此,整个论证得出的结论就是,如果存在王者、政治家,其余的一切都必须让步。不再有任何法律;法律就是这种王者的意志。这就是可以称之为第一次航行的事情所带来的结果。

但是,在这次航行的末尾,柏拉图却说,这一切在现存城邦的现实之中都是不可能的:不存在任何王者;而且,如果有王者的话,其他人也不会认出他。所以，需要第二次航行，需要转向问题的整体上来，这将会使我们发现法律的权力是较小的恶。因此，法律统治的城邦在价值的阶梯上位列二等，但是它的地位高于法律在其中不是主人的城邦。

这样，我们在第三个离题那里得到两个枢纽观念，它们调节着柏拉图思想在这个演化阶段上的诸多运动。也就是说，首先是持有本相论的柏拉图，"绝对主义的"柏拉图——并非只是政治意义上的绝对主义[1]，这个柏拉图认为，存在着一门真正的科学，关乎一般意义上的事物以及特殊意义上的人类事物，因此，安排、调节和管理人类事物，这些都是属于这门科学的保管人负责的事情。其次还有另一个方面，这个方面构成柏拉图后期的全部重要对话的特征：一种关于混合物的哲学，既在存在论和宇宙论层面上，也在人类学和心理学层面上。柏拉图在这里承认，由于事物的本性，不可能存在关于现实事物的完美知识和规章，因此，必须诉诸第二序列的措施，第二序列的安排，诉诸法律实际上所是的这种较小的恶。

让我们附带回顾一下，以便强调第三个离题部分——它涉及法律及其本质上的缺陷——如何确实是非同寻常的，而且是依然有效的。因为柏拉图在这个段落第一次表述的东西，即普遍的法则与特殊的现实之间的差距，当然是人类世界的一个构成成分。这个成分是人类世界的存在所具有的一个裂隙。正是同样的观察，孕育了亚里士多德在《尼各马可伦理学》之中的反思，即对于著名的衡平问题(problème de l'équité)的反思(第五卷)。然而特别

---

[1] absolutiste 有两个意思，即"专制主义的"以及"绝对主义的"。——中译注

重要的是，在更加深刻的层次，与柏拉图的思考和愿望相反，恰恰就是这个观察非常显然地而且是以完全直接的方式导致了对于任何一劳永逸地获得定义的完美城邦之观念的放弃。不可能有任何法律一劳永逸地囊括人类活动的所有方面，因为法律和现实之间的差距并不是偶然的，而是本质上的。

而且，如果你从这个观点——它再一次直接地沉重地强加于人——得出这些结论，那么你立刻就会看到，它隐然包含着一种谴责，针对柏拉图以前在《国家篇》中提出的企图，同样也针对后来在《法篇》中提出的企图。确实，《法篇》提出了一些措施，涉及对于法律的时常的修改。然而它们都是非常薄弱的、边缘的，而且《法篇》的本质目标仍然是打算冻结历史，打算冻结社会的建制。

就我们的旨趣而言，对柏拉图的批判毕竟是相对次要的事情，除此之外，你当然会走向针对任何乌托邦的谴责，彻底的、完全有理有据的谴责，就是说，谴责任何想要定义和固定完美社会的企图。不可能有这样的定义。我们应该从《政治家篇》以来就已经认识到这一点。任何规章都不能束缚社会和历史的现实所发生的持续改变。充其量，这样的规章可能试图扼杀这种改变。但是这样一来，在扼杀这种改变的时候，它也是在扼杀社会—历史之物（le social-historique），扼杀其主体和客体。所以，如果我们正在寻求通向更好的体制（constitution）的途径，那么我们就不能指望把这个更好的体制固定下来，而是应该力求找到这样的体制：它每一次都充分容许自我改变的社会的—历史的现实可以把与之适应的立法给予自己。用我提出的术语来讲，这就是说：我们只能力求改变进行建制的社会与被建制的社会之间的关系。因此，我们只能主张这样的社会，它坚决地谴责被建制之物的统治，并且寻求正确的关系,在建制—被建制之间的正当关系。我们必须追求这样的一种社会的体制(une Constitution de la société),它使得社会可以自己完成正确治理的角色,因此这个角色也就是在所有层次上的自行治理的角色,而这个角色甚至连王者也绝对无法完成,如果有王者存在并且被全体公民所接受的话。

之所以在此时提出这些预期,是因为如果没有看到这篇对话的中心内核,没有看到在那里得到发展的诸多立场以及它们产生的总问题,那么我们就不可能理解关于这两个定义的讨论所存在的真正赌注。我现在就来检查这个讨论。

三、两个定义

这里仍然必须在开始之处就提出的第一个看法是,这两个定义完全是多余的。它们都是无用的,它们毫无用处,它们没有告诉我们任何东西。而且,它们不是柏拉图追求的东西,不是他的兴趣所在。这倒不是因为他的兴趣在于辩证法的示例,在于辩证法的训练,就像他在别的地方所说的那样。不,这是一种欺骗性的供认,因为让他感兴趣的事情,正是关于政治家的另一个定义,该定义没有在这两个定义里面说出来,而是隐然包含在第三个重大的离题之中:政治家就是 epistèmôn,即知道者,而且是知道每个人应该做什么的知道者,因为他拥有真正的知识。他的任务非同寻常——我这是再次预期后面要讲到的事情——就是命令每个人、命令参与社会的每一个个体、命令每一位公民:做什么以及不做什么乃是正义的(295a—b)。柏拉图用的是语义格外强烈的字眼,即 prostattein,命令、指令。他在别的地方进一步说,"坐在床边"(parakathèmenos)下命令,坐在那个人边上,在他床边,在他左右,以便每时每刻告诉他:"现在你结婚,现在你去买大葱,现在你把你的佣人都解雇……"

我这里说的都是琐屑的事情,但是柏拉图用他在《巴门尼德篇》讲过的关于虱子的著名故事教导我们,不要忽视这些平常的事情:王者必须时时处处命令每个人必须做什么。你们明白这意味着什么,既是发疯似的不可能的思想,又是对于组成社会的个人身上的自我指导能力的否认。

此外,如果不愿意太过于脱离我们当代的现实,我们可以看到,在现代存在着力求实现这种理想的企图,即命令每个人每时每刻必须做什么以及不做什么,只不过不是以王者发布命令的形式来实现它,而是借助于官僚制规章的整个极权主义倾向。这在生产中、在工厂中表现得很明显,在这些地方,执行者、工人——甚至上层执行者——应该做的一切事情在原则上都必须是已经界定好的,直到细枝末节,以至于领受规章指导的人在其中仅仅是充当一种发动事物运动的纯粹物理起因。全部指导元素、他的行为的全部意义都被剥夺了,以便沉积在生产的官僚制规章之中,或者沉积在公民生活的官僚制规章之中,沉积在极权主义制度的情形之中。在这种情况下,他只是在指定给他的时刻动动手,把零件送给机器然后再移走;或者,他只是在领导宣布鼓掌的时候拍拍手、领导要求嘲笑的时候发出嘲笑,除此之外,他不再是别的什么人。

因此,在讨论政治家的前两个定义的时候必须记住,政治家的第三个定义才是柏拉图追求的目标。记住这一点,那么在为了它们自己的缘故来对待它们的时候,你们就会确信它们都是多余的,以某种方式确信它们都是无用的。不过,这也有助于强调第二次航行所创造的疑难,这个疑难也跟这个真实的定义有关(在柏拉图看来,根据柏拉图的心愿,这个定义是真实的定义),而且是与明确提出的两个定义有关,尤其是与第二个定义有关。因为,你们真正考虑一下,在存在着一些法律的城邦中——诸如柏拉图最终在第二次航行之末所接受的法律——这种政治家、王者、编织者正在做什么。

1. 第一个定义:政治家作为人群的牧者

在一段简短的开场白之后,开始了对于第一个定义的说明。这个定义声称在某种意义上是真正的定义,是直接的而不是类比的定义。然而在第二个定义那里(把政治家定义成城邦之中的编织者),编织被明确地设定成一个类比(analogon),设定成范例,设定成根据事物的本质来说的另一种充分亲近的(parent)情形,它近似于政治家的艺术,可以用来理解政治家所做的事情。牧者的定义不是作为类比的定义而是作为真正的定义提出来的:人们试图把政治家插入一套详尽无遗的划分之中,就是说,插入到种和属差组成的定义系列,如同后来亚里士多德在其《分析篇》提出的定义理论所讲的那样。而且,在 258b 到 267c 这一部分,关于牧者的观念明显得到了严肃的对待。至少,人们装出一副严肃对待的样子,就像人们假装严肃对待连续的划分,直到划分结束的地方将会试图紧紧抓住政治家。

大家回想一下,第一个定义是从各种科学开始着手的。有些科学是理论性的,其他的不是理论性的。在理论科学中间,又区分开指导性的科学和自行指导的科学。饲养动物属于自行指导的科学……其中有些动物是成群生活的;有些动物是驯养的;有些动物是用脚走路的,不是有翅膀可以飞的;有些动物不是杂交繁殖的,例如，不像马和驴子杂交生出骡子……最后来到人这里。于是，政治技能就是这种科学，它进行 nemei，放牧、喂养，它照料共同生活的人们的生活；它是以饲养共同生活的人们为其对象的科学。

为了立即强调柏拉图在修辞方面的不诚实，我们在此提出第一个评论，尽管这不太重要。因为从 258e 开始发生了一个改变，可以称之为划分的基础的改变，这是逻辑上不允许的事情。在开始的时候，划分是按照各种活动的形式来进行的，是按照这些活动所固有的东西来进行的：科学/非科学，理论科学/实践科学，指导性的科学/执行性的科学，[2]如此等等。然后，从某个时刻开始，标准改变了，不再按照活动的形式和意义进行划分，而是按照对象的质料进行划分。毫无疑问，这个评论是技术性的、次要的，不过，它让我们可以在这里再次强调，与他的智者派对手相比，柏拉图多么经常地更是一位诡辩者。

第二个评论，爱利亚的外邦人实施的划分直到最终基本上都是二分的。但是——如同柏拉图自己后来指出的那样，而且，这并不是那么令人舒服的事情——不存在任何固有的理由可以表明这些划分应该是二分的，可以表明人们将会始终进行一分为二的划

---

[2] 按照卡斯托里亚蒂斯对官僚制—资本主义社会中的指导者（dirigeant）与执行者（exécutants）的经典区分，处在"执行"位置上的人不是被界定为履行某种最高管理角色的人，如同人们在今天所说的"执行官"那样，而是执行其他人所发出的命令的人，而且通常不得不抵触这些指挥命令，既然这些命令是从外部发布的，因此没有受益于执行者的经验，而这种经验总是超出对它加以界定的东西。参见柯奈留斯·卡斯托里亚蒂斯：《政治和社会著作》第 1—3 卷（*Political and Social Writings*, vol. 1, 1946–1951: *From the Critique of Bureaucracy to the Positive Content of Socialism*, trans. and ed. David Ames Curtis, Minneapolis: University of Minnesota Press, 1988; *Political and Social Writings*, vol. 2, 1951–1960; *From the Workers' Struggle Against Bureaucracy to Revolution in the Age of Modern Capitalism*, trans. and ed. David Ames Curtis, Minneapolis: University of Minnesota Press, 1988. *Political and Social Writings*, vol. 3, 1961–1979: *Recommencing the Revolution: From Socialism to the Autonomous Society*, trans. and ed. David Ames Curtis, Minneapolis: University of Minnesota Press, 1993）。——英译注

分。当然,有一个形式上的理由:一分为二的划分符合 a/非 a,符合 p 是真的/p 不是真的。因此,人们总是可以挑出某个属性,然后把具有该属性的对象和没有该属性的对象重新分组,从而划分无论怎样的任何集合。因此,人们总是可以用二分法来操作。然而这并不意味着二分法就是恰当的,并不意味着它符合正在被划分的某个现实的事物。这里我们遇到作为二元逻辑的形式逻辑所具有的诸多问题之一。通常,这种逻辑的二元特征——是/否;真/非真;a/非 a——通过矛盾来穷尽整个论域,应该导致一种关于存在之物的二元结构的公设(这种情况依然或多或少地存在于当代物理学之中)。然而这是不可能的。等到我们讨论出现在第一个附带插入那里的种类/部分问题的时候,还会再次谈到这一点。

在这个地方,我想在柏拉图强加给我们的两个预期理由上停留一下。他非常巧妙地"顺便"把这两个预期理由强加进来,以至于大部分注释者都没有表示反对——柏拉图文本的控制力量实际上也是意识形态的控制力量,竟然如此强大。

第一个预期理由很早就出现了,这就是把政治家等同于王者。任何时候都没有讨论过这个等同,它被设定成不言而喻的事情。然而对于希腊人尤其是雅典人来说,这是闻所未闻、特别怪异的。在柏拉图写作的时代,希腊没有任何国王。斯巴达确实有两个国王,但是他们没有任何权力,真正的权力由监察官和长老会议(gerousia)分享。另外,尽管西西里有一些僭主,例如僭主狄奥尼修,但是他们都没有叫人称其为国王,除非是我搞错了。或者,如果他们这样做,其他希腊人就会鄙视他们,把他们看作暴发户。当然,在马其顿有些国王,但是马其顿有一种非常怪诞的地位:在《政治家篇》写作日期之后的若干年,当德谟斯提尼(Démosthène)试图动员雅典人反击马其顿的国王腓力的时候，他劝勉雅典人不要"让自己被野蛮人征服"。因此，尽管马其顿人的语言是一种希腊方言，但他们并非真正属于那些被当作希腊世界来看待的城邦，其中的一个原因恰恰在于他们有国王，而且马其顿不是由城邦组成。最后，在公元前5世纪和前4世纪的希腊，当人们说到"国王"的时候，这个名词指称一个非常明确的人物，而且是唯一的一个："大王"（le Grand Roi），波斯国王，他是专制的化身。可是柏拉图竟然极其冷酷地把政治家（homme politique）等同于王者，这对于公元前5世纪和前4世纪的希腊来说（更何况，无论如何这是在雅典），几乎就是一种令人发指的行为。

第二个预期理由的影响范围要大得多，它是这样的：从258b开始，我们被告知，政治家是 *tôn epistèmonôn tis*，"一种科学的拥有者之一"。第三个离题将会确认这个看法。但是，谁这么说？凭借什么论据？人们很可以说政治技能是一种经验性的技巧。而且必须这样说。所谓"经验性的"，我指的不是接骨医生的艺术，说到底，它指的是某种不能以任何名义被称作是一门科学的东西。然而，爱利亚的外邦人说，政治家是 *tôn epistèmonôn tis*，知道者中间的一位，不过这些知道者乃是一种确定的知识的知道者。小苏格拉底回答说："怎么可能不是呢？"就这么定了：政治技能是一门科学；政治家就是掌握这门科学的人。

把政治家归属于科学，这个欺骗性的归类将会使得柏拉图的一连串论证成为可能。《政治家篇》的法文译者奥古斯特·蒂耶斯把 *tôn epistèmonôn tis* 翻译成"（属于）那些知道的人"；这是很糟糕的译法。*epistèmonôn* 并不是那些知道的人：政治家并不是知道发往布列塔尼的火车是从蒙帕尔纳斯车站开出的某个人，而是掌握关于一种重要对象的确定知识的某个人,而且,这种知识是建立在它的诸多原理之中的知识。柏拉图不会把鞋匠称作"知道者"(*epistèmonôn*)。还有,在这篇对话中,以及其他地方,柏拉图不加区别地使用技艺(*technè*)和知识(*epistèmè*)。从荷马直到亚里士多德,这两个词几乎一直都没有区分开。后来,亚里士多德进行了区分,不过没有一贯地坚持下来。最重要的是,亚里士多德在做出这个区分的时候,是把技艺和知识放在一边,把实践智慧(*phronèsis*)放在另一边。这样的实践智慧也是很糟糕地翻译成拉丁语的 *prudentia*,然而确切地说,它应该属于康德所谓的"判断力",尽管它远远超出后者,因为康德的判断力或者更为一般意义上的普通逻辑的官能,就是能够认出某个事例落在某个规则之下的辨识能力。这是一项首要的、不可化约的能力,因为,如果你有一项规则告诉你如此事例落在如此规则之下,那么"如此事例落在如此规则之下"又是一个事例,必须归属于一项规则,该规则告诉你,"如此事例落在如此规则之下"。于是你又会需要一种判断力。无穷回退。不可能把这种官能分解成诸多组成部分。

但是,实践智慧(*phronèsis*)不只如此。除了判断力的这种有些机械的方面之外,还有某种无法定义的"先天之物"(*a priori*):这就是每次辨识出什么是相干的东西、什么不是相干的东西的能力。因此,如果停留在判断力的机械方面,如果同意逻辑学所谓的丘奇论题(*la thèse de Church*)——如果它是逻辑上的,是可以形式化和机械化的——那么,辨识出相干的和不相干的东西,就意味着使用计算机算出全部可能的事例,最后(按照统计学观点来讲,算到一半的时候)得出结果说:是的,这是相干的。然而这不是我们所谓的实践智慧。判断某种形势,并不是非要检查完毕几十亿个可能的事例,然后再说:这个是相干的事例。不,它直接走向决定:这个是相干的,那个不是相干的。而且这种能力也是不可化约的,尽管它可以分成不同的强弱程度,在成年个体中间有所差别:有些人的能力比较大,有些人比较小。不过,我的意思当然不是说这种能力是遗传的。

这样一来,如果政治技能从这个视点看来属于某种事物,那么它显然不属于技艺/知识(technè/epistèmè),而是非常明显地属于实践智慧(phronèsis)所调动的一切,这就是说,与人类事务相联系、与社会之中的现实事物相联系的判断力和自我定向的能力(这也是康德的术语),因为这最终是把相干与不相干分开的东西。

我们再次重申,之所以强调这个要点,是因为这个归属是没有明说的、欺骗性的,它把政治家归属于知识(epistèmè)之下,从而当然会成为第三个离题(涉及政治家及其权力的绝对性)的明确的公理。

让我们返回到第一个定义的文本。在一系列划分－二分的末尾,政治技能被定义成科学,其对象就是饲养共同生活的人们。针对这个定义的批评也是在这里开始的。有三个批评。首先,第一个批评说(267c—e),这个定义不可能是正确的,因为还有其他的艺术也都致力于人的养育:例如保姆、医生和饭店老板的艺术……第二个反对意见认为(268a—c),政治家不可能是真正的牧者,因为名副其实的牧者要照料一切与其牧群有关的事情:他喂养牧群,安排牧群的杂交繁衍、牲口交配,治疗生病的牲口,帮助它们产仔,给它们吹笛子……可是政治家并没有做所有这些事情。此外,你们可以看到,这两个批评是相互补充的,虽然它们不是同一枚硬币的两面。最后,第三个批评出现在第一个离题也就是克罗诺斯统治的神话之后,而且表面上是作为对于这个漫长迂回的辩护。这个批评就是,外邦人让小苏格拉底相信,牧者与牧群之间始终存在着本性的差异。实际上并不是一头牛引领别的牛,而是人在引领牛群;并不是一只羊引领别的羊,而是牧羊人在引领羊群。因此,如果有一位牧者放牧人群的话,他必定具有不同于人类的另一种本性。他必定是克罗诺斯的神话已经讲到的神圣的牧者。而且,如果以前存在过这样的神圣的牧者,他们也都属于另一个世界循环,相反的循环,由克罗诺斯的统治所定义的循环。

这样一来,麻烦似乎是解决了。柏拉图向他自己提出的三个反对意见是非常彻底的,完全废除了第一个定义。然而,《政治家篇》结构上的奇特之处再次出现了:从 275c 到 276e,第一个定义又被捡起来修补。针对第一个批评意见,人们答复说,政治家不是众人的养育者,不是真正的牧者,他只是一位照料者(希腊语是 *therapeutès*,负责进行照料的人,有点儿像拳击运动中负责照料拳手的人);而且,他是一位属人的照料者,与神圣的牧者相对;最后,他是一位仁慈的、自愿的(*hekousios*)照料者,与粗暴的(*biaios*)照料者相对,后者则是僭主。就这样,在 276c,人们重新提出一种关于政治的艺术或王者的艺术的定义,按照该定义,这种艺术就是自愿进行照料的艺术,而且经过它所照料的人们的同意,经过人类的共同体的同意:

(……)我们将会把那种自由地提供和接受的、施之于一群两足动物的照料称为政治技能,把施行这种照料的人称作真正的国王和真正的政治家。{276e}

接着,出现了一个戏剧性的变化:爱利亚的外邦人声明,这个定义不行、不好,它完全是外在的,它没有抓住事物的本质。因此,必须采取另一种方法(277a—c)。就在这个地方,他引入了一些关于范例的考虑(范例将会给我们提供后面要讨论的第四个附带插入的对象)。他没有提出任何理由来说明为什么要抛弃这个定义,他没有继续考虑上述三个反对意见。他只是提出一个声明,由此丢下这个定义不管——理所当然,小苏格拉底对此随声附和——转而开始谈论一些全然不同的想法。这个变换就是这样(277a):

(小苏格拉底:)外邦人,我们很可能以这种方式完成了我们关于政治家的证明。

(外邦人:)那可是巨大的成功,苏格拉底。不过,如果只是你一个人有此确信,那还不够,必须是我们俩都有这种确信。但是在我看来,国王的这个雏形还没有完成。相反,如同雕塑家们留下了他们未完成的作品,我们也没有完成我们的工作。(在讲述神话的时候,)我们已经画出了它的外部的线条,但是它没有立体感……

很好,可是这一切只是说说而已。人们没有看到任何理由来说明为什么要抛弃牧者的定义。然而它还是被抛弃了。人们可能会停留在这个定义上:政治家是照料者,不是牧者—养育者;是属人的照料者,而非神圣的照料者;是属人的共同体的自愿的、得到同意的照料者,而非粗暴的照料者。就在这个时刻,人们可能会合乎逻辑地提出一个附加的问题:这个照料者与照顾众人的其他的照料者有什么不同呢?这将会直接导致我们去考虑城邦中的不同的艺术,考虑整个用来作为基础同时又用来支撑和阐明第二个定义的东西。而且,我们在这个时刻也许已经受到引导,以至于会说,存在着一些照顾诸多部分的照料者,需要某种类似于照顾全体或者整体的照料者。这是我们谈到编织者的时候说的但是又没有说的东西,因为把政治家界定成编织者的定义说了这个事情,但是我们将会看到,是以非常古怪的方式说的,而且没有正面解决关于整体的照料者的问题,更没有探究关于立法者的问题,不过,我在后面再来谈论这一点。

另一方面,如果确实必须抛弃第一个定义,那么为什么还要花费时间来讨论这些走路的、能飞的、有角的或者没有角的、能杂交繁殖的或者不能杂交繁殖的牲畜呢?况且,放在一边的显然是本质的事情,任何雅典人都不会不知道的事情:城邦的整个构成。柏拉图自己早在《普罗泰戈拉篇》就已经知道这个事情,尽管他让普罗泰戈拉说出这一点:在城邦的实存所必需的全部特殊的艺术之外,而且超乎于、贯穿于、高于所有这些特殊的艺术,还存在着另外一种能力,它针对总体性(katholou),针对城邦事务的总体、总和。关于这种能力,普罗泰戈拉说,它在所有公民中间平均地分配,但是,柏拉图想要说,它并不属于一个唯一的个人,也不属于一些罕见的例外的个人,它是由这个对象即城邦本身所界定的。这个观点可能是典型的柏拉图的观点。把这个城邦本身作为其对象的那种人就是政治家。只不过,关于所有这一切,这里没有任何问题。

因此,这就导致我们向自己提出问题:为什么要有第一个定义?它来这里做什么?至于我,我认为确实必须承认,我们在这里遇到一个稀奇古怪的颠倒:克罗诺斯统治的神话被引入进来,其目的就是要使得第一个定义可以被排除。但不是为了在文本的逻辑上排除这个定义,而是在文本的修辞上排除它。我坚持这个观点,因为在文本的逻辑上,这么说就足够了:存在着一些牧者,他们的本性不同于他们所牧养的动物的本性。如果人也有其牧者,那么这样的牧者的本性只能是超人的。同意。因此,政治家不是牧者。但是存在着一些负责照料人类共同体的活动,而且政治家属于这些活动。他是照料者,他不是牧者。不过,对话实际上不是这样进行的,而是绕了一个大弯,经过克罗诺斯统治的神话,目的是为了以修辞方式排除第一个定义的逻辑步骤所带来的诸多结论。第一个定义被抛弃了。此外,它引不起我们的兴趣。它完全是琐碎的。的确,它属于希腊民间传说(毫无疑问也属于更大范围的民间传说):国王是众人的牧者。不用追溯到荷马,在色诺芬那里,在他的《居鲁士的教育》那里,尤其是在普罗大众的共同的表象那里,都可以找到这种民间传说。或许没有必要费劲儿地动用这么多对话来排除它……

因此,我们被迫来到相反的结论:并不是为了能够排除第一个定义而引入神话,而是为了能够引入神话,这才虚假地、以修辞的方式提出第一个定义。与牧者有关的第一个定义,其目的就在于酝酿这个观念:以前存在过牧养人类的牧者,不过这些牧者都是神。这种情况发生在克罗诺斯统治的时代。这样一来,柏拉图就可以把这种关于世界的奇异虚构引入进来:世界有时候往这个方向上转,有时候往那个方向上转,而且一切运动的方向也会随之颠倒过来,在这些周期之内的时间方向也会发生神秘的颠倒。不过,我们到后面再来更加详细地谈论这个神话。

2. 第二个定义:政治家,王者,作为编织者

现在我们转入第二个定义。当然了,人们可能会偶然地注意

到，就像我们已经指出的那样，这个对话本身就是一个编织：编织者正是柏拉图自己，他把所有这些极其不规则的、不同的乃至五花八门的元素编织起来，目的就是要编配出一幅连贯的花毯。

然而，这幅花毯是以颇为奇特的方式连贯起来的。因为第二个定义的引入似乎完全是人为的，其理由就是我刚才所说的这些。首先仍然是因为，根据一个全然是无缘无故的决定，第一个定义就被弃之不顾了。不过，尤其是因为，外邦人在他关于范例的附带插入之后，在279a—b引入关于编织的故事，这样的引入方式也许是世界文学上最为任意武断的段落之一。确实是东拉西扯：我们需要一个范例。"是啊。"另一个人说。于是，外邦人提议："用编织做范例，你看怎么样？"小苏格拉底马上表示同意："为什么不呢？"〔这里附带讲一下，小苏格拉底总是说：对，是，当然……有一个时刻除外，因此这个时刻有它自己的价值。这发生在第三个离题期间，当时，外邦人说，真正的政治家进行统治，有法律、没有法律，依据成文法（grammata）、不依据成文法，通过杀戮、不通过杀戮。真正的政治家做他想要做的事情。可是在这个时候，小苏格拉底造反了。鉴于他总是表现出唯唯诺诺的态度，所以，这次反叛显得更有真实性、更有分量。〕于是就采用编织来作为范例。可是为什么要用编织而不是建筑、音韵、作曲等作为范例呢？这完全是武断的。

尽管如此，关于编织的长篇故事还是开始了，实际上是从279b一直延伸到对话结束，其间有几次离题和附带插入。在整个讨论过程中发生了什么？竟然发生了一些非常奇特的事情。首先，外邦人开始讨论编织本身。因为如果想要用编织作为范例，那就必须知道它是什么，它由什么构成。但是，也必须在人的各种活动中间对它加以归类。顺便说一句,在这个地方,以这种方式,柏拉图给我们提供了对于人的各种活动的划分,一种非凡的并且是值得注意的普遍的划分。我不打算谈论这个,不过建议大家再读一下279c—e:在这里,我们所创造、制作以及获得的一切都被组织起来,被加以划分。国家统计与经济研究所(L'INSEE)在对社会职业活动进行分类的时候没有考虑到这个段落[不过,布尔迪厄(Bourdieu)倒是喜欢],但是最终在这里存在着一种划分的基础:我们能够做的或者能够获得的所有这一切,都是由于这个或者那个原因;都是为了做某事或者是为了不至于遭受某事;人们为了不至于遭受某事而做的这些东西被划分成围墙以及装甲等等。在这里,我们遇到某种对于全部人类活动的二分法的清查,如同在涉及牧者的划分之时所做的那样。

在此之后,出现的是第四、五、六个附带插入,谈论固有的原因和伴随的原因、相对的尺度和绝对的尺度。正好是在中间(这是第六个附带插入),出现了这个在此时刻让人消气的断言:对话的真正对象显然不是政治家,人们不在乎政治家;对话的真正对象,在于学会讨论和划分,在于辩证法的训练。我在上次研讨课已经讲过这个断言,而且我相信已经让大家都看到了,这个断言是装模作样,是虚假的宣称,实际上,在第三个层面上,《政治家篇》的对象恰恰就是政治家。

于是,经过一番"令人厌倦的长篇大论"{参见286b},讲到编织本身、毛线、纬线,我们从今以后知道什么是编织、怎么编织以及编织牵涉到什么。而且,可以过渡到范例的应用,通过"转移到政治家的艺术,为了很好地认识这种艺术,我们先前展示了它的编织的例子"。{参见286b}编织将会为我们充当范例,政治家就是一种编织者。这是外邦人在 285d—e 所说的事情。可是立即出现了这个问题:如果政治家是一位编织者,他编织什么?287a—d 对这个问题有所涉及,不过只是稍微触及,没有真正展开讨论:没有说必须找到政治家编织的东西,而是引入了城邦生活的一些元素,人们可以合理地认为政治家是这些元素的编织者。这些元素乃是城邦生活所必需的全部艺术。于是,讨论将会采取这样的形式来进行,即划分那些在城邦中发挥作用的艺术。非常复杂、非常艰难的划分——我在这么说的时候没有任何争论之意,没有讽刺或者憎恶之意。柏拉图自己承认说:"我们试图完成的工作是困难的。"{287d}人们在这里确实处于物质的世界、经验的世界,不可能以详尽无遗的方式划分任何东西。况且,如果在人类的诸多活动中进行单义的分类,需要知道什么活动是工具,是做什么的工具,而这是非常困难的事情。此外,这个思想完全是正确的,并且蕴含着柏拉图没有加以发展的其他的一些观念。不过,最终他谈到七种艺术。人们实际上不知道第一种艺术是什么,但是知道其他六种。当柏拉图列举这些艺术的时候,他说到第一种,然后是其他六种(289a—b):"我们有了最基本的种类,然后有了工具、容器、车辆、防护物、娱乐品、食物。"这些是六种可能的艺术的对象,加上没有提出来的第一种艺术,也许是制造其他工具的工具之艺术,但是对话里没有说。在这次列举之后,还有第二次区分,区分开追求事物本身的艺术,以及辅助性的、附属性的艺术。关于第二次区分的讨论,发生在 289c 和 291a 之间。

我们在此提出一个附带的评论。在这整个段落之中飘荡着一个问号,暗含的问号,对于以前已经读过柏拉图尤其是《国家篇》的读者来说,这个问号出现在字里行间:在这些艺术之中,哪些艺术真正是城邦生活所必需的,哪些不是？人们可能会从"旧哲学"的有些傻乎乎的、规范性的、教诲性的观点来看待这个事情,也是柏拉图在《高尔吉亚篇》甚至在《国家篇》中的观点,依据这个观点看来,城邦需要的是农业、畜牧业,或许还有冶金业,肯定不需要厨师或者香水商的艺术。然而此处没有采纳这个观点,相反,所有的艺术,包括那些只是用于消遣的艺术,都被认为是形成了城邦的必要的部分——我们已经说过,这是变得相对顺通人情的柏拉图。柏拉图含蓄地提出的问题——哪些是真正生产性的活动,哪些不是？——后来又被亚里士多德再度重申,并且在18世纪重新充分地显露出来。

例如,重农主义者认为,唯一真正的生产性活动应该是初级的活动,这就是说,农业以及直接从自然界开采某种东西的一切活动,比如开矿、采石等等。对于他们来说,工业不是生产性的;它没有添加任何价值。反过来,在英国政治经济学的大传统之中,亚当·斯密等人认为,与物质对象打交道的一切活动都是生产性的,如果这些活动改变物质对象。因此,与第一产业(农业、开采等等)一样,制造业理所当然也是生产性的。亚当·斯密非常清楚地进行了区分,他说,在实质上,"毫无疑问,与农民或者制造业者的存在相比,我们的国王的存在,或者我们的诗人、艺术家、法官的存在对于国家来说是更为必要的。然而,尽管这些活动也是珍贵的,但我们不能认为它们增加了国家的财富"。据此,他把我们称之为服务业的活动全都排除出去,以便仅仅保留那些与制造和改变物质对象直接有关的活动。

马克思的价值理论本质上也是依赖于这个区分。而且,同样的区分在今天|1986年|仍然使得两种国民核算体系形成对立:一

方面是西方各国的体系,另一方面则是俄国的以及"社会主义"的体系。因为在西方的国民核算体系中,为了换取报酬而实行的或者可能实行的活动——并且是合法的活动;这很奇怪,然而就是这样的——全都属于国民收入。这就排除了比如说黑手党的真正地下的、非法的活动,可是又留下一个关于赌场和卖淫的问题,如果这些活动不是非法的话:它们是否增加了国民收入？但是在东方集团国家,所谓正统马克思主义对于国民收入的界定,只包括生产或改变物质对象的活动。这里存在着某种非常亚里士多德式的东西,即关于实体及其属性的概念。因为实体的本质属性包括 *keisthai*,在—某个—位置上—存在 (l'être-dans-une-certaine-place);所以,既然运输可以改变事物的一个属性即事物的位置,按照"苏维埃"的国民核算来说,它属于生产性活动。[3] 但是商业不属于生产性活动,因为它丝毫没有改变（亚里士多德提出的）事物的范畴。显然,戈尔巴乔夫（Gorbatchev）先生几乎不知道亚里士多德是谁,不过这不是问题,他的国民核算就是依据这些范畴来进行的。

这个总问题也在下面支撑着《政治家篇》所实行的对于不同种类的艺术的区分,区分开主要的艺术和辅助性的艺术,工具的制造,以及对于工具所使用的事物的制造。无论如何,这段长长的讨论只能给我们留下这样的印象,即国王般的编织者应该编织在一起的东西,恰恰就是形成城邦的全部活动、全部艺术。

然后,对话顺便攻击了到此为止一直没有分辨出来的另一种

---

[3] 按照卡斯托里亚蒂斯通常的做法,我在"苏维埃"上面加了引号。［米兰·昆德拉（Milan Kundera）引用他的话说,"U.S.S.R.：四个字,四个谎言。"］同样,在这个段落的第二个句子中,我给形容词"社会主义的"加上了引号。考虑到这里有关国民经济核算程序的讨论,也应该记住的是,卡斯托里亚蒂斯在 1970 年从经济合作与发展组织退休之前,已经晋升到统计、国民核算与增长研究部主任的职位。——英译注

艺术,如柏拉图所言,这就是诡辩者—魔术师的艺术,也就是说,政治家的艺术,不是柏拉图所界定的那种政治家,实际上指的是民主制度的政治家。就在这个地方,出现了一些长长的离题,谈论各种政体的形式,谈论作为政治家的唯一基础的科学。在303b—c,对话回过头来谈论智者,也就是说,返回到民主制度的政治家,目的是为了将其作为假政治家加以排除;不过,我们对这一返回不感兴趣。然后,对话引入了政治技能所具有的属于另一类型的辅助性艺术:例如策略、修辞术或者判断的艺术。但是,这些艺术不可能是政治技能,因为它们隶属于政治技能。后来,在《尼各马可伦理学》开头,亚里士多德将会重申这个观念,认为政治是最高的建筑艺术{1094a27}。

在305e,大家可能认为我们的麻烦已经结束了。一切虚假之物都已经消除,一切辅助之物都已经放在从属的位置,而且外邦人得出结论说:

(外邦人:)至于这种活动,它统率其他的一切活动,操心法律和城邦的一切事务,并且按照尽可能最完美的方式把所有这些东西结合成一件织物——我觉得,我们有理由给它选择一个足够简单的名称来表示它的功能所具有的普遍性,我们应该将它称作政治技能。

(小苏格拉底:)当然,完全同意。

因此,我们可能认为已经找到了政治家编织在一起的元素,它们就是这些不同的艺术,我们可能认为已经找到了政治家的定义……不,根本不是。因为外邦人在这个时候采取了一个与前面

发生的事情没有关系的决定。就好像前面什么都没有说过,或者好像说过的一切都与王者编织的编织材料没有任何关系,他放出话来:

(外邦人:)既然我们已经谈论过编织,我们现在必须规定什么东西被编织、以什么方式编织,以便我们引出政治技能所编织的织物。

(小苏格拉底:)显然如此。{参见306a}

于是,峰回路转,人们带着一个全新的观念重新出发,不过这是最后一次重新开始。这个新观念是关于德性的组成部分的观念。德性有诸多部分,这些部分按照种类、本型(*eidos*)而形成差别。对话提到了几个不同的例子。在这样做的时候,对话正在抛弃——这一点非常重要,毫无疑问也是出现这次转折的深层理由——柏拉图关于德性的基本学说,该学说认为,实际上,德性在本质上是一个,在任何情况下都与知识有着统一的关系;如果没有知识,也就不存在任何德性。在《政治家篇》的这个地方,我们看到一个颇为不同的构想:德性有诸多部分,而且这些部分是对立的。例如,勇敢与审慎相对立。可能存在着不同的德性,这一事实会给城邦带来极其有害的作用,有些作用过分地助长战争,有些作用则会过分地助长和平。所以,从这个事实出发,我们在308e—309e得到某种新的定义,它涉及把这些德性搭配在一起的能力。于是,我们在309这一部分看到,这些不同的德性拥有一些可以说是生物—人类学的化身,也就是说,有些人确实在有的时候更多地具有这种德性,在有的时候更多地具有那种德性。因此,国王般的编织者的艺术——在没有加以说明的情况下,国王般的编织者在这里又变成了一类牧者,或者是一类园丁,把优秀的世系杂交起来,以便获得他所需要的结果——就是把城邦中的适当的世系交错搭配,以至于让人们可以变得不是过分鲁莽,也不是过分瞻前顾后。这就突然重新出现了真正的政治家的专制主义(absolutisme):为了把不同的世系配合在一起,真正的政治家必须有权驱逐或者处死一些人,他们不符合应该用来编织城邦的好材料;而且,政治家必须有权培养其他人。对话最终在311c达到下述定义:

那么我们说,政治活动编织的材料就在这里完成了正当的织造:当王者的科学把人的强健性格和节制性格梳理好,用和谐与友谊将它们的两种生活汇合起来并且结合在一起,从而完成一切织物之中最优秀也是最壮丽的织物,在每一个城邦中,把全体人民、把自由人和奴隶都包揽在这幅织物那里,把他们紧密地织入它的纬线,通过确保城邦既无遗漏又无缺失地得到它能够享受的全部幸福,王者的科学进行统率和指导……

实际上,这个定义是相当奇怪的,如果我们还记得,在对话过程中,第三个离题已经告诉过我们:最终,正是法律应该指导一切人类事务。当然,存在着这种"统率和指导",但是,这并没有告诉我们什么要紧的事情,一旦政治家的任务被局限于调和不同的气质,调和鲁莽的气质和谨慎的气质,用一种气质冲淡另一种气质,使它们和谐共存。这显然是一种臆造的限制。换言之,这个关于编织的范例,关于编织起来的元素的范例,是以三种方式来运用的,而且这些运用方式既不是重合的,也不是趋同的:

（1）存在着一些不同的艺术，它们对于城邦生活来说是必要的；而且人们假定，政治家应当知道如何将它们组合起来，不是组合在他自己身上，而是组合在城邦的实存之中。

（2）存在着辅助性的准—政治的艺术，诸如策略和修辞术，政治家应当知道如何把它们放在从属地位，并且吩咐它们要执行什么。

（3）最后，存在着不同的德性成分和人的气质，政治家应当知道如何把它们制成一种和谐的混合（另外，这种情形所属的层面完全不同于前面两种情形）。

这个最终的定义（实际上是这两个定义）向我们提出了一个本质性的问题，我打算在这个问题与第二次航行教给我们的东西的共存方面结束这次讨论。如果不可能存在拥有其绝对权力的绝对的王者，因此，如果必须满足于带有法律的城邦，那么，政治家或者王者——无论他是放牧者还是编织者——在那里能够做什么呢？如果法律在基本方面规定了必须做什么，那么政治家在这个城邦之中的位置是怎样的呢？让我们在非常彻底的层面上看待这个问题：这里有一个城邦，突然，王者在城邦里出现了；于是，按照真正是真实的话语、绝对的话语、第三个离题的话语，现存的法律不再是正当的，不再是正义的，不再拥有合法性。在这个时刻，正当、正义，就是强制规定正当和正义的王者。而且非常明显的是，不能把他的任务、他的活动界定成一种简单的编织活动，只是把他在城邦里找到的诸多元素编织起来。这位王者的突然出现导致了现存的法律制度、现存的社会建制的崩溃，在这个时刻，由于他的出现，他创造出一种白板状态。这是某种政治上的以及制度上的地震。整个大厦全都土崩瓦解了，他必须重建城邦，进行彻底的重新建制。

这种重建远远不是无论怎样的编织活动可以相比的。这是不可通约的。王者根本不做编织,而是进行构造。说他进行编织,这个说法忘记了城邦的建制与城邦之中存在的属人的元素的构成之间的深刻联系;柏拉图非常清楚地知道这个联系,他的《国家篇》和《法篇》对此都有详尽的讨论。不能把个体当作独立于城邦的元素来看待;个体是由城邦的教育(paideia)所造就的。我把这种情形称作是对于个体的社会制造。这种社会制造的运作范围包括婚宴、儿童教育,一直延伸到可以容许的音乐调式。因此,如果王者出现、从而法律衰败,那么一切法律(loi)都会衰败,甚至音乐的法则(loi)也是如此。我不是在开玩笑:在希腊语中,nomos(法则、法律)这个词也意味着旋律的类型、音阶的类型(多利安调式、吕底亚调式等等)。恰恰就是这些法则(nomos),柏拉图在《国家篇》中宣布说,有些法则(nomoi)必须被禁止,因为它们过于淫秽,会伤风败俗。

所以,如果王者出现、法律如此衰败,那么政治家就应当彻底建制一切。他的问题不可能在于进行编织。或者,不存在王者,在这种情况下,法律仍然是"第二等的正义",只能把既有的东西编织在一起。但是在这两种情形中,政治家似乎都没有达到他的目标。

于是,为了尽量挽救这种形势,有人可能会说:《政治家篇》的末尾得到的这种国王般的编织者,实际上并不是第三个离题所界定的政治家。因此,他不是彻底从头开始的最初的创建者。因此,他必须生活在法治的城邦之中,这些法律都是正当的(de droit),并且在没有王者的情况下也是合法的(尽管只是第二等的合法性)。不过,在这样的城邦中,还是有位置留给 kubernètès,一位主管、领航员,他就是政治家。可是这样一来,这位政治家也就不再是知道者

(*epistèmôn*)。如果他是知道者,那么法律又会崩溃。这个政治家是别的什么,在对话中没有加以定义;他实践这种编织活动,编织不同的艺术、不同的德性、政治家的辅助性艺术以及政治技能本身,还编织一些个人,编织生物—人类学的世系,这些世系体现了城邦必需的德性。他的这种手艺需要什么前提呢?没有说。柏拉图后来的作品也没有说过这个前提;这是其中的疑难之一。甚至《法篇》也没有讲。在《法篇》,我们将会得到另一种政体:有一个群体指导城邦,事实上是两个指导群体,一个是选举出来的执政官组成的群体,就像雅典那样;还有一个就是著名的夜间委员会,它是某种并非隐匿的权力,因为人人都知道它的存在,但是它在某种意义上进行暗中操纵。据假定,这个夜间委员会的成员至少凭其职业来说——另外对此还有一些规定——都是一些经过特定的培养和训练的人,如同《国家篇》中讲到的那些人,但是培训的程度或者手续有所不同。

因此,《政治家篇》存在着这个空洞、这个空白、这个张开的裂缝:人们最终并不知道谈论的是什么样的政治家。含蓄的回答是《法篇》给出的:是这样的政治家,他属于一个城邦,该城邦的法律应该受到尊重,但是尽管如此,在那里总是有某种东西要来补充法律。戏剧性的情形是,经过几个漫长的阶段,到了必须改革这些法律的时候,这种补充是有所预见有所准备的。不是那么戏剧性的情形是,日复一日,或者毋宁说是夜复一夜,这种补充是由夜间委员会来完成的,该委员会坚持不懈地保持警惕,以便城邦的 *kubernèsis*("统治""驾驭")能够沿着正确的道路前进,遵循正确的航线。

好,今天就讲到这里。我们已经解决了两个定义,还稍微讲了这篇对话的总精神，它在柏拉图后期作品中担负的职能。下一次课将会讨论几个附带插入的一些内容，尤其是要讨论两个大的离题，关于神话的离题，还有关于政治家的科学的离题。

问题

关于巴门尼德，对于哲学的创造……

我在以前的课上曾经说过，存在着柏拉图对于哲学的第二次创造这样的事情。那么哲学是在怎样的时刻创造出来的呢？这很难说。你们知道，在传统上，哲学的产生时间是被定在伊奥尼亚学派的泰勒斯时代，因为据说他们讲过一些有关存在的元素的论述。我们是不是有权把哲学的诞生与这个情况联系起来呢？就我而言，我相信这个传统的看法是正当的，不是由于这个援引的理由，而是因为，在这个时候，继承下来的诸多表象受到质疑、遭到破坏。他们终结了各种宇宙论、神谱、神话等，他们还说：不，不是这样的。泰勒斯说：它是水。而且这个水与海神波塞冬无关，与神话讲的水无关。它是一个元素。

当然，我们没有任何文本{来自这个时期的文本}。或者只有阿那克西曼德的残篇；三年前，我在研讨课上讨论过这个残篇。但是我认为，无论如何，阿那克西曼德已经提出了对于某个立场的哲学陈述。因此，我不会把哲学的诞生追溯到巴门尼德。从这个观点看来，哲学的完全孵化无疑是在赫拉克利特那里。关于赫拉克利特，我们知道他写过一本书——就像在他之后的巴门尼德写过《诗篇》，现在留下来的大约有150行片段。仍然是在三年前，我试图按照自己的方式来表明，赫拉克利特表述的东西是一套命题，我们可以把它们称作体系性的命题（在"体系"这个词的褒义上来说)。换言之,跟着对世界的存在、对人的存在的诠释之后,存在着一种探询,这种探询反过来针对它自己,在某种意义上它向它自己探询,探询人们能够用来达到这种知识的能力。如果愿意的话,可以说这是伴随着赫拉克利特出现的反思的环节。

那么,在什么意义上可以说,存在着柏拉图对于哲学的第二次奠基呢?第一点,持续不断的"追问"(interrogativité)。当我说到与柏拉图有关的追问的时候,我指的不仅是反思的环节,因为这个环节在赫拉克利特那里已经出现了:我所说的是真的吗?为了言说真理,我拥有什么手段?我的感官没有搞错吗?话语是否恰当?不,我指的是某种非常不同的东西,而且,它非常难以界定,但是可以在柏拉图的对话中找到,当然在《政治家篇》中也可以找到:这就是不断地重新提出问题,也就是这个事实,即在某种意义上,达到结果的道路往往是比结果更加重要。问题一旦被提出,它就带来另一个问题,第二个问题又触发第三个问题……以至于人们可能会感到奇怪,如同西尼亚斯(Cinéas)和皮洛斯(Pyrrhus)之间的著名对话所说的那样:究竟为什么非要这样做呢?为什么没有从一开始的时候就去安安生生地睡大觉呢?然而,柏拉图在《政治家篇》中明确地说,哲学就是这种探究之路。重要的事情不在于达到某个结论,诸如:存在是火;或者,存在是水;或者,存在存在,非存在不存在。重要的是这种运动、这种过程、这种进展。

与前苏格拉底哲学家相比,必须清楚地看到,力图提出一套或多或少是有根据的而且相互融贯的见解,这是一回事;明确地引入这种不断的追问,引入这种观念,即认为最终不存在任何陈述可以让人在它旁边躺倒休息,这完全是另外一回事。正是在这个意义上,确实存在着对于哲学的第二次创造。我知道,这个说法会激怒许多哲学史家,因为对于他们来说,存在着一个或几个柏拉图的体系。但是,前苏格拉底哲学家与柏拉图之间的差别就在于(苏格拉底本人则是难解之谜),对于前苏格拉底哲学家来说,存在着一些陈述,可以让人安放和寄托真理。可是对于柏拉图来说,存在但又不存在这样的陈述。之所以说存在这样的陈述,是因为人们每时每刻都要借助于一些语句、一些见解,否则再也无法言说任何东西。即便是为了驳斥某个观念,人们也还必须把它的可能性以及反驳的可能性设定成暂时无可争辩的。但是最终,柏拉图创造的——也许是无意识地创造的——就是这种无休止的运动。我说的是也许或者在部分上是无意识地,因为对于柏拉图这样的作者来讲,这里是不能谈论无意识的创造的:柏拉图写过一篇谈论知识的对话,即《泰阿泰德篇》,这篇对话没有通向任何别的地方,而是通向三个关于知识的论题,三个论题都遭到了反驳;他还写了《巴门尼德篇》,这篇对话提出了一些关于存在的难解之谜。此外,《智者篇》的存在论论题本身表明事情就是这样的。如果愿意的话,可以说存在着一种认识论上的延伸(柏拉图并没有做出延伸,而且,这个延伸或许有些大胆,如果不是鲁莽的话),涉及《智者篇》中关于存在论的知识的理论。在古希腊——而且我认为,在任何思想那里都是如此——存在与真理是相关的。去说"存在",这意味着说,这是真的;说这是真的,也就意味着说,这是如此这般的。虚假和非存在也都与此类似。

可是,柏拉图在《智者篇》说的是什么呢?他说:"在成千上万个场合,存在不存在,而且非存在存在。"{259b} 为了使某个事物可以被言说,存在着一种 *sumplokè*,一种格局(complexion),在肯定和否定的狭义逻辑层面上的存在和非存在构成的格局。但是按照同样的方式也可以说,在话语中始终存在着真与非真构成的格局。至少,话语中存在着真理和缺失真理的东西构成的格局,以便它可以成为确定的、最终的真理,[4] 在它以后,一切都终止了,世界终止了。这是因为总是存在着这个在存在之中的非存在的环节,在真理之中的缺失真理的环节,其他的事物可能突然发生的环节,而且,其他的事物将会迂回地出现在对话中,或者出现在另一场对话中,或者出现在后来的哲学家那里,因为存在着这种与之"符合"的哲学话语的运动。

柏拉图不只是阐明了涌现出陈述的源泉,他还具有与这种追问有关的某种态度。陈述并不是那样随便就涌现出来。然而有些人——哲学家或者所谓的哲学家——总是想要一旦到达某个要点之后就在它旁边睡觉,依赖和满足于这个要点。柏拉图不是这样。亚里士多德也不是这样,他是可以设想到的最具有追问精神的哲学家。因此,有关亚里士多德的情形也是历史上的一个奇异的荒唐之事:几百年之后又是几百年,人们总是把亚里士多德变成不变的(ne varietur)教条,变成一切真理的源泉:亚里士多德本人说(Ipse dixit)……

因此,存在着这种追问,它由柏拉图按照存在的运动所创造,由亚里士多德所延续。此外还有另一种意义的论证。在这里,我在给大家讲述的时候这样考虑,我又要提到巴门尼德与赫拉克利特。巴门尼德主张:存在存在,非存在不存在。因此,巴门尼德的"姿态"是存在论的姿态。这就是说,不是在寻找所有存在者的一

---

[4] 目前的译法是希望句子显得简洁。按照原文直译如下:"至少,话语中存在着是真的东西和缺乏是真的东西的东西构成的格局,以便它可以是确定的、最终的真的东西。"——中译注

般等价物，就像人们在谈论前苏格拉底哲学家的时候可能会提出的解释那样（此外，这是一种有些草率和肤浅的解释）。相反，巴门尼德的姿态是在反思存在本身。另一方面，在流传下来的巴门尼德的《诗篇》片断中，这个反思并没有远远地超出同语反复，因为它首先在于做出这样的肯定，即如果人们反思存在本身，并且如果存在着存在本身的话，那么就必须以此为结论：如果存在存在，那么，存在存在。我们得到这种"由以出发的"根据，但是它突然结束了，随后没有说出什么。然而，这里确实存在着一种尝试，不是考虑人们是否可以把如此这般或那般的等价的属性归之于存在，而是考虑人们能够对于存在本身思考什么东西。在这个意义上，我不会说哲学是随着巴门尼德诞生的，但我认为巴门尼德无疑标志着一个非常重要的转折，此外，这个转折可以称为存在论的转折，一种决裂，摆脱了话语（例如赫拉克利特的话语）所具有的非常强烈的宇宙论和心理学特征。

与此相比，还是按照这种追问来说，按照我们提到的弑父以及我称之为哲学论证的引入来说，柏拉图创造出某种新的东西。这在伟大的前苏格拉底哲学家那里是看不到的。我们再次重申，巴门尼德的《诗篇》是一种展示；赫拉克利特的"残篇"是一些似乎真实的陈述，这些陈述有时候提出其辩护，提出其理由，一种 gar（一种"因为"），但是它们没有形成一种经过推理的展示。

所以，关于上一次课就此问题讲过的东西，我想要提出的修正在某种意义上来说是微小的，在另一种意义上却并非如此。在这个问题上，柏拉图实际上并非第一人。最早的人物显然是那些智者。我们现在仍然可以看到高尔吉亚的著作《论非存在》的一些残篇。[5] ［直到那个时候,所有的哲学家都论述过存在,论述过存在的本性。他们的著作失传了,不过还是有一些标题流传下来,诸如"论存在的本性"(Peri phuseôs tou ontos)。］高尔吉亚的态度非常大胆,甚至可以说是挑衅,他采取相反的立场,与巴门尼德以及所有的哲学家针锋相对,竟然要证明无物存在。为了完成这项任务,他运用了下述三重特技:

(1) 无物存在。
(2) 如果某事物存在,人们不可能认识它。
(3) 如果可以认识它,人们也不可能把它告诉别人。[6]

因此,他在三个层面上攻击哲学:在存在本身的层面;在存在的可知性层面;在哲学话语的有效性层面。严格说来,人们能够获得对于存在的直观,但是不可能言说存在。柏拉图后来说过同等的事情:关于真

---

[5] 法语和英语译者与注释者为这部失传的著作给出的标题不一样,实际上正好相反。参见凯瑟琳·弗里曼:《前苏格拉底哲学家:附录》(Kathleen Freeman, *Ancilla to the Pre-Socratic Philosophers: A Complete Translation of the Fragments in Diels, Fragments der Vorsokratiker*, Cambridge, Mass.: Harvard University Press, 1948; paperback ed., 1983),第 127 页,"高尔吉亚……写过论述修辞学的手册,是最早论述修辞学的著作之一;写过一篇名为《论存在》或《论自然》的文章;还有一些模范性的演说……"弗里曼在这里所说的《论存在》一文的内容——卡斯托里亚蒂斯给该文加的标题是《论非存在》——确实涉及"非存在"。另一方面,参见让-保罗·杜蒙:《前苏格拉底哲学家》(Jean-Paul Dumont, *Les Présocratiques*, Paris: Gallimard/ Pléiade, 1988),第 1022 页。杜蒙给高尔吉亚的文本加上的标题是《论非存在,或论自然》(我对杜蒙的法文本的翻译)。——英译注

[6] 在弗里曼题为《论存在或论自然》的文本中,这三个主要论题的英文翻译与卡斯托里亚蒂斯在这里的翻译非常相似:"Ⅰ. Nothing exists. Ⅱ. If anything exists, it is incomprehensible. Ⅲ. If it is comprehensible, it is incommunicable."(1.无物存在;2.即便有任何事物存在,它也是无法理解的;3.即便它是可以理解的,那么它也是无法传达的。)见凯瑟琳·弗里曼:《前苏格拉底哲学家:附录》,第 128 页。——英译注

正的知识,人们可以得到的犹如一种外观,犹如一道迸发的火光,但是不能真正言说它。柏拉图还对话语尤其是书写的话语提出了合理的批判,说它是拙劣的影像,是关于真正的知识的极其扭曲的影像。

于是,在高尔吉亚那里,我们看到这个三段论的展开,当然是否定性的,因为它要证明存在是不存在的。我们看到一个辩证的、论辩的而且是严谨的论证:高尔吉亚提出三个论题,并且加以证明。就像律师(智者也都是准律师)在法庭上证明被告人有罪或者无罪:首先,被告人在犯罪现场;其次,他手上有血;最后,如果受害者死亡,被告人将会得到一切好处。这不是柏拉图的发明,甚至也不是高尔吉亚的发明。这只是推理的话语(discours raisonné)。哲学的论证实际上是另一回事:如同我们在柏拉图那里看到的,这种论证不断地挖掘它的预设——而且,这个要点正是以这种方式而与有关追问的问题密切联系。这种论证询问它自己是否有理由设定如此这般的前提。或者至少在它充分实行的时候是这样。我们今天强调指出了柏拉图的疏忽或者说是逻辑上的不诚实,因为他欺骗性地设定了《政治家篇》的这个异乎寻常的前提:政治家是一位知道者(*epistèmôn*),是一位科学家。但是,说到底,在其最佳状态,例如在《泰阿泰德篇》,柏拉图不断回到他的预设,质疑这些预设,并且自问是否有权使用这种论证方式。此外,所有这一切不再是零星的孤立的,而是犹如一支军队的运动,请原谅这里使用军事上的比喻:在一位主帅的指挥下,这支军队投入一场计划充分的战役,各个军团通过表面上极其杂乱的路线会师一处,在恰当的时机进攻同一个目标。人们看到,在这些论证的背后,存在着一位乐队指挥,他引导着对话走向一个并非孤立的而是相当本质的目标。这就是柏拉图的异乎寻常的创新。凭借这两个理由,即反思性以及哲学的论证，可以说我们正在和柏拉图一起见证对于哲学的第二次创造。

现在我们谈论一下这个问题，即巴门尼德的非存在与《智者篇》的非存在是不是一回事。在这两位主角缺席的情况下，没有人可以回答这个问题。我们不知道巴门尼德的非存在是什么。它是对于这个被设定成"一"的与自己同一的存在的纯粹否定吗？如果重读柏拉图的《巴门尼德篇》，我们确实会看到，为什么对柏拉图来说，这个"是一"（"être un"）乃是不可接受的，因为它导致诸多谬论。这将会把我们带向《智者篇》，带向关于混合、关于混合物、关于存在和非存在的理论。

最后，我想强调一下发生在巴门尼德那里的奇特的事情。这个奇特的事情也许没有逃脱你们的注意，它是非常基本的。在其《诗篇》开始的地方，巴门尼德告诉我们：

> 有两条道路；你要走真理之路，要避免意见之路。在真理之路上，你会知道存在存在，非存在不存在。你不要说非存在存在，存在者与它对其思考的东西是一回事。[7]

---

[7] 这似乎是卡斯托里亚蒂斯偏爱的对爱利亚的巴门尼德的两个连贯片断的解释性翻译。下面提供的是凯瑟琳·弗里曼在她的《前苏格拉底哲学家：附录》第42页提供的对于片断2和3的翻译：

2. 来，我要告诉你——一旦你听了我的话，就必须接受它——应该被思考的唯一两条探究之路。第一条道路：它存在，并且它不存在乃是不可能的。这条道路是可信的，因为它遵循真理；另一条道路：它不存在，它必定不存在；我告诉你，不可能探索这条道路，因为你既不能辨认不存在的东西，也不能表达它。

3. 因为去思考和去存在，这乃是一回事儿。

弗里曼给第三条加了注释说："或者读作 ἔστιν：'可能去思考的东西与可能存在的东西是同一的'（策勒尔和伯恩大概是正确的）"。与弗里曼在该文本中提出的阅读相比，卡斯托里亚蒂斯对巴门尼德的希腊语的解释性翻译接近于策勒尔和伯恩的这种"大概是正确的"阅读。——英译注这是巴门尼德的立场,人们在"真理之路上"遇到的立场。然而巴门尼德开始说的是"有两条道路"!在"意见之路上",发生了"x"的这种增生,不能将其称作诸多"存在",也不能将其称作诸多"非存在",它们是太阳的光线、这个房间、这只钟表、你们、我……这么多"元素"都属于意见的群组。于是,问题甚至不在于知道所有这些是否存在,以什么方式存在或者不存在。问题在于,这里引入了一种话语,在其中据说存在是"一",唯独"一"存在,而且问题还在于,为了引入这种话语,人们已经预先复制了世界以及关于世界的言说。人们已经谈论过两条道路,即真理之路和意见之路。这就是《巴门尼德篇》和《智者篇》最终将会趁机利用的东西:这样的立场是站不住脚的。

按照传统的看法,爱利亚学派的激进分子,尤其是芝诺(Zénon),正是按照这种精神来实施他们不同的论证。如果从字面上来理解,这些论证就是:多样性不存在,杂多不存在,变化不存在,运动不存在。请大家回想一下,关于运动,我是怎么说的:尽管芝诺提出的例子包括阿基里斯、乌龟和飞矢,然而,运动不只是位移,而且还涉及变化,变化也不存在。芝诺用来证明位移的不可能性的论证,都可以搬过来证明变化的不可能性。于是,如果严肃对待所有这一切,那么就会得出这个结论:我们生活在幻觉、幻影的世界,我们自己也是这些幻影的一部分,而且这个陈述,即我们都是生活在幻影世界之中的幻影,本身就是虚幻的。说它是虚幻的,这个说法反过来也是虚幻的,如此等等。

于是,我们再次看到,这种绝对的存在论的最终结果就是某种绝对的怀疑论。我们再也不能说话了。或者,确实必须弑父,就像柏拉图在《巴门尼德篇》所做的那样,而且必须说:不,不是这样的;没有这个绝对的、不动的、"是一"的存在。存在着一种也被否定所规定的存在,而这些否定以某种方式存在。

1986 年 3 月 5 日的研讨课

我先来读一段《政治家篇》的文本，以此作为我们的讨论的题记：

好，我要说的是，我们现在提出了这些评说，当我们要责备或称赞我们对于任何主题的谈论之为简短或冗长的时候，我们应该提醒你我注意这些评说，为的是不要想到根据这些谈论的相互比例来判断它们的长短，而是要根据我们刚才叮嘱我们记住的度量的艺术的这个部分来判断，根据适当性来判断(……)尽管如此，我们不可以让一切事物都服从这个规则。因为并不是快乐的需要强制我们考虑诸多比例，除非只是以附带的方式。而且，按照尽可能最简便、最快捷的方式来给已经提出的问题寻找解答，这应该只是一种次要的考虑，而不是首要的目的——如果我们信赖理性，它要求我们尊重这种教导我们如何按照种类来进行划分的方法，并且把这种方法放在首位；甚至在一个话语相当冗长的时候仍然坚决地进行下去，只要它能让听到的人变得更加富有创造性，没有让我们今天为它的冗长、明天为它的简短而恼火。此外，如果有人批评像我们这样的交谈之中的话语的冗长部分，指责迂回的离题，那么，我们千万不要让这位法官只是责备一句"这些言论太长了"之后匆匆离开，而是必须要他向我们证明：倘若这些言论更加简短一些,那么就会让听众更加胜任辩证法,更加善于发现那些可以充分阐明真理的论证。至于一切其他的责备和赞扬,无论涉及哪个方面,我们都必须完全蔑视,甚至就当没有听见这一类评价。(286c—287a,蒂耶斯的法译本)

换言之,我们可以继续言说,无需操心我们的言论的长度,也无需操心有人会批评我们的言论过于冗长或者琐细。我们不去关注这些批评;相反,我们继续我们的言说,仅仅关注事情的根底,就是说,仅仅关注这个讨论是否让那些听到讨论的人们更加善于创造,是否让他们的思考更加深远。

* * *

大家回想一下,我们在《政治家篇》中可以看到两个定义、八个附带插入、三个离题。上一次课讨论了两个定义:第一个是牧者,第二个是编织者。我们还发现,这两个定义都很奇怪,都是以奇怪的方式做出的,而且最终都是有缺陷的。

我们还注意到,这两个定义导向一个真正的定义,该定义本身并没有被提出来,尽管在讨论的末尾我们将会再次来到这个定义;而且,这个定义与牧者和编织者都没有任何关系,它实际上涉及的是知道者(*epistèmôn*),即掌握科学的人。这种科学的诸多对象需要进行规定,但是归根结底,它是涉及人们的行为的科学。按照更加特别的方式来说——这里仍然存在着一个问题,一种异质性——它是一种涉及组成城邦的各种艺术之格局的科学。

＊ ＊ ＊

在讨论这些附带插入之前,我想顺便强调一下,就在第一个附带插入开始的地方,在261e,外邦人鼓励小苏格拉底:"如果你保持这种对于语词的超脱态度,随着你步入晚年,你将会表现得更加富有智慧。"宣布超脱于术语,超脱于语词本身——注意到这一点是很有意思的,因为它散发出一道决定性的光亮,它解决了《克拉底鲁篇》提出的问题。在《克拉底鲁篇》出现了两种立场;一种立场认为,语词依据本性(par nature)而是其所是,它们依据本性而符合它们指称的对象;另一种立场认为,语词依据法则(par nomos)而是其所是,就是说,依据约定(convention)。在《克拉底鲁篇》,苏格拉底以某种方式证明了这两种见解都是站不住脚的。然而,这实际上是一篇疑难的有疑问的对话。与此不同,《政治家篇》毫无疑问是后来的一篇对话,它直截了当地给出了回答:外邦人告诉小苏格拉底,"如果在你上了年纪的时候依旧没有把过分的重要性赋予语词本身(*mè spoudazein epi tois onomasin*),那么你将会更加智慧"。

四、八个附带插入

1. 第一个附带插入开始于262a,涉及的问题在于,究竟是应当按照种类来划分还是按照部分来划分

外邦人说,很明显,好的划分、正确的划分无论如何都不会割断各个部分,而是顺着自然的关节进行划分。每个部分都应该具有一种本形,一种本型,*to meros hama eidos echetô*{262b}。同样的观点后来重新出现在287c,涉及的事情是按照最接近的数目进行

划分。这个观点还出现在《斐莱布篇》以及其他的一些地方,[1]此外,还可以在第三个附带插入那里发现这个总问题的基础,我们在后面将会谈到它。涉及的问题在于这个对立:按照数量进行任意的划分/按照种类进行划分。当然,这个对立指向一个根本的问题:我们是否能够仅仅从数量出发来确定诸多区分?或者,是否存在着诸多本形、种类、本相,可以从它们出发来确定诸多划分,确定群集、杂多以及大量出现的事物的关节?

柏拉图在这里所说的完全是字面上的事情:你在进行划分的时候,要按照恰当的属性做出划分。就是说,按照那些构成本形、构成本型的属性来划分。我们在某种意义上达到这个本身就很成问题的陈述:每个属性(用我们今天的语言来说)界定某个类别;每个类别界定某个属性。不过,这是在有生命的存在者(le vivant)的逻辑中确实发生的事情,是在人类的逻辑中确实发生的事情。而且,如果推向极限,它就导致诸多悖论和疑难。因为,确实,从绝对而抽象的视点看来,我们不能说属性与类别之间存在着等价关系。有些属性并不界定某个类别,更确切地说,不界定某个集合。例如罗素悖论:"不属于它自己的集合"这个属性,它是一个属性,但它并不界定某个集合;因为如果提出"假设集合 A 是所有不属于它们自己的集合所组成的集合",那么我们就会遇到矛盾:按照定义,该集合应该是它自己的一个部分,同时又相反,它不应该是它自己的一个部分。

在柏拉图的这个情形中,我们不打算走到抽象的极限,我们感

---

[1] 卡斯托里亚蒂斯使用的蒂耶斯的译本在这里(p. 49)提出参照《斐德罗篇》265e 和《斐莱布篇》16d。——英译注

兴趣的只是本形、本相(eidè)，它们形成诸多类别。这又打开了另一个问题，《政治家篇》没有对其做出答复，而且，柏拉图的其他对话，例如《巴门尼德篇》和《斐莱布篇》也都出现过这个问题：一个本型如何属于另一个本型，而且，这种属于意味着什么？甚至可以进一步提问：应该把怎样的位置赋予属性？究竟是属性还是本型足以用来进行分类？本型远远不只是一些属性。这些问题在263a那里只是稍微有所触及，没有做出回答，只是列举了几个好的划分。比如对称的划分，分成两个部分：男人和女人，奇数和偶数。但是能够把这样的划分加以推广吗？还有一些不对称的划分，例如《斐莱布篇》提出的一些划分，就是划分成三个部分，甚或划分成更多的部分。

所有这一切都引起了一个非常重要的问题，而且这个问题在《政治家篇》没有得到解决。我之所以强调这一点，是因为我们在这里看到一些问题如何被提出，如何得到暂时的解决，这些问题对于今天的我们来说仍然是问题。例如，在《政治家篇》和《智者篇》，我们看到一种表面上按照a/非a进行的划分。这种划分是通过确立某种等级而开始的：一种科学，一种非常一般性的艺术；这种科学是理论的科学抑或不是理论的科学？然后抓住非理论的这一分支，在它的范围之内确立一个属性，再把不具有该属性的事物放在一边。这就是说，下降、细分，那些走向细目的分支每次都通过某个肯定的a，剩下的就是非a。可是这种做法当然显得是人为的。这就是说，如果我这样做出一些划分：属性a，同意；属性非a，不，这个不属于让我感兴趣的东西。然后我再继续：a'，是的；非a'，不；a"，是的，非a"，不，如此等等。这里我有一种二分法，它有时候显得是自然的，有时候显得完全是人为的。这种情况依然是个问题；

柏拉图没有提供任何回答。但是他让人们看到划分之中始终存在着的探询。比如说，我总是可以把对象划分成 a/非 a，黑/非黑。但是就任何对象都有几个特征来说，我可以从中选取任何一个特征；具有这个特征的东西是 a，不具有该特征的东西是非 a。这就行了。一方面，柏拉图批评了这个做法。他的批评与我们马上就要讲到的第二个附带插入联系在一起。就是说，这样的划分是不合理的：就像希腊人所做的那样，我把人类划分成希腊人和非希腊人，即野蛮人（或者按照最初的意思来讲，[2] 那些不说希腊语或者一种可以理解的语言的个体）。因此，这种做法遭到柏拉图的批评。

可是与此同时，柏拉图给出的正确划分的几个例子，诸如男/女、奇数/偶数，都向我们提供了一种划分，它既是二分（划分为二，不是划分为三或者更多）又是好的划分。因为它确实符合一种自然的本型、一种自然的本形之类的东西。于是，我们在这里遇到这种纠缠：一方面是一种划分程序，它旨在提出一种属性、一种特征，并且按照对象是否具有这个特征来进行划分；一方面则是另一种对待事物的方式，它旨在找到一些属性，这些属性当然是彼此相关的但又并非必然处于矛盾的状态、处于 a/非 a 的排他状态，例如也许是一种多元性，而且，这些属性容许对它们进行划分，容许确立一种等级。例如，植物学和生物学在进行动植物分类的时候就是这样做的：有 10 个目，其中有些目有 4 个纲，其他的有 6 个纲，然后有一些属、一些科等等。

这里我们遇到一个问题：如何给存在的事物分类？在这"如何给存在的事物分类"之中，我们又遇到两种不一致的基础：一种是

---

[2] 这里指的是"barbares"（即前文所谓的"野蛮人"）一词的最初含义。——中译注

"是/否",就是说,某个属性以及该属性的反面;另一种基础则是诸多对象的各种属性、各种特征,可能是2,3,6,n……这样一来,如何进行划分呢?

我们不能进一步讨论这个问题;我不打算展开进一步的讨论。我们一方面只需要想到,例如在黑格尔那里,2变成了3;其实在康德那里已经如此。这就是说,始终是把存在的事物呈现为依次属于正题、反题与合题;因此,3实际上变成了一个特许的数字,而且还是一个把实存的事物加以分类、加以分联(articuler)的数字。我们还可以转到当代物理学,面向物理学的诸多问号:终极的元素,对于最终的元素的寻求,是否能够借助于某种a与非a,就是说,借助于某个属性和该属性的反面来进行?这一点还表现在对称范畴对于一切物理之物来说的重要性方面,就是说,对于一般的研究、对于物理学研究的倾向来说,对称范畴极其重要,而这种倾向就在于确定相互对称的存在体(entities)和反—存在体;因此,这种倾向就在于按照某种方式进行二分——二分法的特许权!——但是与此同时从来没有达到使用二分法做出某个划分的现实可能性。

我不打算再进一步讨论。不知道你们是否看到了这件事情的重要性,是否看到它意味着什么。总之,这个问题就是,为什么以及如何存在有几个事物而不是唯一的一个事物。如果总体上不是存在有唯一的一个事物,那就是有几个事物;我们就要将其分类、分等。为什么没有一个根本的属性可以让我们把全部存在之物分成两类,一类是具有这个根本属性的东西,另一类是在一种内在的固有的组织方面不具有该属性的东西?现实之中奇怪的事情就在于,这种二分的程序既是有效的又是无效的。就是说,它在非常多的情况下都是可靠而有效的,其中包括物理学领域的基本层次。

例如,一切基本粒子,诸如分子,要么是服从费米—狄拉克统计的粒子,要么是服从玻色—爱因斯坦统计的粒子。存在有费米子和玻色子。这是一个二分,而且我们在这里面对的是一种关于全部可以设想的基本粒子的二分法。另外,在几乎是同样根本的层面上,我们遇到的不是诸多二分,甚至也不是黑格尔的三分,而是一些"多分"……我们面临这两种情况,面临这样的一个问题:人们如何以及为何要把存在的东西分成诸多类别,分成两个类别或者更多的类别;究竟是为什么呢?

2. 第二个附带插入(263c—264c)当然与此联系在一起。无论如何,外邦人批评了那些带有主观基础的二分

希腊人在希腊人和非希腊人之间的划分就是这样。外邦人讽刺说,如果有人把鹤当作最有智慧的动物,鹤也会同样把一切有生命的存在(les êtres vivants)都划分成鹤与非鹤。这种做法是不行的。这里甚至隐含着一种批评,批评那种把主观的东西当作划分的基础的做法。

当然,我们在这里听到塞诺芬尼(Xénophane)的古老批评的回声。我们在三年前讨论过他的残篇。塞诺芬尼批评了一切神人同形论的世界建构,他的名言说:"如果黑人有他们的神,那么显然这些神也都是黑的。但是如果马有神,那么这些神也都会是马。"[3]所以,如果我们所知道的人类把人的样子赋予诸神或上帝,而诸神并没有这种样子,那么这就是纯粹人类中心主义的做法。同样,柏

---

[3] 这些似乎是卡斯托里亚蒂斯对科罗封的塞诺芬尼的残篇的义释。弗里曼的《前苏格拉底哲学家:附录》列出了这几个残篇,见该著第22页。——英译注

拉图在这里说,必须拒绝那些单单建立在主观标准基础上的划分,或者单单建立在进行划分的主体性的基础上的划分,必须尽力按照事物本身进行区分,划分的第一点、出发点必须是那些固有的属性,而不是那些依赖于划分者或者依赖于划分者的视点的属性。

3. 第三个附带插入是迄今为止最为重要的,它涉及范例

事实上,这个附带插入与其他的几个都有着密切的联系,与第一个还有随后的几个有着同样密切的联系,特别是与第五个(论述相对尺度和绝对尺度)和第六个(涉及对话的真正对象:辩证法)。那么,第三个附带插入说的是什么呢?在它之前,对话抛弃了作为牧者的政治家或王者的定义,而这个抛弃既不是那么可以理解的,也不是那么有理由的。外邦人说,这不行;我们必须重新开始。如何重新开始?必须先找到一个范例,从这个范例出发,试图去理解政治家。这一切是从 277d 开始的,在那里,外邦人说:

要表明某种重要的事物而不用范例,这是很难做到的。

接下来犹如发生了一场雪崩,一连串极其重要的观念接踵而来,与对话剩下的部分所说的东西相比,这些观念重要得多。首先,外邦人说,必须使用范例,因为我们每个人即使在梦里知道一切事情,还是极有可能在清醒的时候对这些事情无所觉察。(当然,这是柏拉图的一个核心的基本观念,我会再次谈到它,但是不清楚为什么它在这里出现。)小苏格拉底没有搞懂,于是外邦人制造了——如果可以这样说的话——第三个附带插入—离题,他说:好吧,为了让你明白我的意思,我不得不提出一个关于范例的

范例。

于是,他把儿童与字母作为范例的范例来加以展示。儿童开始能够在最短的音节中轻易地感觉、理解元素,理解 stoicheia(元素),理解字母。由此,儿童能够言说真理,表达他们自己。后来,在遇到复杂音节的时候,儿童先是变得有些迷茫,但是,通过领会那些最简单的复杂音节,他们能够确定一些相似性,确定他们所遇到的一些 sumplokai,即格局所具有的一致性,并且在此基础上逐渐自信地辨识出同和异。这就是儿童学习元素和这些元素的复合体的过程,如果这些元素和复合体比较简短,那么相对来说就比较容易学会,反之就会困难得多。在这个学习过程中,正是通过类比,通过相似性,儿童逐渐看到了关于字母组成的更加"复杂的"格局的真理。

外邦人说,这就是需要通过范例来理解的东西。这是一般意义上的范例的一个范例。就是说,当一个人试图看到某事物、理解某事物,借助于范例来思考某事物的时候,他追求的是存在于混乱的或者没有联系的他异之物那里的一个同样的事物。一个人力图以正确的方式追求这个同样的事物;而且,正是借助于范例,他最终是以正确的方式,通过在这两者那里重新发现这个事物,从而是以汇集的方式追求这个同样的事物。

* * *

因此,范例理论假定的是,在涉及某些简单元素的时候,我们获得关于它们的真理,或者我们能够获得有关的真理,或者我们无论如何可以比较容易达到有关的真理;但是在面对一些复杂对象的总体的时候,我们就会遇到麻烦。于是,我们不得不回过来理解关于一个相对较小的对象的限定的范例，就像刚才所说的关于字母的范例。外邦人说，这也是我们将要去做的事情，我们要尽力寻找一个关于政治家或王者的范例。这样做的目的，就是为了在这个范例之后重新回到政治家或王者上来。在这个事情上，我们在文本中看到，外邦人没有多费口舌，冷不防地用一些确实显得令人吃惊的说法就把编织作为范例引入进来(279a—b)：

那么，我们可以采用什么来作为范例呢，它将会遵守与政治技能相同的规程，而且，尽管它非常小，但是足以让我们通过比较发现我们要找的对象？啊，苏格拉底，凭宙斯的名义说，倘若我们手头没有别的，你是否愿意我们因为没有更好的东西而采用编织作为范例呢？(……)因为这也许会给我们指出接近政治技能的途径……

这好像是从天上掉下来的，好像是随便碰到的。小苏格拉底当然表示赞成，他说："为什么不呢？"

在这里，编织完全是被任意强加进来的。但是我现在不讨论这种强加。我们感兴趣的是，这个编织在此处引入进来，强加进来，然后就有必要找到一种共同的分有，也就是分有编织活动和政治家或王者的活动那里存在的一些相同的形式。也许在编织那里可以得到一种关系形式、一种组合形式，用来帮助我们发现政治家或王者是做什么的。

可是说到底，在第三个附带插入中发生的事情是，柏拉图提出了两个本质性的问题，但是没有解决它们。人们在他其余的著作中也遇到了这两个问题，而且对他来说，这两个问题都是非常根本的。

(1)第一个问题,最重要的问题,是以附带插入之中的附带插入形式提出来的,是顺便提出来的。这就是我刚才读过的那句话,即:要表明某种重要的事物,这是困难的,因为"我们每个人都有可能发现,我们在梦里知道一切,却在清醒状态一无所知"。(277d)这是第一个问题。

(2)第二个问题是这样的:元素在什么基础上以及如何服从诸多格局;我们在什么基础上能够揭示出构成这些格局的元素之中所贯穿的具有同样形式的类似的格局?事实上,这个问题包含在第一个问题里面。目前,我打算着重讨论第一个问题。

这么说,必须使用范例来显示、表明重要的事物。为什么必须这样做?因为我们每个人在梦里知道所有这些事物,但是在清醒状态对它们一无所知。这个说法在278e又一次出现。就是说,为了前进,有必要从沉睡状态转入清醒状态。现在我们知道这是柏拉图的根本的理论。在《美诺篇》《斐多篇》和别的地方都有这个理论的详细阐述:每个人都知道(connaît)——按照时序错误的说法,是潜在地、虚拟地知道[4]——而且知道他能够知道的一切。只不过,他没有认识到(sait)这一点。柏拉图的构想是:人们没有认识到这一点;它在人们身上沉睡。每个人都像是正在带着这种知识睡觉的人。我们可能会想到赫拉克利特的类似的表达,倒不是说赫拉克利特具有同样的观点,而是说这种表达至少已经存在了。每个人都知道但是没有认识到他知道;每个人都能够通过别人的

---

[4] en puissance,潜在状态,潜能。这是亚里士多德的用语,所以作者在此处说这是"时序错误的说法"。——中译注

帮助而理解已经知道的东西。这就是《美诺篇》的苏格拉底所做的事情：他让美诺叫来一个没有受过教育的小奴隶，然后，他引导——表面上看起来如此，而且实际上也确实如此——这个小奴隶证明了对于那个时代来说是最高级、最神秘、最不可理解、最为悖论的定理，该定理确定了等腰直角三角形的斜边与直角边的长度之比不是有理数，而是等于 2 的平方根。这条定理在那个时代是比较晚近才发现的，它显得非常怪异、异乎寻常、悖谬，因为它确定了有一些数不是有理数，这在希腊语中被称作 *arrètoi*，即"不可言说的"。对于那个时代而言，我们说，这至少相当于证明例如"空间是弯曲的"这么一个高级的、困难的定理。可是苏格拉底使一个小奴隶证明了这个定理。有人会提出反对意见说"苏格拉底通过是/否的问答来使这个奴隶发现这个定理"，但是这个反对意见无效，因为苏格拉底可以带着一个雅典贵族来做同样的事情。

所以，这里可以加上一个脚注：苏格拉底通过向小奴隶提出正确的问题从而使他做出了证明。小奴隶每次都对这些问题做出了正确的回答。有人可能会对此讽刺说，正是柏拉图使小奴隶给出正确的回答。尽管如此，这并不妨碍对话想要表明的事情：每个人实际上都知道，只是他没有认识到他自己知道。他身上的这种知识必须要有某个人来唤醒。这里的唤醒者是苏格拉底；在柏拉图那里差不多到处都有真实的苏格拉底或者假想的苏格拉底在提问，提出正确的问题，并且使得其他人可以达到真理。

这一点与我上次提到过的另一个方面有关联：一个人如何能够寻求他不知道的东西呢？或者说，类似于知识这样的东西，一个人如果不是已经拥有知识的话，那么他如何能够获得知识？实际上，柏拉图说的是，一个人不能真正获得知识：他已经拥有了知识。

这就是柏拉图的回忆理论的目标,这种回忆理论与灵魂不朽联系在一起:灵魂知道,因为它们在别的地方、在天上的某个地方见过本相;在肉身化以后,灵魂变得沉重,忘了这种知识,但是这种知识依然继续存在着。

* * *

这是一个非常奇特的理论,可能显得古老,带有民间传说的色彩,显得稀奇古怪、不开化、原始,带有异教性质,以至于我们一点儿都不愿意接受它。然而在某种意义上,这个理论是非常有道理的。为什么呢?理由很简单:任何主张知识来自于一种学习过程的理论,都遭遇到一些无法克服的困难。这就是说,我们处在这样的境地:实际上不可能承认人们能够学而知之。

这种情况在柏拉图那里重新出现了。《美诺篇》提出的疑问:如果我不知道我在寻求什么,那么我如何可能寻求呢?如果我不知道我在寻求什么,那么即便我找到了也认不出;我不知道那就是我在寻求的东西。那么,寻求究竟意味着什么呢?我只有在知道/不知道的状态中才能去寻求,但是这种奇怪的状态究竟是什么呢?

学习也是如此。我如何能够学习?学习意味着什么?这与整个归纳问题有关——后面我还会讨论这个问题。一个人可以归纳说:所有人都是两足动物。他如何知道这个?他只是看到一些人而已。我略过这个事实,即归纳法是经验性的;他可能不知道这一点。好。但是,他如何知道他正在观察的这些就是人?当然啦,他可能会说:我称之为人……但是他不得不深入到更加基本的特征,从这些特征出发,他不得不设定个体性,这种个体性既是一种普遍性又是一种本质性(essentialité),他不能说他可以在现实之中把握它。无论如何,这些都不是不言而喻的,我们以后还会再来讨论。总之,这段插曲正在面对的问题,而且是柏拉图已经回答过的问题,就是这样的:如何可能存在着学习?在原则上,不可能存在学习。

必须看到,这种见解一点儿都不是民间传说,不是古老而过时的怪异之物,因为它恰恰就是乔姆斯基(Noam Chomsky)这样的人物在今天的语言学领域讲授的东西。乔姆斯基说,语言学结构——不是表层结构而是深层结构,你我都借助这些结构来说话——都是天生的。说话意味着组织世界;说话不是意味着发出"巴拉巴拉"的声音。说话意味着:陈述一些命题、句子,命题和句子都有主语、动词、形容词和副词。主语、动词等等是把逻辑范畴——当然,我们在这里又返回到柏拉图/亚里士多德——翻译成语言学形式:如果存在着实词,这是因为存在着实体;如果存在着形容词,这是因为存在着属性;如果存在着动词,这是因为存在着过程或行为或状态。在语法的背后有一种存在论,而且这种语法是天生的。不是在其表面形式上(法语的表面语法完全不同于阿拉伯语和汉语等语言的语法),而是在深层结构上,各种语法都是同样的。

好,这就是乔姆斯基的理论;这种理论是有争议的。乔姆斯基自己说过,他的语言学是一种"笛卡儿式的"语言学。而笛卡儿认为我们拥有一些先天的($a\ priori$)观念。这也是柏拉图所说的东西。至于你是否给它贴上形而上学的标签,是否认为这种先天是通过观看天上的或者其他某个地方的本相而学会的,这些都无关紧要。总之,存在着先天。

既然谈到乔姆斯基,关于他的立场的优点和缺点,我们可以说些什么呢？我们还是在初步的层面上来看。乔姆斯基谈到句法结构，谈到深层结构，就是说，存在着主语、动词等等。但是存在的问题很明显：这些深层的句法结构——我们姑且承认它们在一切语言那里都是相同的——是否可以跟语义的岩浆（magmas sémantiques）彻底分离？回答是：当然不。不能说语义的岩浆能够与句法结构彻底分离开。换言之，我们不能说，我们可以把无论怎样的句法意义倾注到无论怎样的、无论其句法结构是怎样的语言之中。不存在这种可分离性。因此，我们不能简单地认为先天的东西完全是句法结构。

另一方面，我们也知道，语义的岩浆，每一种语言所承载的意义的岩浆，都在社会—历史的创造之中发生改变，被这种创造所改变，因此，我们不能同意说，句法结构完全是天生的，是和语义的岩浆彻底分离的。我们可以支持我们的这个看法。

至于乔姆斯基的理论中可以站得住脚的方面：我们知道，就婴儿来说，每个人都可以学会任何语言，将要学会人们展示给他的任何语言。不只是"将要学会"，还将要按照这种语言进行思考。这意味着，婴儿将会理解这种语言所携带的意义，他不会理解其他语言之中的意义。或者他将不得不付出特别的努力去学习其他的语言。但是无论怎样，我们可以补充说，对于绝大多数人来讲，这种语言学习的能力——就像所有其他能力一样：成为舞蹈家、钢琴家等等——等到年龄增大之后也就丧失了。因此，我们正在谈论的是一种先天的能力，它就在于储存先天，甚至储存诸多不同的先天。储存先天——为什么？因为当婴儿储存一种语言的时候，他按照这种语言来形成他的思想。而且非常明显的是，这种语言是一种先天的强加，就是把一种结构、一种组织强加给将要到来的东西。

那么，我们回到学习过程，我们准备在这个迷宫之中进行一次长途巡游。是的，学习过程，但是这种儿童的学习是怎样的呢？我们不能够说灵魂先天就知道所有已经存在的语言，至于仍然处在被创造过程之中的语言，那就更不能这样说了；也不能说灵魂在天上的某个地方已经见过这些语言。我们知道，灵魂先天具有学习任何语言的能力，因此具有进入任何思维系统的能力。此外，我们也知道，随着时间的流逝，灵魂丧失了这种能力。我们还知道，因此存在着一种教导和学习，而且这种学习不是学习，它学的是学习的各种形式、接收器、模型和分联；然而它不是一种真正的学习。你在学习语言的时候，你的学习对于事物来说是超前的，你按照语言的组织、分联和内容来进行这种超前学习。

但是另一方面，我们显然无法接受这种观点，即认为可能存在着完全的白板状态，认为只是存在着一种学习能力，因为就像我刚才说过的，必须预设一种构形能力（capacité de formation）。如果主体没有最低限度的构形能力来把那些提供给他的东西构造成形，比如把语言的初级词汇构造成形，那么主体绝对不可能说出任何东西，他甚至不能把握那些提供给他的东西。

因此我们需要思考的是，如果没有一种构形能力，主体凭借归纳法是不能构形任何东西的，而这种构形能力本身在主体那里肯定是天生的、先天的。这种构形能力意味着什么呢？它意味着一种在基本层面上的分辨能力。这一点与下述事实共存，但是并不等于该事实，即主体必须具有一种辨识形式的能力。非常明显，这也是一种进行普遍化或者一般化的能力。它不仅涉及分离、分辨，还涉及辨识出这个 a 就是已经得到分辨的东西。而且，基于已经分辨出来的对象 a 和加工出来的关于 a 的形式，这种能力进行辨识和确认,于是能够说,存在着另一个对象 a',该对象表现为与 a 不同的东西,同时又呈现出同样的形式;然后,这种能力还把 a 和 a'以及后来或许还有很多其他的对象一并列入同一个类别。这就是说,主体具有一些范畴性的或者范畴化的结构,这是一种差不多在感觉性(sensorialité)层面上就已经存在的设定—分类—区分的能力。

但是我们不能在此止步。我们不得不同意,一方面,任何属人的主体(不过,这对于无论怎样的主体来说都是真实的)都必须先天地具有一种主体性的组织,而这种组织就是一种把被给予、被呈现的东西加以组织的能力。而且,这种能力不可能是被呈现的东西的奴隶,不可能服从于被呈现的东西:它必须具有相当可观的"一些程度的自由"之类的东西。关于这一点,我们举一个十分琐碎而具体的例子:我们知道,我们的感觉性使我们可以按照某种方式来组织各种色彩,有些动物的感觉性使它们按照另一种方式组织色彩,例如,使它们对光的偏振敏感,但我们却不是这样,我们只是在 19 世纪才开始用专门的仪器"观察到"光的偏振。

因此,主体性的组织,作为相对自由的能力,也就是把呈现之物——当然首先是呈现为"x"的东西——加以组织的能力。但与此同时还有另一个方面,即这种主体性的、相对自由的组织不可能无论什么都由它来组织。它必须依赖、依靠存在之物的最低限度的组织——在某种方式上,在最终的层面上,这种最低限度的组织总是未知的,总是尚待寻找的。

我来解释一下。有一棵树,然后有三棵树,然后是一打树,这是一片树丛。有五百棵树,这是一片树林;然后有五万棵树,这是一片森林。在这里,我们的语言(法语)以它自己的方式分辨和组织显现出来的东西。另一种语言可能会有一百个词汇来组织同样的这些树木。然而最终还是存在着对于被给予之物的这个组织，而且它似乎是非常任意的。但是它在两个方面不是任意的。第一个方面是，存在有一些树，我们不是看到一棵树。我们看到一些牛、一些人。这就是说，这种普遍性，我们通过组织而达到的普遍性，已经潜藏在被给予的东西之中。如果它不是潜藏其中的话，我们无论如何都不会做出这个组织。我们会做出另一个组织。但是，为了做出另一个组织，无论怎样的组织，我们需要某种在内在的方式上是近乎普遍的东西。由此，我们遇到某种不依赖于我们先天的主体性组织的东西：这就是存在着十棵树或一百棵树或五万棵树的事实。这又是依赖于组织，依赖于我们的界定，依赖于我们将其称作树的东西。如果有人把枝条叫作树，那就会变成几百万棵树，而不是五万棵。这不妨碍什么，这种做法总是会给出某个数字。而且，运用这个数字的可能性依赖于这个事实：你遇到的东西，被给予的东西，足够类似于它可以被计数。而这一点是我们绝对不可能捏造的。

或者说，我们总是能够捏造，当然同时我们并非真正能够如此。所以，如果你搞自一点集合论，你完全可以说，这个房间里的所有对象，有生命的或者无生命的对象，形成了一个集合。这确实是任意运用数字。但是，每当我们试图去认识、理解事物的时候，我们恰恰是在拒绝（这里我返回到第一个附带插入）任意地运用数字。例如，我们可以说，这个房间里不是有一个集合，而是有两个集合：人和其他事物。也许这样的说法才有某种意义。但是如果考虑房间的这个部分或者那个部分，那么又有两个集合。可以，但是这样做有什么好处？我们从中获得了什么知识、什么理解？没有。当涉及现实的时候,从其他的特征出发——这些特征使我们可以巩固我们做出的分离、划分和数目的清点——我们将会形成一些清点了数目的集合。为了形成这些集合,我们将会进行数目的清点,十棵树、十只羊等等,我们将会依赖于某种事物,它支撑着这个清点,但是它完全不依赖于我们。

以树木为例,大家可以清楚看到这个事情的两个方面。一方面,如果你是一位物理学家,你知道每个瞬间都有几百万个完全无法捕捉的中微子穿透这棵树。那么,这棵树是什么呢?它的边界在哪里?从这个方面来看,把这棵树划分出来的做法就似乎是完全任意的。但是从另一方面看,这种划分并不是任意的。为什么?理由很简单:一棵树准确地作为这个类型的树而进行繁殖。亚里士多德说 anthrôpos anthrôpon gennai,"一个人生出另一个人",一个人只能是由另一个人生出来的。你可以随着所有先天论的哲学家们说:我们完全组织世界。物理学家会说人们在实验室里观察到的一切都依赖于仪器设备。可是问题来了:是否存在着一种仪器设备,可以用来让一只鳄鱼生出一头牛?不,牛反对,鳄鱼也反对。在你的组织过程中,你不得不依赖于既存之物(ce qui vient)已经给你提供的分联,绝不可能把我们基于既存之物的视点从既存之物那里完全消除。

那么,这种组织是如何实行的?

现在我撇开"依赖"的方面,因为依赖的方面事实上对应着存在论,这个要点我们以后再谈。我们继续讨论组织方面、主体性的方面。我们刚才讨论了分辨,也就是分离、辨识和普遍化。如果反思一下这三项,就会看到它们几乎是不可分析的。人们可以分离它们的诸多元素,但是立即就自己咬住自己的尾巴,立即陷入循环:用什么来分离？用什么来辨识某个形式？用什么来进行普遍化？于是,只能把一些分离的事物加以普遍化,但是对于某个形式的辨识已经包含了一种普遍化的种子。

好,但是撇开一个事物已经被隔离、被分离这个事实,人们如何辨识出这个事物？人们之所以认出它,是因为它与它自己或者其他事物相似。可是如何知道它相似于它自己或者其他的事物呢？一个事物与它自己或者其他事物相似,这意味着什么？当然,相似并不意味着等同。如果它不是等同的,这意味着它不是完全相似。但是人们将它设定成相似的,是因为人们认为这个事物的一部分足以让人们能够刻划它,因此足以让人们能够——尽管只是临时地——从部分过渡到整体。

* * *

一般化。在进行普遍化的时候,人们是从相似到相似;人们并不是把等同的事物重新编组:如果它们是等同的,它们就是单一的。如果你把一个事物复制成好几份样本,这些样本并不是等同的,而是不同的,尽管只是由于它们的不同的位置(见莱布尼茨论不可分辨的事物)。当人们从相似过渡到相似的时候,人们所做的就是修辞学或者文学上所谓的隐喻:英雄和狮子是相似的。这在精神分析上对应于所谓的移情(déplacement),在经济学上对应于所谓的"如同……的价值"(le « valoir comme »),等价物、交换价值。一个事物可以被当作另一个事物,如果它们足够相似的话:我的车子爆胎了,我就换上备用轮胎。它不是同一个轮胎,然而它们足够相似,可以让我做出迁移(déplacement),做出从一个轮胎到另一个轮胎的隐喻。为什么我能够这样做？因为两个轮胎有一个部分更甚于相似,近乎等同,对于需要和使用来说足够等同。因此我从部分过渡到整体,这预设了先前我已经从整体过渡到了部分。因为如果我不是先有了部分的话,我就不能从部分过渡到整体。这意味着,就我分辨出诸多事物而言,我能够在这个事物那里分辨出一些部分,并且在这些部分的亲近性的基础上,过渡到相似和普遍。

不过,从整体过渡到部分,或者从部分过渡到整体,这是修辞学上所说的换喻,比如这句话:"你想喝一杯吗?"就是一个换喻,而且还是个提喻:喝的是杯中物,不是杯子,喝了杯子会让你的胃很受伤。在精神分析中,这是一个凝缩(condensation)。杯子这个词有它相应的值。这不再是一个关于等价物的图式,而是一个关于工具性、关于归属的图式。

因此我们看到,在整个辨识工作中存在着这样两个绝对根本的程序:分离和普遍化。这就是说,一方面是从整体到部分以及从部分到整体的过渡;另一方面是从相似到相似的过渡。也就是换喻和隐喻,我们不能确定其中的一个优先于另一个。我们恨不得说任何隐喻都预设一个换喻。当我说"赫拉克勒斯就像是一只狮子",我的这个隐喻依赖于一个换喻,即赫拉克勒斯和狮子都有一种属性,都有他们自己的一个部分,即勇敢或力量。但是,这种分辨和给出部分与整体的能力蕴含着一种极端形式的相似:保持在其同一性上的某事物的能力。

让我们简单地记住这一点:绝不可能存在对于这样一种相似的辨识,即在其详尽无遗的特征总体的基础上的相似。因为如果存在着详尽无遗的特征总体,那么这也就不再是相似了,而是一种不可能的等同。当然,任何相似都是局部的。这个说法简直就是同语反复。

在我们与那些有生命的存在者打交道的时候,甚至在人的意识存在之前,我们会在现实之中再次看到我们刚才所说的一切。因为,我们在有生命的存在者层面上观察到什么?当然是它的分辨/分离的能力、辨识的能力,还有进行普遍化的能力、在普遍之物的诸多范畴那里进行辨识的能力。狗追猎物,而不是追逐鲸鱼。存在着诸多类别。而且这在基本的层面上也是成立的。

但是,在有生命的存在者那里如何进行这种普遍化?好,现在我们是以一种十分确定的方式知道这一点:借助于整体/部分的关系,而且,更加特别地说,在部分或一些部分的基础上进行普遍化。正是诸多部分被辨识出来,而且正是它们导向整体。在生物学的基本层次上,在细胞层次上,尤其是在免疫学或者食物消化过程之中发生的辨识方面,我们确定地知道这一点:淋巴细胞通过抗原的一部分,通过其立体化学特征辨识抗原。任何一个抗原的表面都有这样一个部位,就像字谜的两个片段一样,淋巴细胞在那里辨识出抗原,与之匹配、吻合,犹如一副手套。从这个时候开始,将会发生其他的化学反应,抗原将会被摧毁,或者食物将会被消化。

因此,有一个接合的部位,可以称作淋巴细胞的知识支撑;抗体能够按照这个部位的本性来辨识这个或那个范畴的抗原。因此,它本身具有归属原理:所有这些都属于某个事物;还有一种等价原理或说普遍化原理,因为一切表现出等同的立体化学属性的东西,抗体都会对其进行辨识,并且与之发生反应。

这种情况甚至发生在更进一步的范围,因为这一类过程是某些医学程序的基础。磺胺类药物的发明,就是用立体化学方式分离出一种实体,而这种实体会在细菌获取营养的部位附着于细菌。这样,人们制造出一种实体来"欺骗"细菌,因为细菌也进行认识,而且，因为它进行认识，所以它也会受骗。

因此，整个立体化学的适应系统在部分程度上是机械的，然而仅仅是在部分程度上如此，因为人们可以欺骗细菌，就像欺骗某个人一样——但是，人们不可能欺骗引力质量。

回到更为一般的问题上来。属人的主体——我们说，心理的主体——根据标记来辨识对象。怎样的标记？如何辨识标记？为什么辨识标记？为什么是如此这般的标记？能够说自然界确实存在着一些部分和一些整体吗？例如，我们看一下太阳系，所谓的太阳风刮到何处为止？地球的磁暴超出了最远的行星，它们在何处止步？太阳辐射及其产生的粒子呢？我们所能够说的一切就是，自然界呈现出来的东西，都提供了一定数量的关节，一定数量的点，在这些点上，我们可以插入一些划分。但是，我们将会在这里而不是在别的地方按照主体所做的事情插入这些划分。正是主体选择在这样的一个地方和另一个地方设置分离。显然，这不是处于初级层次的主体，不是完全单一的主体：这里涉及的是集体性的主体，涉及的是种类。

因此，正是主体在诸多差异呈现于其中的一片混沌的基础上组织起来一个世界，但是，就其自身来说，这些差异彼此之间没有任何特权，而是主体给其中的有些差异而不是另外一些差异赋予了特权。正是主体组织了它的世界，在组织它的世界的过程中进行自我组织。

为什么这个非同寻常的附带插入/离题出现在《政治家篇》的第二个附带插入之中呢？归根结底，因为它是这个哲学总问题的一个轴心：什么是先天的，什么是后天的（*a posteriori*）？主体在它接触世界之前已经知道什么？主体能够在世界之中学会什么？在哪些条件下？按照时间顺序来说，在接触世界之前，主体当然什么都不知道。它只是在组织世界并且同时组织它自己的过程中学习。一个主体从它存活的那一刻开始就是自组织，更确切地说，就是对它自己和世界的自我创造。而且，它只能在世界适合于这种组织的条件下进行这种自组织。

可是在这里，我们有一整套继承下来的哲学，从柏拉图到笛卡儿和康德，直到海德格尔，这个哲学传统在讨论知识或者存在的时候，都是从个体出发进行讨论的。而且这种个体来得非常晚，太晚：这是在社会中制造出来的个体，他说法语、英语、"拉丁语或爪哇语"，就像超现实主义诗人罗伯特·德斯诺斯（Robert Desnos）说的那样；这种个体拥有一门语言，拥有按照这门语言进行思考的方式，属于某个社会—历史世界，具有某种历史——这些前提确实沉重！人们对于主体的思考，首先不得不联系着主体从有生命的存在者那里继承下来的东西，接下来联系着社会之物（le social）给主体提供的东西。而且在这里，在社会层面上，我们主要拥有语言，但是也拥有连贯的亚—世界，这个亚—世界经由家庭、经由提供给主体的第一个属于人类的人工环境而得到传承。而且我们还拥有单个的心灵对于所有这一切、对于提供给它的一切东西的重新转化、重新创造。

举例而言，比如康德式的知性、康德式的主体：这种主体是混杂的、折中的，既过度又不足。之所以这么说，有四个理由：

（1）首先是因为，人们被不言而喻地赋予了这种主体的感觉性，这个感觉性本身显然属于经验世界，但又被认为是受动的。这是错误的，因为非常明显，这个感觉性是进行组织的。由于它属于经验世界，在康德看来，它本身应该属于混沌的杂多。然而，这不是真的,主体的感觉性进行组织而且被组织。因此,在康德那里存在着一种感受性(sensibilité),它的深刻的组织被康德忽视了。

(2)接下来,康德不言而喻地把一种没有语言的思维交给他自己。这是荒谬的。或者说,一种神秘地天生的、普遍的、先验的语言,这种语言不存在。

(3)因此,康德忽视了人的知性是社会历史负荷的一部分。

(4)最后,康德忽视了心理主体性的其他维度,而没有这些维度的话,就不会有主体的任何功能,甚至不会有进行认识的主体。康德描绘的是一种进行认识的机械自动装置,而不是进行认识的主体。只有当其倾注于知识,只有当知识是愿望或者欲望的对象的时候,认识主体才会进行认识。关于这一点,我们有孤独症作为直接的反证,患有这种精神病的主体对于认识外部世界不感兴趣,没有认识外部世界的欲望。

我们举出这个例子,只是为了表明传统哲学所因循的一些致命的陈规陋习,因为它没有认识到我刚才谈论的那种两面性,也就是说,它在试图提出一种知识理论的时候,想要省去(1)关于认识主体本身的存在论,以及(2)关于被设定为可以认识的对象本身的存在论。一切只是先天主义的或者后天主义的理论,都遭遇到一些彻底的不可能性。

不过——我们回到柏拉图,回到清醒和沉睡的故事——在柏拉图以及亚里士多德那里,知识论和存在论是不可分离的。人们甚至同时拥有结合在一起的存在论、宇宙论和心理学。当然,正是这个心理学提供了一种知识论。那么,灵魂能够在世界之中学习吗?柏拉图按照已经提出来的一些论证说:不,如果我不是已经知道,我如何能够学习?任何归纳都绝不可能给我提供牢固的知识。

因此，如果有知识的话，这是因为灵魂已经知道了。于是，柏拉图在这里得出不可避免的结论：如果灵魂已经知道，这就意味着——它在别的地方预先知道；因此存在着灵魂的不朽。这绝对不再是民间传说；这是一个准—逻辑推论。当灵魂化入肉身，它就陷于沉睡状态，它可以从这种状态清醒过来，特别是当它有了苏格拉底这样的助产士来帮助唤醒它。一旦被唤醒过来，灵魂就会回忆起本形、本型，它曾经知道这些本型是非物质的，因而是不朽的。

然而，灵魂与之打交道的世界——我们这是在谈论宇宙论了——不是非物质的，而是物质的。那么我们如何认识它？好，这就是柏拉图的宇宙论和本相论想要回答的问题：现实的世界是有形体的（corporel），不只是物质的。世界是 *sôma echon*（有倾向的形体），就像柏拉图在《政治家篇》的神话中所说的那样﹛参见269d—e﹜；至于这个神话，我们下次课再来评论。由于世界是有形体的，它不可能只是本形，它分有变易和变化，但是也分有本形，分有本型。对于本型，灵魂不是认识而是辨识；对于世界的事物，对于有形体的事物，就其分有本形而言，也就是说，就其并非纯粹的质料而言，灵魂认识它们那里的某种东西。

这里有一个范例将我们又一次带向我们正在谈论的附带插入。因此，我们必须理解到柏拉图的论题所依据的总问题的分联，而不是仅仅理解这些论题本身。只有在达到这种理解的时候，我们才能够看到为什么这些论题依然如此重要，尽管我们可能觉得它们古怪、古老，像是民间传说。而且我们还可以理解到，亚里士多德对于柏拉图的依赖深入到何种程度。这一点已经确定了人们所说的哲学家们的财产的"继承传递"，在通常意义上的传递，也是数学意义上的传递。因为亚里士多德所传递的东西，在某种意义上是柏拉图的这个三元组合的新版本:存在论、心理学和宇宙论;而且这个三元组合将会被后人传递下去。

换言之,亚里士多德实际上也认为,存在论、心理学和宇宙论之间必然存在着密切的联系。亚里士多德也认为,某事物、某个存在者的真正存在,它的本质,它的 ousia(本质),就是本型,就是本形。只不过——与柏拉图相比,有一些巨大的差别——亚里士多德首先就宣称这个本型不是分离的,它不在别的地方,不在彼岸。它就在这个世界之中。因此,柏拉图所说的对象、特殊的存在者对于本形的分有和沟通,都被亚里士多德当作隐喻而加以排除。另一方面,他又对这个本形进行了极其深入的分析。在柏拉图满足于谈论本型、满足于谈论本形的地方,亚里士多德却说,任何存在者都具有四个原理,或者说,四个原因、四个元素:

——质料;

——狭义的形式;

——目的、动力因(la cause effective, finale);

——然后他把这三个元素重新组合成一般的形式,这个一般的形式就是事物的目的(destination),事物的本质(ousia),事物在以前将会是的东西。

不要忘了,对于亚里士多德来说,这个本质(ousia)如果确实是最终的,那么它也就是不可定义的(这一点是略微次要的)。然而宇宙(kosmos)不是别的,就是这些在月下自然(地上的自然)之中实现了的并且让自己永久存在的形式,或者是那些在天上的自然之中的永恒形式。说到底,只有一个形式,唯一的一个存在—存在者,即神,即没有质料的纯粹形式。然而,我们事实上不可能真正直接地认识这个作为神的存在、这个没有质料的纯粹形式,我们将其推断为自然之实存所具有的一种必然性。

我们如何进行认识？在这里,亚里士多德仍然属于柏拉图的后裔,因为他是这样来讲述认识的:当我们谈论可以说是二阶知识的时候,谈论他所谓的逻格斯、某个事物的归因的时候,当我们就某事物有所言说的时候,我们使用了不同的方法,例如也包括归纳法,而归纳法直到一定程度上都是可以辩护的。亚里士多德非常清楚归纳法牵涉到什么问题。

但是,在涉及一个事物的本质的时候,这个本质不可能通过定义来言说,不可能以归纳的方式来把握,而是被思想直接地认识。这就是亚里士多德在《论灵魂》的著名段落中讲到心灵的时候肯定的事情:在其认识事物的本质(*ousia*)的时候,在其认识 *to ti èn einai* 即事物在以前将会是的东西的时候,努斯(*nous*,思想)总是真实的。但是当思想就某事物有所言说(*ti kata tinos*)的时候,它可能会在诸归因之中出错。这就是说,我们有一个二级领域,在其中存在着更多和更少,存在着真和假;在那里我们可能或多或少有所认识,而且我们可能出错。但是,至于事物的本质,努斯直接把握这些本质,甚至没有凭借逻各斯,它不是推论地反思它们,而是把握它们、固定它们、看到它们。

这就是亚里士多德的立场。然而——不过这是另外一个问题——在其他的一些段落,在《动物学专论》的一些段落,[5] 他非常奇怪地说,努斯、思想从外部进入属人的主体,但是其余的方面却

---

[5] 在其"想象力的发现"一文中("The Discovery of the Imagination",收入《碎片中的世界:论政治、社会、精神分析和想象》,第 220 页),卡斯托里亚蒂斯把《动物学专论》(*Zoological Treatises*)称作"自然史的短论"(*Parva Naturalia*),而且补充说,"事实上,'心理史短论'应该是正确的标题"。——英译注

是有生命的存在、属人的存在生产出来的。亚里士多德从来没有谈到灵魂的不朽,但是他仍然说,努斯 thurathen(从外部)"通过门"进入有生命的存在,因为他不能用别的方式来说明属人的主体所具有的这种认识事物本质的能力。

* * *

所以,我们由此当然可以看到,为什么柏拉图那里要有一个关于范例的理论,就是说,有诸多本相来组织存在,甚至组织在世界之中的存在;存在者之间有亲近性,人们可以从一个存在者过渡到另一个存在者,因为存在着对于那些更高的本相的分有。在亚里士多德那里可以看到同样的事情,因为亚里士多德认为 ousiai,即各种本质,都内在于事物。于是,这也就能够提供一种关于归纳法的存在论的和宇宙论的基础,如果我们可以这样说的话。

在这个方面,柏拉图和亚里士多德的见解为哲学史上后来的学说勾画了框架,其中也包括对于这个见解的否定。这就是说,后来的学说提出了一些微妙的转化,也有一些学说试图打破这种存在论—宇宙论—心理学的分联。然而,笛卡儿和莱布尼茨的理论不是这样,他们做出了一些变更,但是仍然保留了这种心理学—宇宙论—存在论的统一性。近现代以来出现了一些尝试,力图打破这种统一性;斯宾诺莎只是保留了一种存在论,在某种意义上,他打破了这种统一性;康德只是保留了一种心理学,并且拒绝承认可能存在一种存在论和宇宙论,他打破了这种统一性。当然,他是在先验层面上说的,但是这属于一回事儿。费希特也是如此。至于黑格尔,他返回到一种亚里士多德式的模型。

海德格尔出现在这个行程的结束之处,他指出,所有这些哲学实际上都属于同一个圆圈,这个圆圈一直没有被前苏格拉底哲学家们封闭起来。这等于是说,从另一方面来看,由于柏拉图,确实发生了对于哲学的第二次创造,而且这才是我们用哲学真正意指的东西。海德格尔还指出,这个圆圈枯竭了。而且,这种枯竭,连同那些伴随着这个圆圈而出现的主要观念(例如理性、合理性)所引起的各种现实的后果,导致了颓败,并且通向荒漠。正是在这个意义上,存在着哲学的终结,也是在这个意义上,可以重申尼采的话:"荒漠在生长。"但是也存在着这个事实,即海德格尔不可能在哲学上走出这个圆圈,他只能指出一个圆圈已经封闭起来了(他发现自己被封闭在里面,然后宣告这个圆圈是封闭的)。

在返回《政治家篇》之前,我们就此结束今天的课程。然而,我们正在说的事情就是,确实应该重新探究存在问题,并且应该在心理学、宇宙论和存在论的三重分联之中重新探究这个问题。但是,在思想中存在着某种别的东西,而且它能够囊括这个继承下来的圆圈,甚至在一定程度上能够说明这个圆圈。对于存在问题的重新探究,只有在这个观察结果的基础上才能够进行:存在创造它自己,它是时间性;而且,主体作为认识存在的能力而在存在之中被创造出来;不仅如此,还有我在别的地方讲过的主体性的其他维度。但是,这种认识存在的能力依赖于主体的这种能力(我在这里谈论的是最一般意义上的主体,既是心理的,又是社会—历史的,也是个体的),即能够进行再创造,能够重新创造原初的母体,而存在的自我创造就是在这些原初的母体之中并且通过这些母体而得以发生。

大致说来,这就是在下述谜团之中发生的事情:我们不可能知道任何东西,如果我们不是已经知道了它的话;如果我们已经知道它,那么我们究竟如何知道它?对这个谜团的解答如下:我们在认识、在学习的时候,并不是在拷贝现实,因为那是荒谬的。我们重新发明现实,而且这种现实在我们这里被证明是与实存的一部分现实相重合的。或者毋宁说:我们重新发明一种想象的图式,该图式被证明是与一部分实际上被给予的存在相重合。这就是对柏拉图在《美诺篇》中提出来的问题的回答,也是对属于整个哲学的问题的回答。正是在这样的基础上,我们才能重新开始我们的哲学努力,并且走出这个继承下来的思想的圆圈。

下一次课将会尽快结束第三个附带插入和范例的故事,然后对付其他几个相对次要的附带插入。我们将要进攻两个离题:(1)克罗诺斯的神话,以及(2)政治家的本质。

1986 年 3 月 12 日的研讨课

四、八个附带插入(续)

3. 第三个附带插入,关于范例(续)

接着上一次课结束的地方,我打算继续讨论《政治家篇》的第三个附带插入所涉及的一些观念。这个著名的附带插入与范例的必然性有关,就是说,需要一个范例,特别是为了理解那些不具有任何物质性的思想对象。

我们已经穿过许多迷宫,但是关键在于,我之所以强调这个附带插入,就是因为它所揭示出来的在柏拉图的思想之中的那种必然性,而且据此也是柏拉图以降直到海德格尔的整个哲学思想之中的必然性,就是说,对认识加以规整的必然性。因此,有必要规整灵魂的这种官能,规整这种活动,规整灵魂(心灵)的这种本性,一方面使之与最抽象意义上的存在一致;另一方面与存在—存在者之总体一致,与宇宙和世界一致。心理学与宇宙论和存在论的这种分联,在柏拉图和亚里士多德那里都有非常明显的标记,在许多现代哲学家那里也都有标记。有时候,如同康德那里的情形,它可能是受到否定的对象,这种否定带来了一些后果,至少是疑难的后果,而且说实在的,是荒谬的后果。我这么说的意思是,康德——或者至少是康德的第一个继承者费希特——企图这样来谈论我们的认识,即仅仅着眼于认识活动的主体,并且排除对象,宣称对象没有起到任何作用,因而这个主体可以在任何世界之中发挥作用。这种企图显然是以一些疑难而告终。

对于柏拉图来说,存在着关于心理学、宇宙论和存在论的共同设定。灵魂进行认识。为什么?因为它作为非物质的灵魂已经进行认识了。一旦化为肉身,它就落入一种沉睡状态,不过,它能够从沉睡状态之中被唤醒过来。一旦被唤醒,它会进行回忆,它回忆起来的东西就是本型,诸多本形,它从来都已经认识的东西。接下来,宇宙本身、实存的现实、存在者的总体,是通过分有这些本形而构成的,就是说,存在着这种著名的分有(*methexis*)或沟通(*koinônia*),正是在这种程度上,灵魂能够认识它处于其中(而且是临时处于其中)的这个现实世界的事物。

这种分联在亚里士多德那里是完全一样的,尽管诸多立场、诸多论题的内容有所不同,但它们的主要路线是一样的。亚里士多德也讲到一种灵魂,在《论灵魂》这篇专题论文中,或者在《形而上学》中(含蓄地);这种亚里士多德式的灵魂是用来对感觉加以领悟的官能,而且在这方面它绝不可能出错。亚里士多德明确地说:当灵魂考虑感觉材料的时候,它总是言说真理,它拥有真理。只有当它在逻各斯之中运作的时候才出错;这里的逻各斯是亚里士多德的那种含义上的逻各斯,也就是说,在诸多意义的格局之中,在属性之中,在他所谓的 *ti kata tinos* 之中,*ti kata tinos* 的意思是针对某事物而有所言说,关于某事物、就某事物而有所言说。谬误存在于灵魂的这个进行推理的部分,如果不考虑想象力的话——亚里士多德认为(他最早提出这个原理),想象力也可能是谬误之源:"各种感觉总是真实的,而想象力的材料大部分都是虚假的。"(《论灵

魂》,III,3,428)[1]

对于亚里士多德而言,某事物的可知性依赖于这个事实:存在着 ousiai,即诸多本质,这些本质包括总体的东西(katholou),包括普遍的东西。这是存在论的层面。而且,与此同时,在宇宙论的方面,亚里士多德轻蔑地评论了柏拉图的观点,拒斥了柏拉图提出的关于沟通和分有的故事;因为这些故事什么都没说,只是"在使用诗意的隐喻"。诸本质(ousiai)——本型、本形——与现实的存在没有分离,与现实的存在者没有分离,它们都是这些现实的存在者的形式;它们都是内在的。只有唯一的一种形式是没有质料的形式;这就是思想的思想,他称之为神,这是思想它自己而且不包含任何质料的思想。至于物质对象,亚里士多德认为,存在着归纳的可能性,因为确切地说,当灵魂考虑事物的时候,它并不是面对——但是对于很多现代人例如康德来说,它却面对——没有形式的纯粹质料。它并非面对一种混沌的杂多。它被放在对象面前,而这些对象的本质都是它们所固有的、内在的,以至于存在着某种存在论上的根据支持着归纳,尽管亚里士多德显然知道归纳并不能使人们达到严格的结论。他非常清楚地知道,在关于某个种类之总体的有限实例的基础上得出的一切结论,都有可能是欺骗性的,不包含任何必然性。但是,如果有某种东西使得人们可以在现实之物的基础上进行认识,那么这种东西就是现实之物那里的本质(ousia)的内在性;它使得人们开始对存在的东西进行推理,

---

[1] 此处引文的准确出处是《论灵魂》(De Anima) 3.3.428a11—12。在其"想象力的发现"一文中,卡斯托里亚蒂斯提出了稍有不同的意译,我把他的法语译文翻译如下:"感觉总是真的,然而想象力的大部分产物是假的"(《碎片中的世界:论政治、社会、精神分析和想象》,第 224 页;也可参见第 226 页的一处直接引用)。他在那里给出了较宽泛的引用,即《论灵魂》,428a5—16;在第 226 页,以更为严格的方式引为 428a11—12。——英译注

使得人们开始认识存在的东西。

因此,对于亚里士多德来说,这种相对的统一性,这个在灵魂、存在者和真正的存在(*to ti èn einai*)之间组织起来的分联,使得人们不仅可以认识对象,甚至最终还可以认识思想。这个相对的统一性给我们提供了这种有限的然而却是可靠的关于世界的知识,之所以是有限的,因为最高的本质、纯粹的形式、绝对的努斯、纯粹的活动(*actus purus*)与我们永远分离,与世界分离,并且只考虑它自己。(这也许是思考带有某种哲学尊严的神性的唯一方式。所有其他的神,无论是不是一神论的神,他们关心这个世界的琐事,因而都是非常古怪、非常不可理解的神。)

在许多现代哲学家那里仍然可以看到这种分联,例如在莱布尼茨和黑格尔的思想之中可以明显看到,在笛卡儿那里也足够明显(当然是经由一位创造世界的神)。它在现代哲学的主观主义潮流之中被打断了,在康德那里、但是此前已经在休谟那里被打断了。康德只承认主体,但是他依然陷入这个总问题,这可以称之为康德思想的缺陷。也就是这些疑难导致了德国观念论者后来超越康德。这些疑难被这种分联和这个圆圈打上了标记。最终,海德格尔无非就是指出,从柏拉图直到胡塞尔的哲学史,实际上属于同一个圆圈;这个圆圈在前苏格拉底哲学家的时代还没有——这是真的——完全封闭;由于柏拉图,这个圆圈被第一次封闭起来(我想告诉你们的是,在我看来,由于柏拉图,实际上发生了对哲学的第二次创造)。但是海德格尔认为,这个圆圈被耗尽了,它的历史命运就是滋养了这种现代的技术性、合理性、科学性,就是说,创造了这种荒漠、这种缺席,存在与诸神的这种隐匿。在这个程度上,海德格尔自己依然陷于这个圆圈,他未能以哲学的方式走出来;他被囚禁其中,只能把他自己的囚禁状态称作"存在的隐退"、存在的历史隐退。

究竟是否能够走出这个圆圈呢?我认为,在这个程度上可以走出去:应该重新探究存在问题,而且还要有另一个思想领域来囊括这个继承下来的圆圈。走出这个圆圈的条件,就是打碎这个中心观念——它把这些主要的片段聚拢在一起,把继承下来的圆圈的圆周上的这三条弧线聚拢在一起。必须打碎关于规定性(déterminité)的观念,就是说,作为被规定的—存在的存在观念,而且还必须重新看到,存在就是创造,心灵和社会—历史之物本身都是创造。必须看到,关于归纳的问题在某种意义上是被错误地提出来的;第三个部分,即宇宙论的维度,是被错误地提出来的,因为问题不仅是要注意到一切经验知识都是不确定的,而且还要从"存在着经验知识"这个无可争辩的事实出发,否则就必须停止说话了。在我和某个人进行讨论的时候就已经存在着经验知识了,因为这种讨论必须以我承认他的实存为前提。这个实存不是先天的观念,而是经验所滋养的事实,而且这个人也就由此成为感觉性的证据,具有一种不容置疑的分量。不过,当然啦,我们始终都还保留着关于这种知识的形式的问题。我们不能说我们是从这个感觉性、从这个经验那里或者从别的什么外边的东西那里得到直观的诸形式即时间和空间或者一些范畴。因此我们不得不注意到,我们——不是作为诸多个人,不是作为诸多单个的灵魂,而是作为参与社会—历史世界的个人——所做的事情,就是把存在的东西作为思维的形式重新创造出来,把某种意义上并且已经在内在的形式上是可以成形的东西作为思维的形式重新创造出来。

我们有"一"的形式,但是荒谬的观点(就像有些唯物主义者说的那样)却认为,我们从事物那里提炼出数字。我确实没有看到人们怎样能够从事物那里提炼出数字;为了能够从某个事物那里提炼出无论任何东西,首先必须设定这个事物是一和多,并且设定可能存在有1、2、3,如此等等。是我们做出了如此设定,然而这种设定对现实有一种把握。事物是如此这般的,以至于它们可以被计数,是如此这般的,以至于可以被分离。在这里,必须回到亚里士多德的伟大见解:事物是如此这般的,以至于人们足以按照需要和用途来对它们加以分离,足以按照人们在言说之时看待它们的那个视角来对它们加以分离。我们之所以与地球分离开,并不是因为每一个瞬间都有几十亿个中微子正在穿透我们,而是与讨论的需要和用途有关,与吃喝或做出无论什么别的事情的需要和用途有关,比方说,按照某些与认识有关的方面,我们与宇宙的总体充分地分离,就是说,一旦我们开始考虑例如无意识或者某个人的思想,那么,我们与周围的重力场或者穿透我们的中微子之间的无分别状态也就不再是相应的关切所在。

因此,我们不得不设定这样的一个存在论论题,即存在的东西是可以集合—同一化的(ensidizable),[2] 然而并非全部都是如此;人们不可能搞出一个关于存在之物的全面系统。这就是我们的知识

---

[2] "ensidique"和"ensidisable"都是卡斯托里亚蒂斯引入的术语,用来指称"集合—同一论的"("ensembliste-identitaire")维度。——帕斯卡尔·维尔奈注 [我在《碎片中的世界:论政治、社会、精神分析和想象》第 xxiv 页的"关于翻译"中说到:"ensemblistic-identitarian 这个词项……在《社会的想象建制》和《迷宫的交叉路口》之中得到了发展,用来指称逻辑上的、被规整的关系组成的世界。为了理解他的意思,我们可以注意一下,对 ensembliste(来自 ensemble,'set',集合)的另一个翻译会是集合—理论的(set-theoretical)——就是说,与集合论有关,但是我觉得《迷宫的交叉路口》的译法即 set-theoretical/identitary 过于笨重了。"更为近来的对"ensemblistic-identitary"的很多指涉可以在《碎片中的世界:论政治、社会、精神分析和想象》和《卡斯托里亚蒂斯读本》的索引中找到。——英译注]

的历史所表明的事情,也是当我们借助于可称之为个体的创造性想象力和社会的创造性想象之物——它们重新设定、重新发明、重新创造出在某种意义上已经存在的东西,目的是为了能够思考它——而通达这种总体的存在—存在者的不同层次的时候所表明的事情。与此相伴,还有这样一个观点,即认为存在者的这些不同层次——为了能够思考它们,我们每次都有必要为它们设定、发明和创造新的图式——本身都是一些突现,总体的存在—存在者的突然显现;因此,存在总是去—存在(à-être),或者说是创造。这种观点是一个悖论:它一方面认为最终存在着一种真理,就是说,以某种方式存在着一种真理,在真理这个词的最素朴、最传统的意义上的真理,即作为适合,作为我们所思考的东西与存在者的某种符合[这不是意味着一种总体的精确的复制,一种映像(Abbildung),而是充分的符合];但是另一方面却认为,与此同时,为了获得这个真理,我们不得不发明它。这个观点是一个悖论,然而事情就是这样的。我非常高兴地发现,伟大的威廉·布莱克(William Blake)在他的《天堂和地狱的联姻》中已经表述了这个观点(我不知道其他人是否已经表述过)。"地狱格言"的一行诗句说:

现在得到证明的东西,曾经只是想象的东西。[3]

---

[3] 在"科学史的存在论意义"一文末尾("The Ontological Import of the History of Science",收入《碎片中的世界:论政治、社会、精神分析和想象》,第 373 页)以及 1985 年 12 月 9 日——正好是在这个研讨课之前的 3 个月——给该文添加的注释中(《碎片中的世界:论政治、社会、精神分析和想象》,第 437 页,注释 34),卡斯托里亚蒂斯引用了布莱克的《天堂和地狱的联姻》的第 33 条"地狱格言"。在该注释中,他感谢克里夫·贝里(Cliff Berry)发现了这个引文,另外附带地而且是过于友好地感谢我本人把贝里关于引文准确出处的发现告诉他。——英译注

现在被证明的东西,必须首先是已经被想象的东西。这是一个绝妙的诗句,同时又是平庸的诗句,它说出了一个显而易见的真理:你不可能证明任何事情,如果你不是首先已经把它当作要被证明的陈述的可能性来想象。我们再次看到,如同另一位诗人所言,诗人就是先知。在某种意义上,这就是人类的知识的整个历史:想象一些事物,然后通过例如纯粹的论证来证明它们,而且还把不依赖于我们的事物变成某种可以思考的事物,变成某种现实的东西,就是说,在抵制、不听命于我们的思维图式的意义上来说的现实之物。

* * *

现在重新回到《政治家篇》。你们会记得,除了两个定义之外,还有八个附带插入和三个大的离题。我们已经谈论过前三个附带插入,第一个是种类与部分,第二个是划分的视点,第三个是范例和元素。

4. 第四个附带插入,在281d,涉及的是固有原因的艺术和伴随原因的艺术之间的区分

我这里预先使用了亚里士多德的术语,即"comitant"(伴随),但是涉及的问题是"偶然的原因"或者"意外的原因"(就像糟糕的拉丁语译文所说的那样),涉及"走在一起"的原因。这是 sumbainei 表示的意思。

这个区分并不是非常有趣,除了帮助我们在这里又一次看到,当人们想要做出一种区分的时候,今天被轻蔑地称作形而上学、存在论的那种东西,思维的诸多问题依然重新出现了。柏拉图想要

做出这样的区分：一方面是关于事物的固有来临的艺术，另一方面是仅仅帮助产生事物的东西。很明显，为了进行这个区分，他不得不引入一个公设，即关于实体的公设。存在着一种活动，它产生事物本身，作为实体，作为事物自身所是之物而不是别的事物；然后，存在着整个一系列的因果链条导致这个事物的产生。所有这些因果链条能够被分离、被切割，这样就把产生了事物本身的东西区别出来，把涉及事物本身（to pragma auto, die Sache selbst）的主因区别出来。有一些艺术可以作为第二种情形的近乎是穷尽的例子，这就是把生产某个事物的工具生产出来的艺术。在这里，我们可以同意他的观点，但我们也知道，并不是只有工具。对象本身就是被分离的对象，它是某个事物：它是这具马鞍、这把剑。存在着刀剑铸造者的艺术，这是关于主因的艺术，但是也存在着例如制造出铁匠用来工作的铁锤的制造者的艺术。手段的生产在哪里停止，对象本身的生产在哪里开始？稍加反思就会看到，无论是以怎样的方式，分界都是任意的，而且，即使人们设定了被制造出来的对象的实体，例如这把刀剑的实体，人们还是不知道必须在哪里分界；因为，为了锻造刀剑，必须在某个地方放置金属，必须要有火和其他的大量的配料。你们会在后来的经济学理论那里、在价值理论那里发现所有这些问题：这个对象是什么，什么有助于把价值添加给这个对象？我提到所有这些，目的是为了向大家表明，根本的思想、根本的先天的东西在何等程度上发挥其作用；甚至是在涉及相对次要的问题的时候，这些根本的东西也都会介入进来。

5. 第五个附带插入（283c—285c）涉及相对尺度和绝对尺度的差异

   这个附带插入的出现很有趣。外邦人在某个时刻问道：我们难道不是绕了太多的弯路、做出了太多的区分吗？我们难道不是过于在事情周围打转,却没有直接进攻它本身吗？我们难道不是走了太多的捷径吗？我们在这里正处于苏格拉底—柏拉图式的对话之中:是的,不过,与什么相比太多？什么太多了？什么时候谈论得太多了？于是,我们直接遇到这个一般的问题:什么时候有过度(*huperbolè*),什么时候有不足(*elleipsis*)？这个问题不仅适用于话语,而且适用于任何别的东西。天上的星星太多了吗？《第九交响曲》太长了吗？你挣的钱过多还是不够多？人们写的书太多了,还是不够？好,柏拉图说,有一种艺术名为"测度"(*metrètikè*),度量的艺术。在这个地方,他立即引入了一个重要的区分(哲学被判定绕着柏拉图的轮子转了两千五百年,这可不是偶然的！),两种尺度的区分:相对的尺度和绝对的尺度。

绝对尺度的观念已经是一个悖论了。不过,让我们先来谈论相对尺度:我可以说,与平均身高相比,这个人的身材很高——在这个意义上,存在着一种相对的尺度。但是柏拉图说,不能停留在这种相对的尺度上,因为如果一切尺度都是相对的,那么人们就绝不能够说某事物太大或太小。因为,无论一个事物有多么大,还是可能有更大的事物;无论一个事物有多么小,还是可能有更小的事物。一个非常小的事物,相对于另一个比它更小的事物来说,它仍然是非常大的。一个非常大的事物,相对于另一个比它更大的事物来说,它就是小的。注意:所有这一切都非常有力、非常严格,如果你接受了,那么柏拉图的圈套就把你套牢了。显然,所有这些尺度(要是没有度量,要是不说有大的东西和小的东西,人们就无法生活)都是相对的,但是,如果一切相对的尺度都预设一种不是相对的尺度的话,那么,为了思考和言说,你就必然达到这种必然性,也就是达到这个观念,即认为存在着某个东西,它是其余的东西的尺度,并非相对地是其余的东西的尺度,而是绝对的尺度,是规范,因此是一种本形,是一种本型(*eidos*)。你再也不能从这里走出去;如果愿意的话,你可以说,必然有某种东西是非相对的尺度,这个尺度以独立于一切相对性的方式确定一个事物的真正的、正当的、正确的来临,这个尺度还说:这样的事物应该如此存在。而且,在某种方式上显而易见的是,如果我们可以说一首诗或一段音乐太长了,我们实际上是说它相对于某事物或与某事物相比太长了,而不是说它与诸多乐曲的平均长度相比太长了。比如说,布鲁克纳(Bruckner)甚至马勒(Mahler)的一些交响曲肯定太长了,但并不是因为它们比贝多芬的交响曲更长。它们甚至可能没有贝多芬的交响乐那么长。它们对于它们之所是而言太长了。有些诗歌过于冗长,尽管不超过二十行!但是《伊利亚特》也许并不是过于冗长,尽管它大约有一万五千行(即使拉丁人已经在说,讨厌的荷马……)。布鲁克纳和马勒的交响曲过于冗长,不是与一种绝对的尺度相比——我们不再处于可以度量的东西之内——而是与交响曲的形式相比来说过于冗长。但是,不存在任何关于交响曲的绝对形式(这是艺术作品的悖论),更不存在关于诗歌的外在的形式/规范。十四行诗必须是"4-4-3-3",[4]但人们仍然写出了很多不属于十四行诗的诗歌。我们没有任何数字规范来限定诗歌的长度,可是在某种意义上,我们有一种优美诗歌的规范。我们是否确实拥有这种优美诗歌的规范,这种严格地具有其应当的维度的乐曲的规

---

[4] 十四行诗有固定的格式,分为两个部分四节,前一部分是两节四行,后一部分是两节三行。——中译注

范,就像人们经常确信的那样,伟大的音乐,无论是古典音乐还是爵士乐即兴演奏(*jam session*),都符合这种规范?这段音乐本身包含着它的规范,它把它自己的规范带给世界,而且,正是对照着这个规范,而不是对照着某种来自外部的东西,它自己向我们揭示出它是完美的。它给世界带来的这种规范是对于某事物的规定,这种规定是我们不能加以定义的;它确实就是美的事物的形式,就是美本身。

我们在这里达到了柏拉图的论证的另一个部分。柏拉图不得不引入两种尺度的区分:相对的尺度和并非相对的尺度,他将后者称作 metrion。我们必须看到这些观念和概念如何被编织在一起。当我们说,一首诗刚好就是它应当是的那样,既不太长也不太短,这时候蕴含着相对的尺度,然而是以从属的方式,就是说,我知道贝多芬的《第七交响曲》的持续时间有那么长。存在着这样一个维度,作曲家和听众都有一个与此维度相关的立场,一种 *Einstellung*,一种 *impostazione*。[5] 这就是说,例如,《第七交响曲》不能再进一步拉长了。因此,存在着一个相对尺度的维度,但是它在此处只是为了谱写一种形式的体现,而这个体现本身不是相对于别的东西,它只是相对于美,相对于形式。这就是柏拉图所谓的 metrion。因此,我们得到两种"测度的"艺术,两种尺度的艺术,两种度量的艺术:定量的艺术和那些涉及性质的艺术,柏拉图用几个词项来刻画它:metrion,极其严格地意指遵循着某个尺度的东西;metron,即"尺度";metrion,在两种含义上的 *le mesuré*,即作为过去分词的 *le mesuré*(被测量的东西),以及作为形容词的 *le mesuré*(明智的,审慎的,适

---

5 Einstellung 和 impostazione 分别是德语和意大利语词汇,意思是"立场、见解"。——中译注

度的）。因此还有希腊语的 prepon，即"应该是的东西"，德语的 Sollen（应当），或者希腊语的 deon（应该是的东西，适宜的、合适的东西），或者 kairos，"适宜的、适当的时刻"，而且是与尺度相关的时刻。这个关于 kairos 的观念是非常令人吃惊的，而且非常深刻；一个行为、一个事物将会在它的时间真正来到的时候被度量。这里必须想到医疗或战争，希腊人从来没有忽视过这些事情：正是在其应该到来的时刻所采取的行动，方阵的一部分在其应该进攻的时刻发动进攻。我们在这里又一次看到这种相对性，它不是数量上的相对性（relativité），而是相对于某种应当被引起的结果。

在这个附带插入之中已经存在着奇怪的肯定，因为这里返回到某种定量的而且是相对的东西，即肯定适度（metrion），因而肯定一种定性的东西是一种介于极端之间的中点。这在后来亚里士多德的《尼各马可伦理学》那里将会引出作为适度（metrion）、作为中道的德性；"中道"这个说法已经由于一种小资产阶级的含义而被贬低了，然而柏拉图和亚里士多德所追求的可不是这种含义。

在一个相对重要的段落，柏拉图补充说，一切属于艺术的东西，都具有尺度的性质。这一点对他来说是非常真实的，以至于在《蒂迈欧篇》中，就连造物主、制造之神自己也要始终进行测度才能制造世界。我们在这里看到，为什么世界是相对完美的，尽可能地完美：因为，一方面，在它自己的范围之内，它是尽可能按照各种尺度而建造的；另一方面，它有好的形式，不是数量上的好形式，而是因为它是对永生的存在之形式的可能的最完美的模仿。世界的绝对尺度就在这个地方，而且在这个意义上，世界是好的，因为你们拥有世界与之相对而言是完美的这个形式。

6. 第六个附带插入宣布说,对话的真正目标只是辩证法的训练

这是柏拉图的一个花招。我们已经讲过这一点。它声称,讨论的真正目的不是要定义政治家,而是要进行辩证法的训练。这不是真的:第一个层面关注的是政治家;然后还有第二个层面,在那里,重要的事情是辩证法,是一些哲学评论:"正是由于这个缘故,我们言说我们正在言说的这一切。"(286a)但是事实上,在第三个层面,对话的真正目标千真万确仍然不是要给出政治家的定义——因为在某种意义上,这篇对话中不存在关于政治家的任何真正的定义——而是要为后来的《法篇》所描述的城邦的定义做好准备,并且勾画出这种城邦的统治者的角色。

7. 第七个附带插入(304b—d)谈论服务于政治技能的诸多艺术

于是就谈到修辞、策略等艺术。此外,柏拉图在这里给出了一个关于修辞的好定义——与他自己相关的"好"。他说,正是这项艺术说服民众(peistikon plèthous),借助于神话(dia muthologias),而不是通过 didachè 即推论性的教导,可以说,不是通过辩证法:"好,那么我们应该把这种说服的德性——不是通过教导,而是通过给民众讲述神话,以此来说服他们——归属于哪一门科学呢?"[6]这话说得真是绝妙,因为这就是柏拉图本人一直都在做的事情。就是这样,他一直都在攻击智者,而他就是最大的诡辩者。他始终都在攻击修辞学教师,而他就是最大的修辞家。他始终都在指责诗人和悲剧作家,而他却有一种绝对是奇幻的戏剧创作艺术。在这里,

---

6 Εἶεν· τίνι τὸ πειστικὸν οὖν ἀποδώσομεν ἐπιστήμῃ πλήθους τε καὶ ὄχλου διὰ μυθολογίας ἀλλὰ μὴ διὰ διδαχῆς; (304d).

他是在定义他自己,因为他凭借这种非凡的组合而善于说服(*peistikos*):把推理性的教导(*didachè*)与神话(*muthologia*)结合起来,还有他所讲述的一切神话,其中包括《国家篇》的洞穴神话和厄尔(Er)的神话,《会饮篇》的阿里斯托芬的神话。这种编织把诗歌的、神话—创作的(mytho-poiétique)元素和说理的、论辩的元素编织在一起;正是这种编织造成了柏拉图的政治权势,就是说,在观念领域中的统治。

8. 第八个附带插入涉及各种德性的区分

这个附带插入把我们稍微带回到有关尺度的故事。然而这里非常令人震惊的是,对话事实上已经在 305e 结束了,就是说,有了一个完全令人满意的政治家的定义:政治家就是把城邦编织在一起的人。(城邦之中要被编织在一起的东西已经预先得到了详细的说明:一方面,有各种不同的物质的、生产的艺术,它们都是城邦生活所必需的;另一方面,有各种类似于政治技能的艺术,例如修辞和策略,但是它们必须从属于政治技能。)

但是,就在这个时候,客人挠挠头说,还有另一件事。还有其他的东西应该由政治技能做出妥当的安排:这就是德性的诸多部分。一个奇特的观念在这里出现了,而且还会再次出现在亚里士多德的《尼各马可伦理学》那里。这个观念认为,某个事物就其自身来说分有德性的本性,但是在其过度的状态,它可能会导致一些不尽如人意的结果,不属于合乎德性的行为的结果。必须知道如何把那些过度拥有这种德性的灵魂与那些缺乏这种德性的灵魂结合起来,一方面,这些灵魂都被产生在生活于城邦之中的个人身上;另一方面,如果可能的话,通过城邦之中的个体的杂交,造成家庭之间的通婚——有些家庭的成员极度鲁莽,有些家庭的成员却过度审慎,等等。

这种附属的部分无疑是为了给《斐莱布篇》做好准备;它似乎是《政治家篇》在谋篇布局方面的主要的古怪之处,而《政治家篇》包括不少这样的古怪,不少于14个!之所以非常古怪,首先是因为它出现在一个形式上的定义完成之后,其次是因为它引入了某种考虑,但它却提出一个并且是唯一的一个德性的情形来加以例证。亚里士多德后来试图在所有德性的基础上对这个考虑加以例证,但是仍旧显得很不自然。柏拉图没有能够在其他事物的基础上为此做出例证,除了这个有关过度鲁莽和过度保守与审慎的故事之外。正是与此相关联,存在着"由于过度"的缺点以及"由于不足"的缺点(défaut « par défaut »)。而且正是与此相关联,他引出了关于政治家的新的定义,将其界定成编织者,不仅是把所有其余的东西编织起来,而且还编织灵魂的各个部分,以及那些过度具有诸多官能的个人,而这些官能的非过度的实存才会形成一种德性。

有人可能会问:如此这般意欲何为?唯一的回答或许在于,尽量从内部来重构一位大思想家的思想过程,但是这里的地面非常光滑,经常有解释者在上面摔跟头。人们可能会说,为了成功地进行这种重构,最小的条件就是自己也是一个大思想家:的确,区区一名哲学教授或者历史学教授,如何能够理解柏拉图为什么会在这样的时刻,带着所有已经在他后面的东西以及这样的新问题,被导向思考如此这般的事情呢?这简直就像是一个不懂音乐的人想要试图说明贝多芬为什么从1817年开始改变了风格。那么,带着这些保留,还有必要的谦虚,我冒昧地提出一个解释:我认为,关于《政治家篇》结尾处的这个添加部分,如同《政治家篇》的一系列其他的事情那样，如果把它看作通向《斐莱布篇》的一种桥梁，那么它也就不再是古怪的了。《斐莱布篇》是一部非常重要的对话。在那里，柏拉图抛弃了他自己最初的德性理论，也就是把德性等同于知识。他在那里采取了另一种构想，该构想确实是与这种混合、混合物、节制、妥协的可能性有着很大的关系。这个构想终于承认，没有必要把快乐本身从德性的生活中驱逐出去，在德性的生活中，也应该有快乐的位置——其条件就是它被放在自己的位置上。

柏拉图这时候应该是 70 岁左右的年纪了，正在撰写他最后的几部著作，正在接近这另一块陆地，接近他最后的哲学，关于混合物的哲学。人们可以在他的这个思想步伐中理解到，借助于《政治家篇》，柏拉图正在准备一种桥梁，这桥梁既通向《斐莱布篇》，也通向一种生活观，在那里，德性不再是严格的知识，快乐并非只是来自对于本相的观看（theôria），而是也可以非常简单地来自于人的生活。

现在我们来讨论三个离题。除了这次研讨课的末尾部分之外，这三个离题将会占用至少两次研讨课的时间。

五、三个离题

第一个离题讲述克罗诺斯统治的神话，两大宇宙周期的更替（268d—277b）。第二个离题涉及各种政体的形式。第三个离题是主要的，旨在证明唯有科学界定政治家，但是它在最后抛弃了这个定义——这是《政治家篇》的悖论的中心环节。柏拉图在这里运用最为绝对的方式来证明，唯有科学界定政治家，而且，如果存在着拥有这种科学的政治家的话，那么，其他的一切，包括法律、祖制（patria）等等，都要垮台。但是与此同时，柏拉图告诉我们说，这种情况是不可能的,太过于绝对了。因此,必须着手他所谓的"第二次航行"。在某种意义上可以认为,谈论不同政体形式的第二个离题非常紧密地联系着第三个离题,以至于成为第三个离题的一个次属部分。

1. 第一个离题:克罗诺斯统治的神话

我们来回想一下这个神话讲的什么。外邦人突然对他们获得的政治家的定义感到犹豫——这个定义把政治家界定为人群的牧者。然后他问小苏格拉底是否记得一个古老的故事,故事里讲到一些神圣的牧者,还讲到世界的旋转方向与它现在的方向相反。事实上,柏拉图在这里重新加工了三个古老的传奇:

——首先,关于阿特柔斯(Atrée)和堤厄斯忒斯(Thyeste)的神话:有一个时期,宙斯由于受到堤厄斯忒斯的欺骗而大发雷霆,反转了太阳的运行路线,受太阳调节的一切事物和事件也都开始反向运行;

——第二个传奇:曾经存在过克罗诺斯的统治时期,在流行的传统中,一般是把这个时期与黄金时代的观念联系在一起;

——第三个传奇说的是,古老时代的人类不是通过有性生殖而产生的,他们是从地里长出来的,产自土地,因此都是"土生土长的"(gègeneis)。

因此,柏拉图是从这三个希腊传奇出发的。关于黄金时代的传奇当然是很普遍的。确实在很多地方都有这样的传奇,说人们是从土里长出来的(在《旧约》中,亚当就是用泥土造的),同样,还有故事讲到世界运行的逆转——在其他的神话里可以看到这样的故事。这些不是希腊人独有的主题,而是属于在古代人那里相当普遍的想象图式。

我们简要地复述一下这个神话的内容。柏拉图说，宇宙的历史、一切存在之物的历史，总是相继经过两个相反的阶段。有一个阶段是真正正向的阶段。我们不要忘了，哲学的确是内外翻转的世界。柏拉图自己已经这么说过：哲学的真理就是人们没有看到的东西。人们看到的东西，对于哲学家来说只是幻象。我们生活在这样的一个世界的历史阶段，这个阶段的常规的事情，就是人类以及所有其他的有生命的存在都是生来幼小，然后长大变老，最后死去、消失。在我们关于事物的构想中，这种情况或许是与宇宙运行的某种方式密切联系，与天穹的一种旋转方向密切联系。然而，柏拉图说，这只是逆转的阶段，宙斯统治的阶段：这是神把世界抛弃给它的命运的时候所发生的情况。那么，当神把世界抛弃给它的命运的时候发生了什么呢？自从那个时候以来，世界开始像它现在这样转动，人类开始生殖，开始养育小孩子，时间的行程朝着这个方向走，从诞生走向衰老，世界指导它自己的运转。但是在指导自己运转的时候，世界只能逐渐变得不正常，失序状态逐渐增长，熵增加。这是人类的一个非常古老的观念，这就是我们所说的热力学第二定律。亚里士多德在《物理学》中谈论时间的时候说，*Pas chronos ekstatikos*，每一种时间都在"破坏性"的意义上是"绽出的"（extatique），使得事物脱离它们的形式。[7] 在这个意义上，他认为人们有理由说每一种时间都是绽出的、败坏的、破坏性的。不

---

[7] 确切地说，亚里士多德是这样讲的：*Metabolè de pasa phusèi ekstatikon*（"可是，一切变化在本质上都是毁灭性的。"《物理学》，Δ 卷，222b.16）。但是，变化与时间密切联系。在221b2，亚里士多德实际上运用"毁灭"（*phthoras*，败坏，衰退）和"移除"（*existèsi*，取代）来谈论毁灭性的时间。

过,亚里士多德随后以其惯常的严密性修改了这个流行的格言:尽管确实应该说,并不是作为时间的时间破坏了事物,而是事物自己达到了它们的毁坏,达到了它们的解体;但是,这在时间之中"伴随着发生"(sumbainei),这在时间之中发生,随着时间而进行,"伴随着"时间,与时间一致,因此人们说,时间败坏万物。

因此,我们生活在这个阶段,世界被丢给它自己,正在走向它的败坏。当这种败坏达到某种最大的程度,在这个时刻,一位神会想到——无疑他不是克罗诺斯或宙斯——不能再这样继续下去了,于是他重新登上领航的位置,重新开始指导事务,把世界的运行带回到它的真正的航线上(这条航线对于我们来说却是反转的航线)。从这一时刻起,天球开始在另一个方向上转动;我们所经验到的一切过程都在与我们习惯的方向相反的方向上展开。人类出自土地,生来就是白发老人(也许根本没有头发[8]),随着时间流逝,他们的白发逐渐变黑,长成中年人,变得更年轻,变成青少年,个子越来越小;当他们变得非常小的时候,又重新返回到地里。其他的一切过程都以同样的方式展开。这个时期是克罗诺斯统治的时代,克罗诺斯的统治就是这样。神亲自指挥世界的运行,并且通过一些小神来监督全部事务,引领万事万物,使之成为应该有的样子。这也就是为什么人们会相信,在这个时期,人类从地里长出来,都是"土生土长的"(gègeneis),而且生活是幸福的。为什么?因为神亲自监督整个实存,因为他有一些从属的神来担任不同范畴的存在的牧者。对于人类来说,正是神亲自牧养他们——Θεὸς ἔνεῳ μεν αὐτοὺς αὐτος ἐπιστατῶν (271e)——就像现在的人

---

[8] 这是诙谐的说法。老年的卡斯托里亚蒂斯自己就是"根本没有头发"。——中译注

类牧养各种范畴的低等动物。在克罗诺斯时代,不存在任何 *politeiai*｛行政组织,制度组织,政府形式｝,不存在任何城邦,没有排他性的婚姻——κτήσεις γυναικῶν καὶ παίδων(拥有女人和孩子,272a)——没有生育。这个克罗诺斯的时代是一个黄金时代;这是原始共产主义的神话,但也是一个丰裕时代的神话。人们从地里长出来,丝毫想不起来以前曾经存在过的东西,因而他们生来都没有记忆｛同前｝。

我们在这里看到这个故事的含混之处,而且再次看到柏拉图的含混之处。对此可以追问的是,这个含混之处究竟在怎样的程度上是故意的。实际上,这个黄金时代仍然是以这个事实为代价的:人们都没有任何记忆,记不得从前的任何事情。人们可以活下去,然而是生活在一种丛林之中,神把一切都准备好了。人们是否可能会怀着乡愁想到这个黄金时代呢?我们为什么不生活在克罗诺斯的统治之下呢?我们的生活本来就应该是那个样子吗?首先,柏拉图引入这个评语,即人们没有任何记忆,然后,来自爱利亚的外邦人明确提出这个问题:人们讲述的故事是不是真的,在克罗诺斯统治下的生活是所有可能的生活之中最为幸福的吗?于是,他提出了一个足够明显的区分,这个区分不利于这个传奇故事,也不利于那种认为人们会幸福地生活于其中的另一种世界行程的观念。如果克罗诺斯的婴儿们(272b, *trophimoi*)利用他们的时间,利用他们全部的闲暇来搞哲学,那么就可以说,克罗诺斯的时代真的是一个幸福的时代。如果他们活着只是填饱肚子、晒晒太阳,就像动物一样,那么就可以说,这并不是幸福的生存,而我们现在享受着比这更好的生存方式。

但是外邦人说,让我们把这个事情留在一边,因为我们不可能知道。然后他谈到一种关于现在的人类的人类起源论(anthropogonie)。神有时候放弃了对于世界的照料,于是发生了一场灾变;相反的行程开始了,人类就像今天这样存在着:他们进行有性繁殖,生活在野兽中间,不得不从自然状态过渡到文化状态。柏拉图还说,人类将会在这里毁灭,如果没有神圣的馈赠,没有普罗米修斯的火、赫菲斯托斯的艺术以及他在艺术方面的同伴的艺术——艺术方面的同伴(*suntechnos*,274d),这里显然指的是雅典娜。正是这些神把所有这些东西赋予人类,人类因此也就能够幸免于难,并且建立城邦,从而像我们今天这样生活着。这些就是这个神话的主要轮廓。

柏拉图几次返回到这个黄金时代的故事,这个克罗诺斯时代的故事,重复讲到这种人类起源论,这种"城邦起源论"(城邦的创造)。例如在《法篇》(676b及以下,713b及以下),在《普罗泰戈拉篇》(321a及以下)、《国家篇》(369b和378b)、《克里底亚篇》(109b及以下),等等。为什么他要返回到这个故事呢?在公元前5世纪,有一个传统获得了极度的复兴,并且遭到一些伟大的思想家的反对。赫西俄德(公元前8世纪)在《工作与时日》中已经讲到克罗诺斯的时代(109—111行)。在一个古老传统的背景上——其中包括这个关于丰裕而幸福时代的集体幻想,赫西俄德本人把这个传统记录下来了(116—121行)——赫西俄德又加上了他自己的想象,即时代变得越来越艰难,人类的几个世代都变得越来越糟糕……

在公元前5世纪,有一个不同的观点与此对立。这个观点或许可以在褒义上被称作"合理的",它与我们今天的观点几乎是相同的。这是一个进化的观点,而且我们说,几乎是一种关于人类的自行构成、自行创造的看法。最早持有这种看法的显然是伟大的德谟克利特。[9] 普罗泰戈拉——他也来自阿布德拉（Abdère），据说他听过德谟克利特的言论——无疑是在讲授类似的事情，而且这也是修昔底德在《伯罗奔尼撒战争史》第一卷的"考古学"中讲述的论题（我们在两年前的研讨课上讲过这个）。

这个论题的内容是怎样的？它讲的是，曾经存在一种实际的"自然状态"，未开化的状态，原始的状态；后来人类慢慢地发明了各种艺术，建立了诸多共同体或者将其扩大、进行组织，等等。这个观点可以在修昔底德那里找到，在"考古学"的深处。至于德谟克利特，他的著作《小宇宙系统》[*Mikros Diakosmos*，(Bv3, Diels)] 有一段很长的著作摘录，[10] 经由拜占庭作家蔡策斯（Tzetzès[11]）之手流传下来。德谟克利特和修昔底德都没有提到任何神圣的馈赠。柏拉图让普罗泰戈拉在同名对话中讲述了一个关于人类诞生的神话，这时候，他当然是把给予人类的神圣馈赠、普罗米修斯和埃庇米修斯[12]的故事等等，都放在普罗泰戈拉的嘴里（321a 及以下）。但是在德谟克利特那里没有任何类似的事情：人类构成它自己，自己发明各种艺术，发明共同的生活，而且逐渐取得进步。我曾经详细评论过这个事实，即在修昔底德那里，这样的进步仅仅涉及技术和物质性，与道德的进步甚或文明的进步毫无关系。在修昔底德

9　参见托马斯·库勒（Thomas Cole）的优秀著作《德谟克利特与希腊人类学的起源》（*Democritus and the Sources of Greek Anthropology*, Cleveland, 1967）。[Monograph series/American Philological Association, no. 25（Atlanta, Ga.：Scholars Press, 1990）。——英译注]

10　让-保罗·杜蒙：《前苏格拉底哲学家》；部分再版本，《前苏格拉底学派》（*Les Écoles présocratiques*, Paris, Gallimard, coll. 《Folio》,1991），第 496—497 页。——帕斯卡尔·维尔奈注

11　英译本将这个人名的全称写作 Johannes Tzetzes。——中译注

12　在希腊神话中，埃庇米修斯是普罗米修斯的兄弟。——中译注

那里,进步,就是人们越来越善于杀戮;可以说,进步就等于是这个。

这就是公元前 5 世纪的观点,启蒙运动(*Aufklärung*)的观点。但是在公元前 4 世纪,在柏拉图周围存在着关于复兴黄金时代的主题的大量思考;发生了一种倒退。公元前 4 世纪是一个危机时期,是诸多想象的意义解体的时期。已经出现了一些犬儒主义者,他们谈论一种自然状态,呼唤自然状态的回归。亚里士多德的一位著名的门徒狄凯亚尔库(Dicéarque)重新采纳了黄金时代的主题,把它和公元前 5 世纪已经出现的东西结合起来,而不是简单地返回到赫西俄德。他说曾经存在过一个黄金时代,没有战争,没有任何政治体制,不过,这也是一个匮乏的时代。这里我们看到某种生态学的乡愁:它不是那种在丰衣足食意义上的地上天堂,但是人们更好,他们不打仗,也没有道德上的腐败——这是一种生态学的卢梭主义——可是,他们的生活艰难,他们采食野果和野菜……

现在,柏拉图重新采用了他周围存在的这种材料,而且显然想要赋予它另一种意义;他把它塑造成神话,但却想要它以某种方式发挥作用。这个神话的基本作用,首先就是把人类起源论、人类发生学(anthropogenèse)嵌入到一个涉及宇宙整体的过程之中。这就是说,我们如今生活在这样的一个时代:其中有很多城邦,出现了有关政治技能和政治家的问题,之所以如此,是因为我们属于这个宇宙周期,在此期间,世界被抛弃给它自己的命运。正是由于这个原因,形成了有关政治技能的问题。但是在另一个阶段,在克罗诺斯的时代,神亲自照管我们,牧养我们,从而也就不存在有关政治的问题。

我们首先必须看到柏拉图做出的非凡的结合,他再一次将诗学意义上的大胆想象与近乎几何学的严格性结合起来,凭借这种结合,一旦设置了某些公设,他就铺展开他的故事。起点的元素是神话传统的三个元素:

(1) 宇宙过程的运行方向的逆转;

(2) 克罗诺斯的统治;

(3) 人类从土地中生长出来。

然后,让我们把这些元素当作公设。同样,再假设有一位神制造了世界。这对于柏拉图来说是明显的事情,他认为他已经在《蒂迈欧篇》中确定了这一点,说明了这位神如何制造世界。让我们假设,如同《蒂迈欧篇》那样,也如同他在《政治家篇》中重申的那样(269c—d),世界是一个智能动物,宇宙的整体是一个有生命的存在。让我们再假设,唯有无形体的东西才能够是永恒同一的——这对于柏拉图来说也是显而易见的事情,《政治家篇》的269d 和《蒂迈欧篇》如此宣称——这就是说,真正的存在是各种本相(eidè),它们与自身永恒地同一,此外,"永恒地"在这里的意思不是全时间性(omnitemporalité),而是意味着无时间性,没有时间性,意味着这个事实,即关于一种时间的问题本身就没有被提出来(这个 aei,这个"始终",不是一种无时间的始终,而是一种规定,就是把真正的存在设定为在所有方面都与它自身同一的东西;这就是在《蒂迈欧篇》中非常明显地表达的意思)。

为了使某个世界可以被制造出来,需要有三个原理。有永恒的存在者,它是范例,世界应该在这个范例的范围之内被制造出来。有永恒的变易,就是说,在一切时刻以及一切方面都是不一样的东西。在这里,人们禁不住再次钦佩柏拉图思想的彻底性:在寻找真正的存在的对立面的时候,他设定始终不同的东西(这个"始终"并不是时间上的),就是说,在这种不同的东西那里,甚至不存在普遍性的一个单独的环节(在哲学意义上的"环节")。在这个永恒的变易之中,甚至不存在彼此相似的两个点;你只要移动一毫米,就会有一切方面的不同。因此,这是无穷无尽的不同,而且存在的东西是质料,就是说,完全无理性的东西(l'a-rationnel)。

除了这两个元素之外,还需要第三个元素,即造物主,他约束永恒的变易,并使之进入一种形式,而这种形式则分有永恒的形式。但是这个造物主不是全能的;*kata to dunaton*,在可能的程度上,他把形式赋予这种质料。在这个方面,整个希腊哲学不同于基督教神学,甚至不同于《旧约》所蕴含的东西。

因此,这个世界必须包含一个有形体的部分。正是由于这个原因它才存在;它就像是由造物主赋予了形式的质料。它是有形体的、空间性的,如果依靠它自己,它只能走向失序,走向无规则。因此,如果造物主只是制造了世界,这仍然是不够的:他还尽可能地(*kata to dunaton*)把世界造得像是永恒的有生命的存在,然而这个世界并不是永恒的有生命的存在;它包含着质料,因此只能走向没有规则的失序状态,走向毁灭……

这里,柏拉图依然停留在希腊的想象之中。但是,在这个至少是从赫西俄德开始的想象看来,在世界之中存在着构形的自发性,就此而言,柏拉图并没有处在希腊的想象之中。对于柏拉图来说,不存在构形的自发性,构形是造物主的工作;质料只有一种变形的、毁灭的或者败坏的自发性。

最后还有第四个元素,也是希腊的元素。《政治家篇》再次提到了这个元素:即存在着一种在创造和毁灭、"发生"(*genesis*)和"败坏"(*phthora*)之间的平衡法则、比例法则。这个法则是一种必然性,是一种非人格的"必然性"(anankè,威力),就是说,造物主也对它无能为力,它就是那样。造物主只能以近似的方式而不是绝对的方式来做出这种构形。

柏拉图认为,质料没有任何构形的自发性,只有一种失序的变更,一种破坏性的运动,那么,外在的规整原理即造物主就是必要的:需要一个生产的、进行制造的神,由这个神来生产出这个不可能是完美的世界。这一点对于后来的思想史包括社会思想史来说是极其重要的。确实,《政治家篇》明显重申了这个观点,而且,无论是谈论世界还是谈论属人的事物,它都是对话的隐蔽的支柱之一。

整个事情还有另一个方面,这就是柏拉图的神正论,而这种神正论就在于否认有关神正论的问题能够被提出来:如果神制造了世界,而且,如果把诸如全知、全能和绝对的善等属性归之于神,那么,怎么会存在有恶呢?对于这个问题,有几种可能的回答。例如,不存在恶,恶是一种幻象。或者还有莱布尼茨的回答:作为恶而向我们显现的东西,是一种形式所具有的一个必要的部分,只能将其最优化,如同一个几何学表面,在有些地方凹凸不平,但是这却形成它的整体上的完美。这些回答都没有什么了不起的。柏拉图自己采取相反的论证,而且,为了否认神正论的问题,付出的代价就是否认神的全能。对他来说,存在着产品的不完美——这是确凿无疑的,而且《政治家篇》重申了这一点——因为在我们正在经历的宙斯时代,事物都在走向败坏;产品的这种不完美乃是原料(在这个词项的所有意义上[13])的不完美,神就是用这种原料建造

---

13 这里的"原料"一词是"la matière première",字面意思可以理解为"原材料"、"最初的质料"、"原始的物质",所以作者有这样的说法。——中译注

了世界。但是与基督教的上帝相反,柏拉图的神并没有制造这种原料。因此,神不为原料负责,他对此无能为力;这是他的威力的界限。因而世界是不完美的,既然它只是被尽可能绝对地制造出来。亚里士多德已经针对这个见解做出了回应,他认为柏拉图的论证不成立,因为这是不可理解的:假定神自己是完美的,他却生产、造成了某种不如他那么完美的东西。亚里士多德之所以会认为神远离世界,与世界完全分离,其理由之一就在于此。

不过,无论是对于柏拉图的论证以及提出问题的方式来说,还是对于有关神正论的整个讨论来说,重要之处在于这个讨论的诸多预设。世界是完美的,或者世界不是完美的;然而是与什么相比而言的完美?你们肯定看到了整个讨论是如何开始的:人们可能会说,关于某个事物是完美的宣称,只有在涉及一些特殊的存在物的时候才是有意义的——当然,这个世界上没有任何东西是完美的,但是毕竟可以说,一辆车是近乎完美的,或者是不完美的,造得很糟糕——当某个事物被嵌入一个系统,嵌入诸多目的关联之中,在那里,它适用于某事物,符合其目的,与它的种类所规定的类型相适应或者相符合,等等。但是在涉及世界的时候,涉及全体的存在—存在者的时候,关于它是否完美的讨论能够有什么意义呢?好,这种意义显然是一种神人同形论的愿望投射:如果世界符合我们的欲求,那么世界就是完美的。各种神正论提出来的所有论证,当然涉及世界的方方面面,其中包括那些是、似乎是、我们判断它们是与我们愿望的东西、与可能会让我们感到幸福的东西背道而驰的方面,尽管可以补充说,没有人糊涂到如此地步,竟然认为那种会让他感到幸福的东西尚且还有另外一番故事。(这恰恰构成不完美的一部分,使得我们能够以此来指责世界;我们就是这样被造就的,以至于我们甚至不知道什么可以让我们幸福。)

因此,存在着这种神人同形论来支撑整个提出问题的方式。这已经隐藏在柏拉图对于术语的选择之中了:他选用 *agathon* 来指称事实上的真正的存在,就是说,甚至是彼岸的东西,就像他说的那样,各种本质和本相,以及支撑它们的东西。*Agathon* 被翻译成"bien"(好的,令人满意的,可爱的;好处,善),被翻译成拉丁语的 *bonum*,但是千万不要忘了它的希腊语词源。*Agathon* 是 le souhaitable(合乎愿望之物,可以希望的东西),它来源于动词 *agamai*(这让我高兴、满意,我喜爱这个),与 *agapô*(我喜爱)、*agapè* 有着同样的词根。*Agathon* 就是可爱的东西、合乎愿望的东西、令人欲求的东西。由此我想要说的是,这个至高的哲学观念所具有的神人同形论的内容,已经显露在词语的选择之中了:真正的存在,就是 le désirable(令人欲求的东西,合乎愿望的东西)。

这是柏拉图的观念;不是希腊的想象物。对于以前的希腊的想象之物来说,存在既不是令人欲求的,也不是令人憎恶的;存在根本不是这样。存在是其所是;它是发生的自发性和毁灭的自发性;它是发生(*genesis*)和败坏(*phthora*)。从荷马直到公元前 5 世纪末,包括公元前 5 世纪末,一直都存在着这种看法。在德谟克利特那里也有这种看法。柏拉图打破的正是这种观点,他把一切能动性的元素和创造性的自发性的元素全都推到了彼岸,从而打碎了前人的观点。事实上,这里没有真正的创造性的自发性,因为造物主制造的东西是模仿某种一劳永逸地给定的东西来制造的,也就是说,模仿各种本形,尤其是模仿永恒的有生命的存在者(le vivant éternel)的本形和本相。但是说到底,这个元素从这个世界排除出去了,与这个世界分离开了,给这个此岸世界保留下来的是 *phtho-*

  ra，即衰退、败坏和毁灭，就像人们通过《政治家篇》的神话看到的那样。为了这种败坏（*phthora*）得以被维持、被限制在一些界限之内，每当它达到一定的时刻，神就必须再次介入进来，必须反转事物的运行，与此同时，他还必须亲自掌舵，以便指挥事物的演化。

  我们再来讨论一下这个神话借助于诸多公设所包含的准定理。我在一开始就宣布了这些公设，也就是这个观点，即认为首先必须调节三个传统元素，然后还认为，存在着一位神——造物主；质料不是完全可以成形的质料，而且自己倾向于败坏。世界是有形体的，它不得不运动。——这是一个系定理。它是有形体的，就这么说定了。实际上，它是永恒的生成（*aei gignesthai*），是在一切方面的变化，因此，变化也涉及诸多空间规定。因此，世界必然运动。由于它是神制造的，它是尽可能完美的；因此，它必然循着——这是柏拉图的观点，但这个观点并不是没有理由的——在没有绝对完美即固定不动的情况下最接近于绝对完美的方式来运动。这个运动是圆周运动。可以看到圆形与同一性之间的深刻的亲近性，如果愿意的话，可以说这是想象的亲近性，然而同样是逻辑的、数学上的亲近性：如果一个同一性不是直接的同一性，那么它就是间接的，就是说，在绕了一圈之后，我返回到我的起点。这个圆周运动是同一的，因为在平面图形中间，唯有圆形是你可以使它在它自己上面滑动的图形：在旋转的时候，圆上所有的点都经过所有其他的点，并且都还保持在同一个圆上。相反，你不可能让一个正弦曲线、圆锥曲线或者椭圆等等在它自己上面滑动。你可以让一条直线在它自己上面滑动，但是这里的根本缺陷在于，直线在想象上乃是无穷的；因此，对于希腊人来说，尤其对于柏拉图来说，直线是一种不完美的图形。

因此，如果世界确实运动，那么它只能做圆周运动。由于神已经制造了世界（这里的证明或许有些不太严密），他不是为了经常不断地为之操心而制造了世界，因此，他把世界扔出去，让它遵循它自己的运动。在这个时候，世界和人类——至少是某一部分人类——试图组织起来，试图抵制衰退和败坏，但是他们没有成功。世界变得越来越败坏，因此，它走完了把它引向败坏的那个大圆圈的半圆（这就是目前的阶段），然后，在某个既定时刻，当人们达到这个运动的极限，神又重新开始掌舵，把世界的运行扭转到相反的方向，于是，时间的方向引起一种返老还童的现象。

为什么必须有两个圆圈？不存在仅仅发生在每一个圆圈内部的圆周运动。两个圆圈都是另一个圆圈的一部分，因为世界周期性地而且不停地从宙斯阶段过渡到克罗诺斯阶段，再从后一个阶段过渡到前一个阶段，从我们今天看到的运动过渡到我们可能会看到的反向而行的运动，后者将会是真实的运动。这也是一个圆圈：两个小圆圈组成一个大圆圈。那么为什么需要这两个圆圈呢？因为世界不可能永远是同样的，否则它就是完美的了；也不可能以同样的方式永恒地运动，因为这样的话，它也是一个完美的世界（269d—e）。因此，必须发生运动的反转，世界在另一个方向上运动。

我们在下一次课上将会讨论这个神话的一些更为特殊的方面。今天就以这些思考作为结束：为什么要有这个离题，它在《政治家篇》中要来做什么呢？因为在对话中提出的辩护（在275b—c）并不成立。这个辩护指出，当存在着牧者和牧群的时候，在牧者和他牧养的动物之间存在着本性的差别，因此，真正的牧者只能是神圣的牧者。但是，无需引入这个神话就可以说这个定义不成立，而且可以走向政治家的另一个定义。可是对话却没有这么做,而是进入这个神话以及这个神话的发展。这究竟是为什么呢?

我宁愿坚持认为,柏拉图提出的关于政治家的第一个定义(将其定义成牧者),实际上只是为了能够讲述克罗诺斯统治的故事。不是把神话引入进来反驳第一个定义;而是把第一个定义引入进来以便于柏拉图可以引出这个神话,为了可以有什么东西来悬挂神话。

为什么他要引出这个神话?确实,因为他想要摧毁公元前5世纪的思想,摧毁德谟克利特的人类起源论。这个人类起源论是他从德谟克利特那里得到的,因为蔡策斯保留下来的《小宇宙系统》的段落描述了人类的最初状态,描绘了人类如何走向更好的自我组织,这些描述要比柏拉图在这里概括的内容更为详细得多。这种观念在公元前5世纪的顽强的思想家中间必定真正占有优势;修昔底德就是这样的一位思想家,虽然他不是哲学家,但他肯定是一位伟大人物,他牢牢地抓住了这个观念。

因此,在公元前5世纪的思想家中间存在着一种关于人类的自行构成的观念。[14] 对于柏拉图来说,问题就在于摧毁这种观念。确实,在他讲述的神话中似乎是顺便提出的人类起源论那里,如果没有普罗米修斯、赫菲斯托斯和雅典娜(那些提供艺术的神灵)进行干涉的话,人类就会毁灭——这里他重新回到古老的神话。另一方面,他又放弃了一部分神圣的馈赠,即普罗泰戈拉讲述的故事

---

14 参见柯奈留斯·卡斯托里亚蒂斯:"埃斯库罗斯那里的人类起源论和索福克勒斯那里的人的自行创造",收入《迷宫的交叉路口(第六卷):可思之物的形象》("Anthropogonie chez Eschyle et autocréation de l'homme chez Sophocle", in *Figures du pensable, les carrefours du labyrinthe*, VI, Paris, Éd. du seuil, 1999)。——帕斯卡尔·维尔奈注[这篇论文将出现在斯坦福大学出版社出版的《可思之物的形象》的几卷英译本中。——英译注]

中提到的那一部分，[15]而普罗泰戈拉的这个故事无疑是一个寓言，在此寓言中，柏拉图正在谈论普罗泰戈拉本人。这个寓言说，宙斯把政治艺术交给人类，在所有人中间平均分配。政治艺术在这里是对民主制的翻译，被放在普罗泰戈拉的口中，而且在历史上看来，这毫无疑问是一种正确的翻译，因为它非常符合雅典民主政治的想象之物。因此，这一部分被柏拉图丢下了；正是这些神使得人们幸存下来，而这些人制造了他们制造的一切，制造了城邦等等，他们所处的世界的历史循环不是一个进步的循环，也不是各种进程按照正确的方向而展开的循环；相反，他们处在朝着倒行逆施的方向上运转的世界历史阶段（显然，在我们败坏的眼睛看来，这个阶段似乎是在按照正确的方向展开）。

因此，最终在这个方面存在着一种占用，就是占用公元前5世纪的人类起源论，通过铲除它的政治意义和哲学意义，破坏这种正在开始结结巴巴地说出人类的自我创造之观念的人类起源论，以便于引入这个观念：在这个败坏的周期之中，使我们能够幸存下来的东西，不是人的创造，而是神圣的馈赠。无论如何，所有这些都属于一连串重复出现的循环，而且毫无疑问的是，我们永远都摆脱不了这些循环，只要我们的生活依然是这种尘世上的生存——因为柏拉图那里始终存在着有关灵魂不朽和另一种生活的保留。

这就是克罗诺斯神话的目的。我们下一次课再来继续讨论这个神话。

---

15 《普罗泰戈拉篇》，320—322d。——帕斯卡尔·维尔奈注

1986 年 3 月 26 日的研讨课

我们继续《政治家篇》。

我们在这篇对话上逗留这么长时间,因为它是两个时期之间的过渡环节:在前一个时期,柏拉图是在这样的基础上讲话的,即拥有一种哲学理论、一种知识(epistèmè),这种理论和知识将会导致对于一种模型、一种城邦规划的精心构制,而这个模型、规划为了成为善的,就必须远离现实;后一个时期,也就是他的哲学的最后时期——《政治家篇》完全属于这个时期——可以被称作关于混合物的时期,在这个时期,坦率地说,越来越多地出现了一种不可还原性,即总体的存在不可还原成存在的本相。总体的存在不仅是本型(eidos);它是质料(hulè)与本型的合成,是质料与形式的合成,亚里士多德后来将会更加清楚地提出这个说法。但是,亚里士多德只不过是把柏拉图的第四个方式、第四个时期的劳动成果提炼出来而已。

这种对于混合物的承认——既作为一种范畴,又作为他的哲学的一个中心问题,同时也是一个障碍,促使他的哲学进行劳作,而且以此为背景而展开——必然会延伸到政治领域。从另一方面来说,"延伸"是一个糟糕的词语,因为它没有充分考虑到柏拉图对于政治的中心兴趣。

因此,这就是《政治家篇》所处的语境。这也让人们得以理解这篇对话的极端奇特的结构：

A. 两个半定义，没有一个定义真正坚持到最后：

——政治家是牧者；

——政治家是编织者。

B. 三个离题：

——第一个离题讲到克罗诺斯时代的神话；

——第二个离题讲到各种政体形式及其演化；

——第三个离题具有中心重要性，它包含这个观念，即认为唯有科学才可以界定政治家或王者。

C. 然后还有八个附带插入。

让我们把这八个附带插入放在一边。这种情况在柏拉图那里很常见，在亚里士多德那里也是如此，他们都不是撰写学位论文的作家。他们怎么想就怎么写，想到哪里就写到哪里。当然，他们把自己的思想整理成形，但是，如果他们觉得某个考虑是值得的，即使与主题无关，他们也不会以此为借口将其排除出去。《政治家篇》明确地表达了这一点，爱利亚的外邦人告诉小苏格拉底：

> 要是你继续保持这个态度，不关心人们所说的话语很少还是很多，而是按照内容、按照事情本身来衡量话语的长度以及它们的适当或者不适当的性质，对剩下的东西不感兴趣，那么，当你年老的时候，你就会充分地成熟。{参见261e和286e—287a}

他可能会说，剩下的东西适合于文学，而非适合于思想、哲学。

但是这些离题本身提出一个真正的问题。而且在我看来，这篇对话就是为这些离题而写的。在某种意义上，这篇对话本身就是对于这三个离题来说的一个离题。关于政治家的两个定义都是掩饰这些离题的借口。尤其是为了掩饰两个主要的离题：一个是克罗诺斯的神话，另一个是中心的论题，即唯有科学界定政治家。

关于克罗诺斯神话的几个重要之处，我们已经提出了一些评论。现在，我不打算重复这些评论，而是要完成它们。

五、三个离题（续）

1. 第一个离题：克罗诺斯统治的神话（续）

首先，请大家注意下面这个非常重要的元素，此刻我们不可能对它进行太多讨论：柏拉图把民间传统的三个元素编织在一起——"编织"一词来自《政治家篇》，确切地说，来自第二个定义——从而想要让他的故事扎根在这个传统之中。这三个元素是：

（1）一种回忆，回忆往昔曾经有过一些从土里生长出来的人；

（2）一种怀念，怀念黄金时代、幸福时光，怀念地上的天堂：克罗诺斯的统治（一个几乎是普遍的民间传说的元素）；

（3）一种颇为奇特的观念，即认为在有些时候，天空的运动和地上的一切现象的运动、各种现象的总方向都是逆转的。在希腊的民间传统中，这种观念是与宙斯的恼怒联系在一起的：由于堤厄斯忒斯第二次侵犯，宙斯大发雷霆，把天空的运动全都颠倒了过来。

我们有必要在这个地方停下来，反思一下这可能意味着什么，首先是在柏拉图的文本之中可能意味着什么，然后是就其本身来说可能意味着什么。这两个考虑具有同样的重要性。

大家回想一下这些事情是如何发生的：当一个世界行程达到其终点，在这个时刻，发生了一场灾变（katastrophè），一种急剧的过渡，一种逆转、转折，同时也是一场动荡。于是另一个世界行程开始了。其中的一个世界行程是由克罗诺斯统治的，这是由神来照管着世界的行程。在另一个行程之中，即宙斯的时代，世界被丢给它自己，这时候，人类必须独自想办法应付困难，不但要同野兽搏斗，还要保障自己的物质生存和内部组织。

但是，如果我们反思一下这个逆转，它意味着什么呢？当然，可以用某种松散的方式说，发生了时间的逆转。可是这个说法一说出来就让我们失望，因为不存在任何时间的逆转，而且我们可能还会质问，时间的逆转这个说法本身是不是有意义。从柏拉图的这个文本出发，并且就这个文本而言，我们在这里好像处在大西洋正中间，没有任何救生工具，没有过往船只的桅杆露面，也没有覆盖着植被的小岛。什么都没有。时间行程的逆转究竟意味着什么？它是可以设想的吗，它把我们引向什么样的困境？

柏拉图在他的讲述中谈论的这个事情，始终激发了时间方向的逆转之观念的事情，并不是时间行程的逆转，他很小心地避免宣称这一点。这里谈论的是各种运动的逆转，各种运动的方向的逆转。为了证明这一点，我们举两个例子，它们都是从柏拉图那里来的：天上的领域和个体的产生。

（1）天上的领域：它不是在通常的方向上运转——对我们来说，就是从东到西的运转——而是在相反的方向上运转。这是运动方向的逆转。但是毕竟可以说这个旋转方向完全是约定的（conventionnel）。地球的旋转方向不存在任何固有的特权，我们在哥白尼之后的今天可以这么说。地球可以向另一个方向转动，在这种情况下,当然,太阳会在巴黎16区升起,在12区降落。左和右也是这样。显然,这些空间的方位完全是约定的。但是我们如何制定时间上的在前/在后呢?我们总是在空间标志的基础上规定时间上的方位:钟表上的指针转动,其行程的方向是基于空间标志来界定的。

(2)个体的产生。在柏拉图提供的这个例子中,约定性(conventionnalité)不再发挥作用。在克罗诺斯统治的时期,人们来自土地,在地里长出来的时候就是老年人,然后变得年轻,直到变成小孩子、婴儿,然后消失。人们再次禁不住首先要来赞叹创造性的想象以及与之伴随的逻辑构造的力量。撇开传统的神话传说不谈,《政治家篇》的这个克罗诺斯神话简直就是世界文学范围内的第一部巧妙的(entechnos)科幻小说,写得很有技巧,并非只是对于某个流行的民间传说的改写。在神话中、在《吠陀经》中确实有科幻小说,但是作为人为的著作,柏拉图的故事在文学史上是第一部。[1]

于是我们看到,存在着这些生来年老死为婴儿的人们。"天生的老人"(vieux-nés),本来可以这样说。而且,这里不能再来谈论时间路径的约定性。当然,某位诡辩者要是把空洞的逻辑推到极端,那么他会坚持主张,毕竟是年老或年轻的某个人,这是约定的。然而约定的东西是这个词语。至少是在起点上,因为它一旦实存,就要求一整套关联。人们不可能把年老变成年轻,除非改变语言的大批词语……让我们说,在起点上,在逻辑上来讲,它们都是约定的。然而,"是年老"或者"是年轻"的状态却把我们推回到一种现实的描述。而且我们觉得这种现实的描述关联着一种不能任意

---

[1] 还可以加上《蒂迈欧篇》和《克里托篇》开头(阿特兰提斯岛的神话)。——皮埃尔·维达尔-纳盖注[皮埃尔·维达尔-纳盖自己多次说过,柏拉图的洞穴神话,洞穴墙壁上投射的影子,本身就是对电影的投影技术的预见。——英译注]

颠倒的真正的在前/在后。我正在详尽阐述的这些事情,可能会被认为是不言而喻的、琐碎的。但是必须注意,因为这些问题恰恰是始终存在的,在哲学和基础物理学那里都是如此:确实存在着时间吗?时间的方向是什么?什么规定了时间的方向?它是不是纯粹约定的,就像是在黑板上画几条轴线那样?坐标轴的轴心"0"可以放在这里,也可以放在那里,仍然能够写出同样的定理、同样的方程式,只要把符号正确地颠倒过来就行了。

根据这个年轻/年老的反转的例子,我们体会到这种在前/在后。说实在的,这是非常重要的例子。它把我们推到哪里呢?它把我们推回到这个事实,即尽管物理学和哲学提出了各种解释,我们还是会禁不住这样想:对于我们来说,时间的方向是诸多事件组成的某种固有的连接所产生的结果,其中有些事件是从其他的事件开始的。我们觉得万事万物都是以通常的方式展开,正如我们顺着一只猫的皮毛来抚摸它。如果逆着它的皮毛来抚摸,那么手上就会感到它在反抗了。存在着诸多事件组成的连接、连续,我们觉得这种连接是显然的、必然的。我们可能会想到,要把一套锅碗瓢盆叠放起来,就需要把最小的放在稍大的里面……于是,我们在这里就有了好像是一种对于连续的知觉,这种连续的产生是诸事物本身所固有的,如同诸多相继系列的内在产生。而这就是我们习惯于将其当作时间来思考的东西。

柏拉图讲述的克罗诺斯神话在字里行间向我们揭示的东西,绝不是一些平庸无奇的琐碎事情。因为它涉及哲学和基础物理学没有解决的重大问题之一。当你停留在真正的传统物理学层面,就是说,理论力学,包括它的最高形式,即相对论,在这些理论的框架范围之内,时间的方向完全是约定的。力学的经典例子即相互撞击的台球的例子可以说明问题:假定它们没有落入球洞——因为这里确实有些不可逆的东西——而且还有摄影机拍摄这个过程,然后再把影片倒过来放映。你在影片里看到的事情(1)是完全符合理论力学的规律的;(2)是根本不会让你感到意外的。也就是说,除了有关初始的撞击问题之外。至于剩下的事情,接下来的整个进程丝毫不会让你感到吃惊。

现在我们来看一下卓别林的一部电影。它向我们展示了生活中的一系列活动,就是说,不可逆的连续活动。倒过来放映这部电影:于是,卓别林以最快的速度倒着上楼梯。我们看了会大笑,因为我们直接感到这是不可能的;这里出现了一系列进程的方向的逆转,而这是不可能的逆转。为什么?说到底,卓别林倒着上楼梯,背朝高处倒着行走,这只不过是一个台球的滚动方向被颠倒了过来。如果一个台球可以从右边滚动到左边,那么它也可以从左边滚动到右边。我们在这里正好遇到这个大问题,即有关不可逆过程的实存问题,它是热力学和哲学反思的核心。就像这个著名的鸡蛋故事:即使在力学上没有任何荒谬之处,如果你把鸡蛋打破,它不会再把自己恢复原状。[2] 这里有某种东西标记出不可逆性。始终有人试图证明为什么存在着不可逆性,这种证明总是开放的,总是有争议的。关于这个问题,物理学家们可以说的唯一的事情就是,事件的方向的逆转是极端不可能的。

我不打算在这上面停留太长时间,因为它不是我们此刻正在

---

[2] 大概暗示的是英国童谣《矮胖墩儿》(Humpry-Dumpty,其主角 Humpty Dumpty 是蛋状的人)。——皮埃尔·维达尔-纳盖注

讨论的事情。但是不管怎样,我还是要指出这个文本牵连的东西:《政治家篇》,还有《蒂迈欧篇》,是哲学史上开始讨论时间问题的最早的文本,它指涉的问题是:能否设想一种脱离开任何内容的时间?显然,如果能够设想这样的时间,那么时间方向的约定性就显得是极其可信的,如果不是确定无疑的话。反过来,如果不可能设想一种脱离开任何内容的时间(亚里士多德相信这是实际情况,我也如此认为),如果我们只能在思考和经历诸多事件所形成的固有而内在的连续的产生之同时思考和经历时间,就是说,诸多事件或事实的产生,其中一些始于(*apo*)另一些,那么在这个时刻,事件的进展方向也把某个方向赋予时间。而且,时间上的在前/在后不是任意的。为了充分评价《政治家篇》和作为神话的克罗诺斯神话,这些考虑确实是必要的。就是说,为了强调这个事实:我们正在讨论某种不可能的而且不只是不寻常的事情,它真正重新质疑存在的构成成分,宇宙的构成成分,即时间的进展与存在的展开之间的内在连带关系(solidarité)。因为这就是它所涉及的事情。而且,正是这个观念,即关于时间的进展与存在的展开之间的内在连带关系的观念;我认为它是这个领域的中心观念,在现代遭到康德的立场的彻底排斥,遭到另一种观念的反对,后者认为,主体性产生、创造一种纯粹的直观形式即时间,这种直观形式据此而拥有一种意义,独立于在其中展开的一切事件。

关于《政治家篇》讲述的神话之中处于萌芽状态并且如此孕育的东西,我们就谈论这么多。经过历史的时间,经过思想的时间,在后来或多或少得到了发展、或多或少得到了阐明的东西,从这个文本生发出来的东西,我们的讨论也不妨到此为止。

不过,还是有几个要点必须稍微说几句。

首先,关于柏拉图在 271c 讲述的事情,我们可以这样问:在黄金时代,在克罗诺斯的时代,因而是在神亲自指挥万物的行程的时代,正在发生什么情况? 与我们目前的看法相比,一切事情都是反过来进行的:人们出生的时候是老年人,去世的时候是婴儿。但是我们在这里又一次遇到柏拉图反复说过的东西,在他讲述哲学所描绘的世界图像的诸多对话中反复说过五十次的东西。哲学描绘真实的世界,而这个真实的世界对于普通人来说则是颠倒的世界。在哲学揭示的真实世界中,重要的东西对于普通人来说却是不重要的,根本的东西对于普通人来说却是完全可以忽略的。真理是现象,现象则是真理。而且,柏拉图在这里是用另一种方式告诉我们:克罗诺斯时代是真实的时代,因为那里的世界真正是由神来指导的;在那个时代,对于我们今天的看法而言,一切都是反过来运行的。

第二个要点位于 272e。可以画出下面的图解:

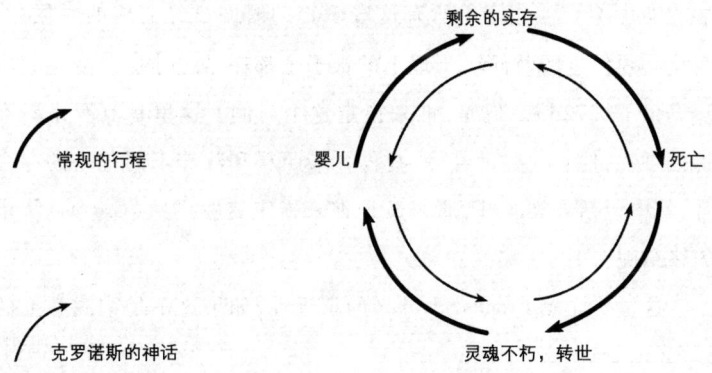

对于我们来说,这是不可能改变的;它就是时间本身。当柏拉图把诸多内容都颠倒过来的时候,老年就等于诞生,儿童就等于死

亡。这里同样有两个行程：人们从土地里生出来的时候是老年人，然后再长成婴儿。我们不太清楚发生了什么事情，但是必须假定——既然对柏拉图来说，灵魂是不朽的——一旦婴儿死去，生命仍然继续，他的灵魂经过一段时间（这个时间必然是"背后的"），通过诞生在某个老年人那里从而重新出现。

这样，真实的世界就是克罗诺斯的世界吗？不，我们并不是生活在一个不真实的世界，我们是生活在世界的恶劣时代，即宙斯的时代，在这个时代，世界被抛弃给它自己。但是，为什么要从一个世界过渡到另一个世界呢？在这里，柏拉图的回答返回到一种本质上是希腊人的思维方式上。必须理解的是，万物不停地转啊转，就像手表或时钟的指针那样转圈子，在转到 N 圈儿末尾的时候，某个周期就到头了；在这个时刻开始另一个周期，第二次宇宙循环开始，旋转到 N 圈儿的时候，这个周期又到头了，如此等等。ἐπειδὴ γὰρ πάντων τούτων χρόνος ἐτελεώθη καὶ μεταβολὴν ἔδει γίγνεσθαι，"当指定给所有这些事物的时间已经完成的时候，当变化必须发生的时候"，当地上的银子全都耗尽的时候，[3] 变化就突然发生了(272d)。但是，谁来指定这个时间？这里是克罗诺斯在指挥事物，他有一些助管、一些牧者来照料和牧养不同范畴的存在者，其中包括人类。好，那么又是谁来指定克罗诺斯(Cronus)统治的终结呢？

这里要注意 Cronus/chronos 的亲近性，如果这不是词源学上的

---

[3] 这里可能有笔误。"地上的银子"原文是"l'argent terrestre"，也许是"la gent terrestre"（"地里出生的种族"）。英译本将其译成"terrestrial race"（"地里出生的种族"）。当然，作者也许是在使用比喻意义，因为后边说到"耗尽"，即"花费"的意思；另外，这里也不是直接引用柏拉图的原文。——中译注

真理的话。chronos 就是时间本身。因此,有某种超时间告诉时间:你的时间过去了。有更高的权威告诉克罗诺斯:现在,这个循环结束了,必须过渡到另一个循环。这个权威绝不是一种个人的权威,而是万事万物本身,是万物本身的必然性,是一种高于一切个人权威、高于一切神性的必然性(anankè)。

在这个方面,柏拉图的思想依然完全是希腊的:这个构想深深地扎根在希腊的历史和想象之中,常常出现在神话之中。存在着一种铁一般的必然性(anankè),一种绝对不可逾越的必然性,任何神灵都不能撇开它或者超越它。这个构想多次出现在柏拉图那里。例如在《蒂迈欧篇》,造物主制造出一个尽可能完美的但不是绝对完美的世界。同样,在《政治家篇》的273b,被克罗诺斯抛弃的那个世界尽可能好地(eis dunamin)安排自己的活动。因此,当至高的神隐退之时,他把世界留给世界自己的命运(heimarmenè),留给它的共同产生的欲望(sumphutos epithumia),留给它自己固有的欲望。多么令人吃惊的说法!世界固有的欲望,因而就是在这个时期发生的事情:世界和人类勉强地力图安排自己的活动,但是它们都没有成功。它们一点儿一点儿地接近灾变,然后就是这个系列循环的终结:神不得不重新掌舵,回到舵手的位置,把事物引入正轨。与世界一起产生(sumphutos)一起生长的世界的欲望,既是这种必然性、这种企图、这种自我安排的需要,又是这种不可能性,即不可能成功地实现这种必然性、这种企图和需要。因为按照柏拉图的看法,在这个世界之中最为沉重的东西,就是这种趋于败坏和毁灭的倾向。如果人们愿意提出一种时序错误的说法,那么就可以说,这种趋势就是死亡冲动,或者毋宁说,这是趋于整合的倾向和趋于瓦解的倾向的斗争。而且,由于第二个倾向的力量最强大,所以,在一系列循环的终点,为了让世界摆脱这个倾向,为了拯救世界,神不得不介入进来,采取干涉措施。

但是,整个故事如果不是一个巨大的神正论,不是巨大的辩神论的话,那它还是什么呢!如果万事万物都这么糟糕,这可不是神的错。他用他掌握的质料制造了最好的可能世界。这种质料注定要迫使世界逐渐地败坏。可是仍然要感谢神,因为他已经做了他可能做到的一切,另一方面,为了拯救世界,他还反复进行干涉(273b—d)。因为世界被扔给它自己,退化成一种越来越混乱的组织状态,由于它包含一种有形体的元素,本质上与它的古老本性相联系,这使它忘记了造物主给它强加的本形。因此,发生了一种遗忘(lèthè),遗忘了造物主赋予的本形;而且,按照离奇的说法来讲,世界越来越受到它的激情的统治,这种激情趋向于旧时的无序状态,从前的无序状态:δυναστεύει τὸ τῆς παλαιᾶς ἀναρμοστίας πάθος(273c)。世界被抛弃给它自己,重复着日益多灾多难的循环,没有神的介入,最终会走向自己的灾变。因此,这的确是一种神正论。

在神"重掌舵柄"的时刻{273e},下述附带插入的说法为他的干涉提供了辩护:世界处于困境之中,近乎毁灭,必须防止它坠入、消沉在"没有尽头的差异性的海洋":εἰς τὸν τῆς ἀνομοιότητος ἄπειρον ὄντα πόντον{273d}。人们可以轻易地写出四本书来论述这个说法!差异,他异性(altérité)。确实,这个"差异性的海洋"是 apeiros,无穷的、无止境的、无法试验的,最终是不可思议的。确实,人们是否能够想象一组或一套事物,它们在所有方面都是完全不同的,每一个事物都与其他的一切事物不同?这是不可思议的。存在,就是首先在时间上等同于自己;存在,就是分有普遍。存在,就是自己拥有与自己相似的某种别的东西。这一点可以从一切角度来理解。例如,可以从人类或者生物学的最为具体的角度来看:一个东西不可能是完全孤零零的一条狗;之所以如此,不仅是因为必须有一些母狗,还因为必须有到处跑来跑去的野兔作为食物。最重要的是,还可以在最为哲学的层面上来看:绝对的异质性乃是思想的一个界限。宙斯时代的世界变得越来越混乱无序,因此越发异质混杂,因此也就越发不可思议;所以,它也就越来越少地分有存在。

克罗诺斯介入进来,他不仅拯救世界的现实的、实际的实存,也拯救存在的普遍性,还拯救能够分辨异质性的手段。因为,为了能够分辨异质性,就必须有某种同质性的基础。为了能够分辨"异",就必须有"同"。为了能够分辨"异"只是在哪个方面才是"异",无论如何,为了分辨出它与"这个"是不同的,那么就必须有 B 不同于 A,就必须在某种意义上、从某种视点出发,把它们两个都放在相同的层面上。否则不可能进行分辨。

第三个要点位于 274b:这种新的人类起源论,最初的野蛮人以怎样的方式脱离野蛮状态并且一点一点地创造出文明生活。这里简要重复一下上次研讨课已经详细阐述的内容。正是与这个人类发生学或者人类起源论的神话相关,我们在这里谈论的事情——我们正在谈论宙斯时代——关于个体的存在的事情,也可以说是关于整个人类的事情。人类诞生的时候不是婴儿,但它是一种原始状态;它在这个时期走向某种文明。这种人类起源论的观念,以及柏拉图对它的描述,都对立于作为背景而存在的希腊传统之中的观念,实际上就是关于黄金时代的观念,在这里则是克罗诺斯时代。克罗诺斯时代是希腊人表示黄金时代的名称,天堂般的时代,伊甸园。这就是柏拉图的线索。然而从公元前5世纪开始,有一些思想家,诸如德谟克利特、普罗泰戈拉和修昔底德,他们甚至没有不怕麻烦地说:所有这一切都是传说、民间的蠢话、神话;他们都肯定地认为,必定存在过一种原始状态,它在技术和文明方面都比今天的状况落后。这是公元前5世纪盛行的一些解说,而且还伴随着另一个观念。我相信,无论是对于德谟克利特还是对于修昔底德来说,这一点都是隐然确定无疑的。这个观念就是关于人类的自行构成的观念,尽管它不是这样表述的。一种确实是凭借自己的双手、通过艰苦的劳动而铸造了自己的人类。德谟克利特和修昔底德也都特别强调物质上的发明。从这个视点看,他们在马克思之前提出了与马克思类似的观点,马克思并没有太大的创新:德谟克利特强调了人类借以摆脱野蛮状态的整个物质的过程,修昔底德的"考古学"也强调了这个物质的过程。因此,在公元前5世纪已经出现了这样的观念,而且在那个时代广为流传,这就是有关人类的自行构成的观念,尽管在当时不是用这些词语来表达的。

那么,柏拉图用这个神话做什么呢?首先,他重新拣起人类起源论的观念,与此同时,他一开始就去除了这个观念在德谟克利特那里、尤其是在修昔底德那里的历史特征,把它投入到诸多数目不定的前后相继的循环之中。所有这些循环只是一种没完没了的重复,有时候朝着这个方向,有时候朝着那个方向。第二,人们能够做到的事情,最多不过是一种蹩脚的近似,也就是近似于克罗诺斯时代可能发生的情况——我们在说到中心的主要离题的时候,将会详细地看到这一点。但是在这里,在这种蓄意的非历史的描述中,我们再次看到柏拉图的愿望,这就是要停止历史、固定历史,终止城邦之中发生的变化,阻止城邦采纳各种新的形式。这种愿望表现于《国家篇》,特别是表现于《法篇》。更确切地说,在《法篇》和《国家篇》那里,这种倾向表现为一种愿望,即希望不要改变城邦的体制(Constitution),或者是以十分异常的方式表现出来,但是在《政治家篇》,这种倾向表现为一种确认而不是愿望:甚至不必再来费神停止历史,在某种意义上,历史已经被停止了。而且从今以后永远被停止了,因为历史从来只是按照两种类型的不断的自我复制而展开重复,不是在这个方向上运转,就是在那个方向上运转。没有任何历史,只有一些永恒的循环在这个时代展开,柏拉图自己在《蒂迈欧篇》中谈到过这个时代,说它是在神制造世界(sa démiurgie du monde)的过程结束的时候,作为关于永恒的移动着的影像而被创造出来。[4] 这个时代只是永恒的一个影像,因此必然是循环的,因为圆形、循环是最能让人联想到同一性的图形:它可以在不发生丝毫改变的情况下进行自转。

当然,柏拉图还极其生硬地重新引入了一种完全是神话的他律性(274c—d)。在这里,他重新采用了神话传统:如同修昔底德再次采用的德谟克利特传统所认为的那样,工具、城邦、围墙、船只等都不是人类发明的。不,对于柏拉图来说,人类的生存所需要的各种艺术,又是普罗米修斯—赫菲斯托斯—雅典娜赐予人类的,而且是在人类面临灭绝的危险时刻,因为野兽的力量要比人类强大得多。

因此,这里破坏的是公元前5世纪出现的关于人类的自行构成、自行创造的意识。这种意识当然处于萌发状态,然而在其精神

---

[4] 关于柏拉图的"永恒的移动着的影像"这个说法,参见《社会的想象建制》英文本,第188页,以及《碎片中的世界:论政治、社会、精神分析和想象》,第235页。——英译注

上是确定的。通过重构人类历史的最初阶段,这种萌发的意识出现在德谟克利特、普罗泰戈拉的人类起源论那里,出现在修昔底德的"考古学"那里,甚至在某种意义上也出现在伯里克利的"葬礼演说"之中。由于柏拉图重新引入了一种宇宙论上的他律性,这种萌发的意识遭到了破坏;因此,它在宇宙论的神话层面上遭到破坏,而这种宇宙论除了柏拉图自己的想象物之外没有任何其他的根据。我们还会看到,这种萌发的意识也在第一个离题那里遭到破坏,就是说,在这样的观念中遭到破坏:该观念认为,人类在宙斯时代为了保护自己而做出的发明,实际上都是某种十分低劣的东西,跟人群的真正牧者的艺术没法比。

在进入主要的离题之前,我们对这个神话还有最后一个评论。《政治家篇》的目标是什么?它的目标就是:在柏拉图的政治思想背后,在《法篇》的执政官背后,把一些可以称作哲学层面、存在论层面、宇宙论层面的"战略储备"引入进来。因此,柏拉图在《法篇》进行的论证和讨论,旨在表明需要这种或那种执政官;在《国家篇》,柏拉图旨在表明应该是哲学家阶级进行指导和统治。每一次他都试图以推论的方式对所有这一切进行辩护。《政治家篇》的神话也是在这个方向上前进的,不过是以非常深刻的方式介入进来,确切地说,通过讲述这样的故事:在事物的真正状态之中,在克罗诺斯的时代,人类是由神圣的牧者来指导的。在宙斯时代,人们管理自己,这只是"次好的"、第二等的解决办法。现在我们就从这里来到第二个离题。

2. 第二个离题:各种政体的形式

柏拉图区分了各种政体的形式。希罗多德,然后是色诺芬已经使用过这个区分,柏拉图自己也用过,在《国家篇》,他把政治哲学的诸多考虑和社会学与人类学的诸多考虑混合起来,这时候,他区分了不同类型的政体,而且这在政治哲学领域中依然是经典的区分。这个讨论在《政治家篇》反复进行过好几次,不过我们特别感兴趣的是,与政体类型的这种区分有关,有一个著名的离题介入进来,它涉及法律以及这个事实,即不是法律而是科学应该在城邦之中占据优势。政治家拥有这种科学,但是这种科学绝不可能被充分地记录在法律之中或者被法律所再现。

这个离题从 292a 延续到 300c。它是以提出一个最初的基础而开始的。在 292c,外邦人说,但是,从几个人统治或很多人统治或全体进行统治的事实出发,从存在着自由或强制,从这些人是穷人或富人的事实出发,试图依据这样的事实来区分城邦的体制,所有这一切真正是严肃的吗?既然我们已经设定政治技能是一种科学,那么,难道我们不应该联系着这种科学来做出我们的区分吗?小苏格拉底的回答显然是:不可能按照别的方式进行区分。外邦人继续说:

那么,此后出现的问题必然是:在这些体制(Constitution)中,哪一个体制实现了关于人的统治的科学(……)有可能获得的最重要的科学呢?{292d}

我想提醒大家,在此处重现、重复的这个预期理由,是在对话开始的时候就被若无其事地引入进来的,人们在当时可能没有真正注意到它。这个预期理由似乎是不言而喻的,然而却是极其可以争议的:政治技能是一种科学,一种在其强意义上的知识

(*epistèmè*)。这在对话一开始就说过了,由此继续对话,没有人提出争议;说了很多事情,现在终于开始描述不同的政体,而且,这里的描述就像人们通常所做的那样。存在着一些民主制,存在着一些寡头制;有些政体是富人统治的,还有其他的一些政体则是穷人最有势力,如此等等。突然,那个严肃的人、那个外邦人(*xenos*)说:我们在瞎讲些什么啊?难道我们没有说过,正是科学规定了政治技能吗?如果确实如此,那就应该从科学出发来规定其余的事情及其与科学的关系。小苏格拉底当然回答说,确实,你说的有道理,"我们不可能不希望这样"。{同前}于是开始第三个离题,关于科学的离题。但是,这样做的目的只是为了几乎是立即离开它,在292e那里就离开,而且是依据一种极其经验性的、十分偶然的、物质的论说,其性质完全不同于先前的那些先天的考虑。外邦人问道:

那么,我们是否相信,在某个城邦中,民众能够获得这种政治科学?

这里必须注意柏拉图的非凡的修辞学。有些想法,诸如"政治技能是一种科学"等等,似乎是逻辑的、哲学的、先天的,它们就这样走过去了。然而,有一个观念立即就被放在非常高的层次上,这个观念似乎是深刻的——它确实是深刻的——并且引发了大量问题,尽管它是错误的或者说是可以争议的。政治(la politique)属于做为的领域(domaine du faire),做为是一种有意识的活动。那么,是不是有一种关于"做得好"或者"做得糟"的概念呢?当然有这种概念。如果在做为之中存在着有意识的方面,那么,"做得好"只能与这个有意识的方面相联系。因此，一个人越是有意识，他就越是做得好。极限：绝对的知识是否保证正确的做为？也许能够保证。但是在这里，如何达到这个断言：唯有知识（*epistèmè*）能够产生好的政治技能？还有，如何达到这个断言：甚至唯有科学能够定义政治技能的本相？因为柏拉图始终也有这种从规范滑到存在的倾向：好的政治技能是政治技能，坏的政治技能不是政治技能。同样，坏的哲学不是哲学，而是诡辩术。而且，坏的政治技能只不过是诡辩术的一个变种，就是说，贩卖偶像，兜售影像。此外，还应该问的是，这类混淆能够走多远：难道一匹驽马就不再是一匹马了吗？好吧，但是在这里，柏拉图的立场至少在才能的领域（domaine des facultés）是明确的。

所以，我们抨击的这个直言不讳的断言，即断定政治技能是一种科学，实际上是修辞性质的。但是打断这个断言的方式也是修辞性质的，以便于让外邦人能够提出另外一个想法，而这个另外的想法具有完全不同的性质，完全是经验性的、物质的考虑：

——基于这一点，民众是否能够获得这种政治科学？
——这怎么可能呢？
——这样说吧，在一个有一万公民的城邦中，可能会有一百个或者五十个公民掌握这种科学吧？〔同前〕

在这里，小苏格拉底挤进来了，而且说了很多，比他经常表示赞同的五六个语词要多得多：

按照这种算法，政治技能就会是所有艺术之中最容易的艺术了。在一万个公民中找到五十或者一百个棋艺好的人,⁵ 已经是相当困难的事情。所以,对于这种一切艺术之中最难的艺术来说,如果能有一个公民掌握这种艺术,就已经是奇迹了。{同前}

外邦人接着说,在这些情况下,如果这位罕见的公民真正掌握政治科学,那么应该由他来行使 orthè archè,行使正确的指挥{293a}。在这个地方,通过一番修辞上非常绝妙但又极其卑劣的长篇大论,柏拉图从刚刚说过的事情引出诸多推论,并且为权力的绝对性进行辩护:"必须说,这些个人就是真正的君主,无论其他公民是否愿意接受他们的统治,无论他们的统治是否使用成文法(grammata),无论他们自己是穷人还是富人。"{同前}他们的权威符合一种艺术。

这时候,外邦人用医生来作比较,用这个极其诡辩的比较来增强他的优势。这一招只是强化了整个论证的完全是修辞性的方面。因为柏拉图的修辞装备是完整的;尽管他知道怎样把似乎有理之事的描述当作真实之事的证据来使用,他还是不妨利用一下声东击西的策略。很简单:转移一下听众的兴趣,你差不多已经赢了。尽量运用推论、数字等来表明某件事情。于是,你的对手只需叫喊"尼加拉瓜!波兰!国有化!"就可以让民众开始喧嚣……

所以说,这个比较—声东击西的计策相当明显,因为它是由"除此之外"引入进来的:

---

5 按照英译者的说明(参见本书"附录:英译者后记"),这两处引文中的"一万"是误引,也可能是整理讲课录音的时候出现的错误。英译本将其改为"一千"。——中译注

除此之外,医生也是这种情况。我们会因为他是穷人或是富人而说他不够格做医生吗?我们会因为他的活动是否符合成文的规则而说他是更加够格或者不太够格的医生吗?｛参见293a—b｝[6]

你会因为病人拒绝使用医生的药方而说这个药方是错误的吗?显然不会。这让我们重新想到《高尔吉亚篇》,想到柏拉图如何看待医疗的技艺(technè)和修辞学的关系。高尔吉亚告诉我们,他的兄弟是医生,知道治病的良方,但是不知道、没有能力说服病人听从医嘱。因此,修辞学者的作用,也就是高尔吉亚的角色,就在于说服这位病人。在这里,在《政治家篇》,真正的医生——无论他是否知道如何说服,也无论病人是否被说服了——有理由给我们清洗肠胃,割开我们的皮肉,灼烧伤口,动手术,只要他按照正确的话语、正确的逻各斯(orthos logos)来行事。

因此,这种情况也适用于政治家。连说都没有说,全部走私货都在这个地方偷运进来。293c:

在各种政体之中,在不同的政制(politeiai)之中,唯一真正的、好的政制(politeia),将会是这样的,它的统治者确实掌握正确的知识,是一些知道者(epistèmones),是政治领域的科学家。

无论他们依据法律还是违背法律而行事,无论他们统治的臣民是否同意被统治,是否同意被这样统治,这些统治者都会是有道

---

[6] 我认为卡斯托里亚蒂斯在这里指涉的"besides"(法语的 d'ailleurs,"除此之外")是他对希腊词 de 的翻译。——英译注

理的。

　　柏拉图知道如何安排他的业务。他经营这个非常丰富的矿脉,试图从中提炼出最为极端的结论。经过一番表面上十分严格的话语,并且获得小苏格拉底的几次赞成,就在外邦人将要提出结论的时候,小苏格拉底却再次抗拒地说:"你的言论都很漂亮,但是在我们说过的事情中,有一件事情让我感到不舒服,就是这个关于依据法律或者违背法律的故事。"{293e}于是,外邦人再度发言,而且这将是他提出法律批判的机会。人们在这里可能会很正当地想到拿破仑和克劳塞维茨(Clausewitz),想到策略,不过是转换到了话语领域:一旦胜利在握,就必须乘胜追击,不去计较次要的目标,要扩大优势。因此,外邦人继续说:不仅是违背法律,而且他还处死或者流放公民,因为他的做法 ep'agathôi,他如此行事是为了城邦的利益,因为他拥有知识,他知道什么是有利于城邦的事情。这确实是对绝对权力的合法化;正如共产党的总书记知道什么是有利于工人阶级的事情。而且,柏拉图采取的微小预防措施相当搞笑:ἕωσπερ ἄν,"只要","就此而言";ἐπισήμη καὶ τῷ δικαίῳ προσχρώμενοι σῴζοντες(293d—e),当城邦比较糟糕的时候,运用科学和正当(le droit)来拯救城邦,把城邦变得好些……于是,在这些情况下,我们在这里就有了真正的政治家,因此就有了真正的政制(politeia)。所有其他的都是一些混杂的、怪里怪气的模仿,冒牌货,如此等等。

　　这种绝对的权力受到政治知识的辩护,除了它自己的知识所产生的限制之外,没有任何别的限制。或者就是事物的本性对它有所限制。但是在这里丝毫没有明确指出有什么限制。事物的这个本性是什么? 显然,不能强迫人们用头走路,除此之外就没有任何别的了。有谁还可以对王者说"你超出了你能够做的事情了"？以什么科学的名义这样说？凭什么权力？正是王者拥有知识。

于是，在293e，小苏格拉底说了好几句：

外邦人，关于其他的全部要点，你的说法在我看来是非常明理的(metriôs)。但是，关于没有法律而进行统治的职责，这种事情会让人感到不太舒服，难以理解。

事实上，对于希腊人来说，这绝对是无法设想的。请大家回忆一下希罗多德记载的那个名字叫戴玛拉托斯(Démarate)的斯巴达人。当薛西斯(Xerxès)[7]率领波斯大军抵达希腊，戴玛拉托斯叛逃到薛西斯那里。薛西斯确信自己能够取胜，只因他认为希腊人没有君主领导他们进行战斗。戴玛拉托斯回答说："哦！大王！你错了，因为他们拥有一位君主，他们敬畏这位君主，远远甚于你们波斯人敬畏你。""他是谁？"薛西斯问道。"法律(nomos)！"{参见希罗多德,7.104}

一个多世纪之后，小苏格拉底做出同样的反应:政治家能够在没有法律的情况下进行统治,这样的故事说不通。外邦人说，你提出这个反对意见，你做了正确的事情;我期望你这样做，我正要问你是否接受我所说的一切，或者，在说过的这些事情中，是不是有什么断言让你烦恼。外邦人还说："我们现在的意图，就是要阐述这个问题:一种没有法律的统治的正确性。"{294a}然后他开始了一番雄辩，这段著名的雄辩非常漂亮，而且非常真实。制定法律是

---

[7] 另译"克谢尔克谢斯"。——中译注

一项王者的职能。我提醒大家记住《政治家篇》的这个令人吃惊的语言滥用,就是柏拉图不断地把政治家等同于王者。对于希腊人来说,甚至对于公元前4世纪的希腊人而言,这是一个极其怪诞的事情,因为国王就是波斯人的大王,是亚洲的专制君主。在那个时代再也没有人是国王了,甚至连西西里的僭主也都没有敢于这样称呼他们自己。至于斯巴达,"国王"并非真正是国王。可是柏拉图却直截了当地说:政治家,就是国王!

外邦人说:"因为立法者的艺术是王者的艺术即政治艺术的一部分,所以我说的意思是,最好的情况倒不是法律成为至上的权威,而是 andra ton meta phronèseôs basilikon,有实践智慧(phronèsis)的王者成为至上的权威。"{同前}实践智慧根本不是审慎(prudence);它是判断力的创造性方面。它并非只是把具体案例归属于规则之下的能力,甚至也不是通过各种案例而找到共同规则的能力,如同康德说的那样。实践智慧就是在一个独特案例的基础上找到一个原创的规则,该规则适用于这个案例,而且也许适用于将来的其他案例。一个独特的案例突然出现了,不可能归入已经存在的法律之下。政治家、国王(basilikos)应该进行统治。为什么?因为法律行不通:

——法律从来不能通过确切地把握对于所有人来说的最好和最公正的状态从而做出最完美的规定,因为人与人之间有差异,人的行为有差异,人类事物事实上几乎没有一样是从来静止不动的,这些都不容许宣布对于一切时代、对于任何质料以及任何科学上的一切情况来说都是有效的任何绝对之物。这些看法我们可以同意吧?

——毫无疑问!

——但是我们看到,法律恰恰倾向于这样做(就是说,倾向于处处推行同样的规则,把同样的规则强加于一切境况,就好像一个傲慢的、自负的、无知的人(*anthrôpon authadè kai amathè*),不容许任何人做任何违背他的命令的事情,甚至不容许对他提出疑问,甚至尽管出现了某种新东西,也不容许在他发布的规则之外更好地做事。(294b—c)

这个傲慢、自负、无知的人就是法律。我说什么就是什么,绝不更改:"穿上雨衣!"有人回答:"可是太阳已经出来了"……"我说怎么样就怎么样。"法律已经一劳永逸地说过了,而且它坚持它所说的,不接受讨论,也不接受反对意见。

这段话浓缩了柏拉图在这个主题上提供的整个一系列其他的发展,尤其是在《高尔吉亚篇》提出的发展,并且对它们进行了汇集整理。这段话也是后来亚里士多德的《尼各马可伦理学》第五卷论述衡平概念的起点。[8] 这个观念也是黑格尔对他所谓的"抽象的普遍"提出的全部批判的核心和基础。黑格尔的批判一方面针对康德,另一方面也针对一般意义上的关于抽象的普遍的哲学,他的整个批判都可以在这里找到。而且,所有这一切都与柏拉图哲学的一个非常深刻的动机交错起来——此外,这个动机还是矛盾的——我们在这里又一次处于完全的紊乱之中。这个动机之所以

---

8 参见柯奈留斯·卡斯托里亚蒂斯:"价值、平等、正义、政治:从马克思到亚里士多德,从亚里士多德到我们",收入《迷宫的交叉路口》(«Valeur, égalité, justice, politique, de Marx à Aristote et d'Aristote à nous», *Les carrefours du labyrinthe*, paris, Éd. du seuil. 1978; rééd, coll. «Points Essais», 1999)。——帕斯卡尔·维尔奈注

是矛盾的,一方面是因为我们持有这个在此处与法律相关的主题,即法律总是在重复相同的事情;而且这个主题可能会在1001个不同的形式上反复提出来;至少必须用衡平来补充和补足法律。另外,在这个地方,这种法律批判还可以采取社会主义的形式:例如,法律严禁穷人睡在桥下,同样严禁富人睡在桥下。或者,法律禁止偷窃。我们还记得雨果的《悲惨世界》:有一个人快要饿死了,他偷了一条面包……结果得到的是五年苦役。

柏拉图的法律批判谴责法律是拒绝倾听反对意见的、盲目的、不变的规则。这个批判与柏拉图那里经常出现的另一个主题相交,后者完全符合他所思考的事情,这就是针对与生动的话语相对比的文字的批判。[9]

在这个方面,基本的文本是《斐德罗篇》。还有《第七封书信》,我相信这封书信不是真迹,然而其中的哲学段落却是由深知柏拉图事务的某人所撰写……文字一劳永逸地冻结思想;相反,在生动的言说中,在对话中,在我言说的时候,我可以改口,可以改正错误。一本书一旦写成了,就成了一桩定案(décret)。它一劳永逸地在那里,人们不能改动它。另外,《斐德罗篇》提出的论证完全是正确的:人类总是健忘,为了帮助人类克服这个倾向,埃及人的神灵塞乌斯发明了文字(lettre),将其交给人类;埃及的贤哲却对塞乌斯说:"哦,英明的塞乌斯,你认为找到了治疗人类遗忘的药物,你发明了一种毒药来帮助他们记忆,因为现在他们有了文字,他们将会信赖文字,而不是信赖他们自己的记忆力。" |参见《斐德罗篇》,

---

[9] "文字的批判"原文是"la critique de l'écrit",意思是"对于成文的东西的批判"。为了译文简洁,这里把"成文的东西"译作"文字"。——中译注

275a│ 确实如此：如果你当一段时间的违法犯罪分子，你将会吃惊地发现，你有能力记住200个电话号码；但是在正常状态，你却总是需要翻阅通讯录来查找男友或女友的电话号码。从你知道某个事情已经被记录下来的那一刻开始，你就信赖它，并且不再动用你的记忆力。这很正常，而且是生理学上的情况。另外一个例子：在法庭上，目击证人越是不识字，他就越是能够准确地重构1985年8月4日在阿尔贝维尔（Albertville）和瓦尔-迪塞里（Val-d'Isère）之间发生的事情，回想起轿车的颜色，等等。

因此就有了这个主题，即文字批判、法律批判，对于符号化的抽象思想的批判，这种抽象的思想对立于话语所传递的活生生的思想。德里达（Derrida）的《声音与现象》从这个主题引出很多东西，而且，人们可以在一般意义上把它与这样的一种见解联系起来：这种见解在此预见到一些非常晚近的构想，几乎预见到奥古斯丁的构想，预见到整个基督教的想象之物。柏拉图在很多方面都是如此，预见到后来的思想。这种见解就在于认为，真理是活生生的主体性。真实的东西是这个振动的声音，是正在发生的思想劳作、自行纠正和发明，是人们在进行讨论的时候目光之间传递的这道火花，等等。其余的东西，写上字的纸张、书写的痕迹，都是生命经过之后留在后面的死去的残留之物。我正在思考，我真实地处在思想的真理之中，这是一种主体性的活动，是灵魂与它自己的对话——柏拉图多次重申这一点——然后，我把这个现在已经死去的思想的某些方面、灵魂的这场自我对话的某些方面，记录在纸上、刻在大理石上、写在莎草纸上、写在羊皮纸上。这不是真理。

你们看到，围绕这个主题，有一整套哲学灵感延续下来，甚至滋养了克尔凯郭尔（Kierkegaard）。这种哲学灵感认为，与主体性的一切作品相比,尤其是与文字相比,主体性的真理乃是源泉。但是不仅如此。因为,用一种蕴含着巨大的时序错误的说法来讲,这个针对作品的批判,就作品对立于主体性而言,也是针对整个对象化所包含的异化的批判:生产出某个作品的创造者把他自己的一部分存在让渡给这个作品,在这个作品那里丧失了他的实体,比他从中永恒地获得的东西更多。这不仅是因为我沉溺在我的作品之中从而丧失了我的生命,而且还因为,与我在我的思想官能、我的活生生的思想活动的官能之中的存在相比,我的作品更少真实性。这种观念已经存在于《政治家篇》的这个段落中,也存在于《斐德罗篇》的文字批判之中,而且经常出现在柏拉图那里。

我刚才说过,我们在这里又一次处于紊乱的境地,处于非常深刻的矛盾之中,这是因为,对于柏拉图本人而言,这种观念与他的哲学的奠基石形成了矛盾,就是说,与这个观点背道而驰:存在是本型(*eidos*)。存在是本形,真正的存在是诸多本相。本相并不是主体。也许有某种东西不容许硬要不惜一切代价地把柏拉图思想的这些趋向面对面地安排好,使它们变得"融贯";另一方面,在某种终极点上,二律背反发生了缓解,两件事情在那里汇聚一处,而这恰恰就是《国家篇》的著名观念:*agathon*,"善",不是一种本质(*ousia*),也不是本相,而是超越本质或本相之外,而且可以说,它给本相赋予本质,同时也给本相赋予可知性;它是一种元—本相(méta-Idée),或者是元主体,上述两者在其中结合起来。所有这一切依然纯粹是谜一般的分析,什么都没有提供。在这个分析的下面,我们立即看到下述事实表露的裂口:一方面,与既定之物的物质性相比,任何主体都是无能为力的,甚至最高主体诸如《蒂迈欧篇》的造物主也不例外;但是另一方面,任何主体本身又服从于那些形成了本相、本形的规则。因此,真正的存在就是始终等同于自己的东西,是本形;还有另一个方面,至少是在涉及人类领域的时候,而且或许也是在这里,诸多二律背反被缓解了一些——柏拉图在这个方面不断地肯定说,真理站在活生生的言说着的主体这边,而不是在主体已经生产出来的东西这边。真理在话语之中,而不是在文字之中;真理在王者的知识和意志之中,而不是在法律之中。那么,为什么还有必要在缺少王者的情况下支持法律呢?关于这个问题,我们等下一次课再来讨论。

从这个视点来看,我们再次发现怀特海的说法多么有道理:他说,整个西方哲学也许可以看作柏拉图的文本引出的一系列注解。[10] 确实,要不是其他人已经做过注解,以他们自己的荒唐方式、在某些方向上做过注解,我卡斯托里亚蒂斯也就没有能力引出这些注解。就像是这样的情形:尽管柏拉图自己正在走向关于这个事情或那个事情的极端结论,但是在这个时候,整个思想运动仍然在那里发现它的起点,发现无穷的萌芽以这样的方式发展起来。

问题

关于口头话语:什么是真正的真理?

你的问题很清楚,但是你又重复了我在讲到"紊乱时刻"的时候说过的东西。在柏拉图那里有两个事情,我不知道人们能够怎样在它们之间做出决定。柏拉图谈到法律的时候说,任何法律并不是虚假的,而是不合适的,与它所涉及的事情不相称,这就是说,

---

[10] 阿尔弗雷德·诺斯·怀特海:《过程与实在》(Alfred North Whitehead, *Process and Reality: An Essay in Cosmology*, 1929; rev. ed. New York: Free Press, 1978),第 39 页:"对欧洲哲学传统的最保险的刻画,就是认为它是柏拉图的一系列注脚。"——英译注

涉及调节人类生活的问题，法律是不合适的。我们将会看到，正是一些荒谬的情况导致了他的法律批判。这个故事牵涉到什么问题呢？显然，是我正在说：柏拉图没有看到关于建制的问题，德里达在他的《声音与现象》中也没有看到这个问题。柏拉图没有看到在主体性和它的作品之间发生作用的关系。这个正在言说的人，这个活生生的声音，这个活跃的思想确实是可能的，仅仅因为存在着一些作品，就是说，因为存在着一些建制。这些建制都是建制性活动的产物。确实，有一种异化始终存在于历史之中，这就是在作品面前丧失自己，而且，这种异化的存在不是对于个人主体来说的，而是对于整个人类来说的。这种异化就是人类与它的诸多建制的异化。忘记了人们正在进行建制，而且是由于各种深刻的原因。这是非常令人烦恼的。

更一般地说，我们可以认为，柏拉图没有看到的东西，也是德里达在他的声音中心主义批判之中没有看到的东西，就是这两者之间的关系：一方面是活生生的主体，或者是活生生的主体组成的集体，或者是进行建制的社会；另一方面则是作品或者建制。

1986 年 4 月 23 日的研讨课

请大家回想一下《政治家篇》的奇特结构。非常奇特的结构，而且，如同人们所说的，确实无需用力推进，我们就已经能够在这个结构中区分出关于政治家的三个定义或者至少是两个半定义，其中前两个定义是明显的。柏拉图先是把政治家定义成人群的牧者，然后又在论证的基础上把这个定义抛弃了。不过，这个论证甚至在开始之前就是显而易见的，它认为，在牧者和他牧养的动物之间存在着本性的差异，但是对于政治家及其照料的"群"而言，就不能这样说了。充其量，若是有一位神的话，才可以这样说。于是这就导致第一个离题。

柏拉图随后提出第二个定义，更确切地说，他就像变戏法那样掏出一个范例，即关于编织的范例，恳求小苏格拉底和他一起检查这个范例，一起来碰碰运气，希望这个范例能够揭示出什么是政治家。于是，人们开始分析编织，最终的结论认为，政治家事实上是一位编织者。由于已经给出了对于组成城邦的不同活动和不同艺术的区分，人们将会受到引导，以至于会认为这个编织者编织的就是社会的经纬线。但是，事实上根本没有这回事，因为就在人们以为麻烦已经结束的时候，却发现重要的事情并不是城邦的不同行业之间的区分，而是灵魂的不同官能之间的区分。这些灵魂的官能是以人类学和社会心理学的方式表达的——如果可以这么说的话——它们被描述成在本性上是相互对立的:例如,极端勇敢/极端审慎。因此,作为编织者的政治家需要把各种各样的德性编织起来,或者毋宁说,需要把各种德性的诸多潜能、各种德性的这些潜能(dunameis)编织起来。

人们可能会偶然注意到,对立的潜能以背反的方式构成的唯一的例子,就是关于勇敢的例子……然后,对话达到这个关于恶行和德性的定义,并且把它留在那里。可是在此期间,我们得到至少八个附带插入,其中有些非常重要,涉及如何把事物划分成种类和部分,以及划分所依据的视点的重要性,还有关于范例和元素的主题,最后还有相对尺度和绝对尺度。

所有这一切可以和什么做比较呢?也许可以和戏剧比较,可以和有说有唱的悲剧相比。或者堪与歌剧相比:宣叙调、咏叹调、二重唱、芭蕾等相继出场。

因此,这篇对话有两个半定义、八个附带插入、三个离题。我这样做出武断的区分:如果对话中的论证很长,就把它当作离题来看待;如果论证相对较短,而不是由于主题不重要,那么我就将其当作附带插入来看待。

五、三个离题(续)

1. 第一个离题:涉及克罗诺斯统治的神话(续)

唯有这个时代,人们才可以真正地说它是神圣牧者的时代,这个时代的神是属于克罗诺斯之类的神,带有克罗诺斯的面目;克罗诺斯真正地照管人类,也照管其他的一切事情。他照料、牧养每一个人、每一个造物,就像人们今天所说的那样。在这里存在着性质的差别、本性的差别,使得人们可以谈论作为人群之牧者的指导者、政治家。

在讲述这个神话的过程中,出现了一个令人惊讶的观念,即关于时间过程的逆转的观念:在克罗诺斯的统治时期,在某个既定时刻,不知道是为什么,神抛弃了世界,把世界抛给它的命运。然后发生了各种过程的巨大逆转,使得万物反向运行;它们的运行方向对于我们来说似乎是正确的方向,诸如小孩子长大、植物长高、太阳东升西落等等,然而这是万物的真正秩序的反面。这显然是在暗示这个事实:哲学揭示的真相,在常识的观点看来却是绝对疯狂的;它是颠倒的世界。至少是从赫拉克利特以来,这个主题就经常出现在哲学家们中间。柏拉图在这里重新提出了这个主题。接下来,世界被丢给它自己的命运,它尽力组织起来,可是一切都变得越来越不好,万物走向败坏——除了别的原因之外,毫无疑问也是由于人类没有自行统治的能力——直到整个宇宙濒临全面瓦解的时刻,神再度掌管世界,重新登上舵手的位置,坚决扭转万物的行程,全神贯注地统治宇宙,把宇宙放到正确的轨道上。

至于柏拉图引入这个神话的动机,我在上一次课已经讲过几句。我的假说认为,并不是为了辩护对话之中所说的东西而把神话引入进来,而是为了辩护这个神话才把对话引入进来。等到我们的讨论快要结束的时候,将会谈论这篇对话的整体结构,到那时,我们还要回到这个问题上来。

2. 第二个离题:涉及政体的形式(续)

这个离题出现在两个片段:一个片段是 291d—e;另一个片段要长得多,从 300d 到 303b。这里确立了关于政体的一种划分,评价了各种政体,至少是评价了那些最不坏的政体。在这个地方,文本的组织仍然既不是方的也不是圆的,不是线性的;但是更好理解。首先,在历史上说来,有关政体的类型学问题在柏拉图时代并没有充分地制定出来。希腊人以经验的方式把王权制(royauté)或君主制与他们一般称作贵族制的政体(没有进一步区分)以及民主制对立起来。此外,对于他们来说,君主制是史诗时代的往事。而且,对于希腊人来说,君主制本质上是作为野蛮人的统治形式而存在的。正是野蛮人实行君主制或者王权制。在斯巴达确实有几个国王,但是与真正的国王完全不是一回事。斯巴达的国王拥有某些制度上的权力,首先是军队的首领,在某种程度上是世袭的、常任的统帅。

我已经说过,关于各种政体的合乎规则的划分,最早是由希罗多德提出来的,大约是在公元前440—前430年。这个划分出现在三位波斯总督的讨论过程中,他们讨论的议题是,在篡位者司美尔迪斯(Smerdis)被刺杀之后,应该向波斯人提供的最好的政体是什么。在讨论期间,欧塔涅斯(Otanès)捍卫民主制,反对美伽比佐斯(Mégabyze,此人是寡头政治派)和大流士(Darius,此人是君主政治派),不过,他的论证非常古怪。后来有智者派,然后是修昔底德,如此等等。于是,有关不同政体及其形式和分类的讨论开始显露出来,但是这种讨论仍然相当粗略。

柏拉图在《国家篇》中提出了他自己对于各种政体形式的说明。此处重申了这个说明,不过是从另一个角度。我们来回想一下发生的事情:在开始的时候,他非常奇怪地区分了五种政体,目的是为了到最后提出七种政体。此外,他在对话中做出了诸多区分之后,人们将会料想到这种结果。从他的视点看来,这是正确的划分,正确的类型学。为什么是七种政体?因为有一种政体是唯一的好的政体,唯一的真的政体:这就是真正的政治家进行指导、进行统治的政体。人们将会详细地而且是极其厌恶地(*ad nauseam*)看到,这位政治家的统治是否依据法律、是否依据成文法(*grammata*),这实际上无关紧要。他知道必须决定什么事情,他命令这个事情,这个事情就定了。这就是绝对,像任何绝对一样,这个绝对是一个。不存在几个绝对。

接下来是次好的政体,这些都是寻常的政体,希罗多德已经将其区分出来。不过,在这里有一个补充的区分。因为在第三个离题中——这个巨大的离题出现在 292a—300c,可以给它加上"唯有科学界定政治家"的标题——柏拉图已经确认,首先需要的是政治家的科学,因此需要的是政治家或王者(homme royal)实行绝对统治的政体["国王的"("royal")这个形容词是语言的可怕的滥用,非常反希腊]。他已经确定了这一点,同时却又承认,这种政体实际上从来都没有存在过,因此,他被迫开始他所谓的"第二次航行",转向"次好的"政体:在没有这种"王"者的情况下,我们可以拥有成文法。但是,这个权宜之计、这个较小的恶,是经过一番针对成文法观念本身的毁灭性的批判之后才获得承认的。请大家注意,这个批判在其核心方面是完全公正的。这标志着柏拉图的天才。至于他如何使用这个观念,这显然是另一回事。

因此,如果我们把依据法律的政体当作第二种解决办法,"不太坏的"解决办法,那么我们就可以重新采用传统的类型学:一个,几个,全部。不过,遵循的标准是:依据法律或者没有法律。于是就会有:

——一个统治者,依据法律,这种政体是真正的君主制;没有法律,这种政体就是僭主制;

——几个统治者,依据法律,这种政体是良序的寡头政治;没有法律,则是僭主制的寡头政治;

——民众依法统治,这将是一种可以忍受的民主制;没有法律,则是一种坏透的民主制。(在这里,柏拉图有些预见到了托克维尔提出的关于暴虐的(despotique)民主制的观念。)[1]

柏拉图最终达到的划分就是这样,我在后面还要谈到它的一些更加微妙的要点。但是,第二个离题,这个有关政体形式及其评价的离题,连同克罗诺斯的神话,都被另一个中心的而且是真正的重点打断了,被《政治家篇》的另一个重要离题打断了:科学,关于政治家的唯一的定义。

3. 第三个离题:唯有科学界定政治家

在某种意义上,第三个离题好像也是关于政治家的第三个定义。这个离题的展开可以重构成如下五个步骤:

(1)292e:柏拉图为这个讨论设置基础。

(2)293:然后,他指出这个定义的绝对特征。

(3)294a—c:接下来是一段冗长的讨论,详论法律及其本质性的缺陷。

(4)294e—297d:由此得出的结论是在可以称作第一次航行的事情那里得到的;柏拉图在那里界定了王者的绝对权力。

(5)297d—300c:第二次航行,把法律的相对权力而不再是绝对权力描绘成较小的恶。

---

[1] 参见托克维尔:《论美国的民主》(Tocqueville, *Democracy in America*) 倒数第三和第二章。——英译注

为了接下来要进行的讨论，我打算迅速抓住这段文本、这个离题的骨架。

它在292那里是这样开始的：在讨论了第二个离题关于政体形式所说的一些内容之后，突然，来自爱利亚的外邦人恢复清醒，拍着额头说：我们这会儿正在做什么？我们已经把开始就说过的东西都忘记了：不能根据富裕或贫穷，不能根据一个人统治或几个人统治来界定真正的政制（*politeia*）、真正的城邦；应该用某种别的什么东西来界定它。这种别的东西就是 *archè basilikè*，政治的、国王的统治，政治的、国王的权力。顺便再次注意一下，在整个文本中，"政治的/国王的"这两个词项一直都是可以互换的。这在那个时代一定是非常令人吃惊的。而且对于我们今天来说依然如此：不能把政治家称作"国王的"。在"坦途、皇家大道"（"voie royale"）或者扑克牌游戏的"同花大顺"（"flush royal"）这样的说法中仍然可以看到一种隐喻，但是，人们不明白政治为什么就是国王的艺术。

这样，外邦人恢复了清醒，他说道，显然，正是知识（*epistèmè*）界定了国王的艺术，而且，如果我们想要与我们说过的内容保持一致的话，那么就必须把这一点放在基础之处。小苏格拉底当然表示同意，于是，这篇对话以及柏拉图关于政治家的整个思想的根本公设立即随之而来。外邦人向小苏格拉底问道：

——好，你是否认为，一个城邦的民众能够获得这种科学？

——怎么能够这样认为呢？

——那么，在一个一万人的城邦之中，会有一百人能够以令人满意的方式获得它吗？（292e）

小苏格拉底回答说,如果实际情况是这样,那么政治就是所有科学之中最为容易的,因为即便是在跳棋游戏中,"在一万个[2]希腊人当中也找不到如此比例的一流选手"!｛同前｝因此,无论涉及几个人的统治还是所有人的统治,对于我们来说重要的而且是唯一重要的事情在于,这种统治是否正当、是否正确(orthè),也就是说,是否依据科学。

因此,依据科学来进行统治的统治者,"无论他们的统治符合还是违背其臣民的意愿,无论其统治是不是有成文法的支持,无论他们是富有的还是贫穷的",｛293a｝等等,这些都无关紧要。这些表述在希腊语中都是粗暴的,但是从修辞的、文学的观点来说确实精彩:*eante hekontôn eant'akontôn*——这些都是自从高尔吉亚以来开始采用的韵脚——*eante kata grammata eante aneu grammatôn*,｛……｝*ean ploutountes è penomenoi*;如果他们依据科学来进行统治,那么他们就是好的统治者。

这里不得不赞叹柏拉图的诡辩和修辞,因为这是地地道道的修辞。它在人们没有太多反思的时候获取了他们的忠诚。因为在柏拉图对话的上下文中,尤其是在《政治家篇》,言论的极端大胆和激进掩盖了这个修辞的、诡辩的方面。我们是在希腊,在这样的国家,据希罗多德的记载,斯巴达的叛逆国王回答薛西斯说,希腊人也许没有像薛西斯所设想的那种首领,但是他们有一个他们更加敬畏的首领:*nomos*,法律!而柏拉图在这里竟然说,不论政治家的

---

[2] 按照英译者的说明(参见"附录:英译者后记"),这两处引文中的"一万"是误引,也可能是整理讲课录音的时候出现的错误。英译本将其改为"一千"。——中译注

统治是否依据法律(nomos)、有没有得到赞成,只要他拥有知识(epistèmè)……这是骇人听闻的!

就在听众近乎发懵的时候,诡辩借着医生的例子悄然而至。外邦人说,我们是怎么对待医生的?如果他们拥有医学知识,无论他们开刀、针刺或是烧灼,无论病人抗议还是同意,无论他们遵循希波克拉底(Hippocrate)、遵循医学词典(Vidal)或是凭记忆开处方,无论他们富有还是贫穷,只要他们是医生,那么他们就依据医学来行动。而且病人服从!这里完全是同语反复,A = A。如果他是医生,那么他就是医生。柏拉图说,这就是我们所说的医学。"当然。"小苏格拉底回答。那么,对于城邦来说也是这样,只有当它们是由 archontas alèthôs epistèmonas 来指导、由一些掌握真正的科学的首领实行统治,由真正的科学家实行统治,这时候,才可以把它们称作是正确的{293c}。不过,这些并不是自然科学意义上的科学家,而是知道政治事务的科学家,此外,也是知道一切事物的科学家。不仅看起来是科学家,ou dokountas monon{同前}。而且,无论统治者是富有还是贫穷,无论人们是否愿意被他们统治,这些都是无关紧要的!

"确实如此。"小苏格拉底再次表示同意。但是,他在这里说得有点快了,稍后就在293e收回了他的全面赞同。

这一番修辞的海啸淹没了听众和读者,赢得了他们的理智和忠诚。然而,外邦人顺势而行,继续彻底利用其优势。这里仍然需要克劳塞维茨的策略:一旦打开缺口,就必须派遣最大数量的军队冲进去粉碎一切抵抗。这么说来,只要是为了清理、净化、打扫城邦,王者可以处罚、杀害、驱逐人民。为了城邦缩小规模,他可以把公民像蜂群一样遣往殖民地;或者相反,由于城邦必须扩大规模,王者可以"从国外输入人口,并且创造新的公民"。(293d)无论何时,无论何处,只要他是在运用科学和正当来做事,那么他就是在把城邦从不太好的状态变成尽可能较好的状态,从而是在拯救城邦。所以,这样的城邦我们应该称之为真正的城邦;而且,这还含蓄地意味着,唯有这样的指导者才应该被称为真正的政治家。至于其他的人,我们此刻对其不感兴趣。

但是小苏格拉底在这个地方清醒起来,他说,外邦人,你到目前为止所说的一切都好极了,只是有一件事情让我觉得难以理解。我们会说是"难以吞下去"。这就是有人竟然能够在没有法律的情况下进行统治。外邦人对此回答道,你有一点跑到我前面去了,因为我正要问你是否真正赞成所有这些反思。现在让我们来检查这个问题:能否存在一种依据法律或者没有法律的公正的统治?外邦人继续说,为了进行这项检查,首先必须假定立法的艺术在某种方式上是国王的艺术的一部分,*tès basilikès esti tropon tina hè nomothetikè*{参见294a}。最好的情况不是法律进行统治,而是有实践智慧(prudence)的王者进行统治,*andra ton meta phronèseôs basilikon*{同前}。这话似乎是多余的,因为人们会感到纳闷:没有实践智慧(*phronèsis*)的王者会是什么样子,既然实践智慧似乎是国王的艺术的一个绝对中心的成分。让我们先把这个放在一边。但是,人们为什么必定更喜欢王者而不是法律统治的政体呢?接下来这一段,就是我曾经向大家说过的精彩而又十分真实的段落。我给大家读一下我的翻译:

法律从来不能通过确切地把握对于所有人来说的最佳和最公正的状态从而做出最完美的规定,因为人与人之间有差异,人的行为有差异，人类事物事实上几乎没有一样是从来静止不动的，这些都不容许宣布对于任何质料和任何科学上的一切情况、一切时代来说都是适用的绝对的东西。(……)但是我们看到，这正是法律想要达到的，也就是说，宣布一些对于所有人和所有的情况来说都是绝对的东西，就好像一个傲慢而无知的人，不容许任何人做任何违背他的命令的事情，也不容许对他提出质疑，甚至尽管出现了某种新东西，也不容许在法律的规定之外做得比法律所要求的更好。(294a—b)

大家可以看到，这段话极其有力，而且乍一看来全无诡辩。很简单，在某种意义上，这是柏拉图第一次有力地宣布抽象的普遍与具体之间的对立。抽象的普遍显然不可能涵盖具体的东西、现实的东西，不可能与后者符合、重合，不可能与后者没有距离。柏拉图运用了这个精彩的隐喻，*anthrôpon authadè kai amathè*，一个傲慢而无知的人，不管别人对他说什么，他始终做出同样的回答：不要那样做。"可是孩子们要死了！""可是敌人已经进城了！""可是房子着火了！""不，不，"他重复道，"必须这样，不要那样。"法律就像是一张划伤的唱片。

柏拉图还提出了另一个非常漂亮的表述：始终简单而绝对的东西难道就不可能与绝非简单、绝非绝对的东西有一种正确的关系吗？这是关于法律的必要性的另一种表述。既然法律并不是人们可以设想的最为正确的东西，那么为什么在这些情况下还有必要制定法律呢？"我们必须为此找出理由。"(294d)在举出了各种事例之后(我们在此对这些例子不太感兴趣)，外邦人提出体育教练的例子：他们不可能进入细节(*leptourgein*)，进入到"个别情况的细枝末节",而是提出一般性的训练原理,甚至把这些原理写下来,无需深入细节。"他们要求一群学生(sujets)做同样的体能训练……或是所有其他的训练",(294d—e)无需讲述个别的规定。因此,这是一种经济原则:设想对于大多数情况和大多数主体(sujets)来说的最佳规则。抽象的普遍作为经济。这个主题将会在哲学史和认识论上变得非常重要,当我们试图以集合—同一论的方式(ensidiquement)进行思考的时候,它几乎无处不在:人们试图达到更少的规律,把全部定理都简化成很少的公理,等等。

因此,教练给体育学校所有接受训练的人提供的是一般性的规则。外邦人说,涉及法律而言,也是这样的情况。因为一位王者、一位统治者怎么可能时时处处向臣民(sujets)命令他们必须严格完成的事情呢?那样他就得花费时间坐在每个臣民的床边,*parakathèmenos*(在床边){295a},向他们规定他们应该做的事情。因为必须这样来理解王者应该做的事情。而且,正是为了补救这种不可能的事情,人们必须制定法律。

人们已经能够看到许多掩盖起来的陷阱,为了通过这个段落,就必须避开它们。其中当然包括这个与体育学校的比较,不过首先是包括把王者预先界定成拥有知识的人。自此以后,这个定义不再可行,因为这样的王者将会不得不经常待在每个人床边,或者是待在每个人身边。然而希腊词 *parakathèmenos* 让人想起病卧在床的病人形象。医生来了,坐在病人边上,给他把脉,量体温,看看他的舌头,如此等等。医生坐在边上:*parakathèmenos* 这个词没有任何其他的用法。但是,如果这个比较说的不是组成这个城邦的每个人都病了的话,那它还意味着什么呢!谁告诉我们他病了?这是在文本的隐含假定中间偷偷溜进来的。由此还出现了这样的必要性,即需要一位医生始终坐在病人床边。由于不可能有这样的一位医生,于是得出一份处方:一天四片阿司匹林。然后没有别的了。这就是"次好的"情况,第二次航行(*ho deuteros plous*)。

接下来就是阐述这个比较,柏拉图在这里确实进行"推动",因为他做了一番仔细的比较,既是为了强化他的观点,即认为法律的确只是一种不太坏的解决办法(绝不是好的解决办法);与此同时,也是为了表明,这毕竟是一个解决办法,尽管只是不太坏的办法。他还在第三个阶段上再次阐述这个比较。假设有一位医生或者教练将要出国,由于担心他的病人或运动员可能会忘记、疏忽他说过的事情,于是就把他们必须要做的事情记下来交给他们。他只能这样,不可能做别的。外邦人说,我们再假设,后来发生了超乎预期之外的事情,医生提前回国了。他留下了一份六个月的医嘱,但是他在第三个月的月末就回国了。他去看望自己的病人并对他说:你的病情有所变化,必须改变治疗方案。可是病人却说,哦,不!千万不要!既然已经写下来的这些文字是六个月的处方,那么我就遵守六个月。如果这样的话,我们会怎么看这位病人呢?小苏格拉底确定地回答:"那将是极其荒唐可笑的。"{295b}因此,如果是这样的话,那么在涉及正义和非正义、美与丑、善与恶的时候,一旦它们被定义,为人群而被写下来,这时候我们也必须做出同样的判断。如果制定法律的人想要修改这些法律,那么他可以合法地强制规定新的规则,无需费神去说服城邦的居民。而且,如果百年之后出现了另一位伟大的人物,与第一位立法者类似的另一位国王(*basilikos*)——这种类似不是根据现象,而是 *de jure*,即有权利这样做——那么同样的事情也行得通。他有权甚至是有义务去规定其他的规则。"当然。"小苏格拉底表示肯定{296a}。

然后,外邦人再次利用自己的优势。在这些情况下,必须反驳希腊人通常的说法,即如果某人知道比现存法律更好的法律,那么他应当尽量说服他的城邦采纳这些法律;如果他的说服工作没有成功,那么他就不得不放弃。这实在是非常有趣:柏拉图不断地表明——不过是用否定的而且似乎是嘲弄的腔调——民主实践的真正原理如何如何,这都是人们通常知道的东西,不言而喻的东西。果然,小苏格拉底有些惊讶:人们所说的难道不是真实的吗?

——难道他们没有理由吗?
——也许吧。但是,如果某人不经过他人同意而把正确的东西强加于他人,那么你会怎样称呼这种强制呢?(296a—b)

例如,人们强迫一个小孩子去做他应该做的事情,尽管他不知道这是他应该做的。或者,人们强迫一个病人服从治疗,如此等等。于是,小苏格拉底不得不同意这些都是正确的。好,对于政治技能来说也是这样:如果某人不管那些写下来的东西,也不管那些祖制(*patria*),就是说,不管那些来自祖先的传统——我马上就会谈到祖制——如果这个人强迫城邦服从,而且是为了责成公民去做某种更加公正、更好、更美的事情,那么,对他的指责就会完全是荒谬的。而且,无论他是富有的还是贫穷的,无论他是否花费心思去说服城邦,这些确实都毫不重要。

对于一艘船的船长来说,情况也是一样的。也是在这一段,有一个十分漂亮而且残暴的说法——最终是残暴的。所有这些都非常含混,回头我会做出解释。作为一名出色的航海者,船长做什么?让我们夸张一些:一艘船在暴风雨中航行,并且服从愚蠢的章程,船长要怎么做?他发出命令,他的命令有可能违背这些章程,至少是不把自己的命令强加于这些章程,但也不尊重这些章程;在这样做的时候,船长"提出他的技艺作为法律",*tèn technèn nomon parechomenos*{297a}。这个说法非常漂亮,在某种意义上,它预见了康德的第三批判,尽管所有这一切都还是含蓄的,而且没有任何人做过明确的阐述。因为康德在《判断力批判》中所说的恰恰就是这个,*tèn technèn nomon parechomenos*。就是说,天才的作品唯独在其艺术的基础上提供一种法律,艺术在这里指的是这种把想象力和知性结合起来的能力。柏拉图在此处已经提出了康德的说法。

大家还记得怀特海的话:整个西方哲学只是柏拉图文本的注脚。不仅是注脚,因为在这里更像是普鲁斯特(Proust)的纸卷:在著作末尾有个短语说到韦尔杜兰夫人家里可能举办的一场社交聚会;等到打印出来长条校样,这个短语已经变成了长篇。哲学也是这样:在这里拿出一个玩意儿,后来就像普鲁斯特的短语一样膨胀起来,因为这就是文本的潜力。

外邦人说,因此,城邦犹如这艘船。在这个地方,单纯的重复填补了论证之力的匮乏:民众绝不可能分有这种科学,从而凭借理智、凭借精神(*meta nou*){297a,297b}来统治一艘船只或者一座城邦。所以,政治家、王者统治的城邦是唯一正义的城邦,唯一正确的城邦,所有其他的城邦只不过是一些模仿(*mimèmata*){297c}。这是柏拉图那里始终存在的重大主题,存在论的主题:世界是对于活生生的永恒的一种模仿;其他的城邦都是一些模仿……

如果其他的城邦就是这样的话,由此可以引出结论:既然它们没有这位王者,它们最好是利用成文法来保全自己,不允许任何人侵害这些法律。这是良好统治的第二等方式。随后出现了一种离题中的离题,离题之内的附带插入,它是一种指控,显然是以反讽的方式提出的指控,针对民主制,尤其是针对雅典的民主制。

但是我提到过,必须解说一下关于祖制(*patria*)的概念,解释一下我们父辈的法律(参见芬莱的著作[3])。因为在公元前4世纪,甚至是在公元前5世纪末,与人们可能持有的看法相反,雅典的祖制就是民主制。这并不是革命之前的旧制度;不是克利斯提尼甚或梭伦之前的某种贵族政治。当民众(*dèmos*)反抗公元前411年的寡头制政体的时候,或者后来反抗三十人僭主政治的时候,民众恢复了祖先的政制(*patrios politeia*),恢复了我们父辈的政体,也就是民主制。柏拉图抨击了这种观念,即认为我们父辈的政体是某种碰不得的东西,由于那是我们父辈的政体。柏拉图的指责完全是有理的:并不是因为那是我们父辈的政体,所以就碰不得。只不过他所说的"我们父辈的政体"在这里指的是民主制。然而我们同时也看到,尽管柏拉图一直都是独裁主义者、专制主义者(倘若在这个语境使用极权主义这个词,将会是时序错误,并且是荒谬的),但是他非常激进,绝对不是保守派。这不仅是因为祖制指的是民主制,而且还因为他绝对没有想要在雅典恢复贵族制政体。任何属于雅典权利俱乐部的受过良好教育、体格强健的贵族,都会在柏拉图的政治主张面前害怕地退缩。柏拉图是一个激进分子,他的筹划与曼海姆(Mannheim)所说的"反动的乌托邦"没有任何关系。他并不想要恢复过去的时代,这只是因为他知道这个过去的时代包含了——这一点非常重要——它自己的毁灭的种子。这就是

---

3 M. I. 芬莱,"祖先的体制",收入《历史的利用和滥用》("The Ancestral Constitution", in *The Use and Abuse of History*, Chatto & Windus, Londres, 1975),第34—59页。——皮埃尔·维达尔-纳盖注

《国家篇》描绘各种政体演替过程的段落提出的教训{参见第八、九卷}。开始的时候是一种近乎善的政制,然而它逐渐败坏;进而转入寡头制、民主制,接着是僭主制,而且这些循环重复出现。柏拉图的努力——在这个方面,既是激进的,同时又完全不同于反动的努力——就是要找到一种政体并且将其固定,这种政体将会终止历史,将会终止时间的消逝,将会尽可能地终止人类的各种政体之中内在的自行败坏。这就是《国家篇》的政体,也是《法篇》的政体:通过某些让步,让这种政体更加灵活,从而使它更好地生存下去,适应历史运动的潮流而不用改变自身。

* * *

我们回到298a开始的这个段落,回到针对雅典民主制的这个反讽的指控[4]。它起头就说,"让我们假定"……来自爱利亚的外邦人继续谈论他提出的两个形象,即船长和医生的形象。那么这样假定:人们聚集在一起,共同决定在航行和医疗方面必须做些什么,没有必要更多地注意这些民众中间碰巧成为医生或船长的人说了什么。人们共同做出了决定,举行了投票,把投票同意的决定刻在石碑上,将其称为祖先的习惯法,而且自此以后要求医生或航海家遵循大会(ekklèsia)的决议,否则或许会判处死刑。小苏格拉底听了大为震惊:"你真是满口胡言。"{298e}但是客人仍然火上浇油:这甚至还不算什么,因为每年都要抽签选出执政官,让他们来监督以这种方式做出的决议的执行情况。小苏格拉底回答道:"越来越荒谬了!"{同前}外邦人继续说,看看接下来发生的事情吧,

---

[4] "指控"一词的原文是"charge",也有"讽刺性的夸张、讽刺画像、漫画"的意思。——中译注

(……)所以,在每一位执政官任职期满的时候,他必须在法庭上述职。法庭的法官(dikastai)是通过抽签选出来的,要么是在富人中间抽签,要么是在提前拟定的名单中抽签,要么直接在全体人民中间抽签。那些即将离任的长官要在法官面前进行汇报,而且,任何人只要愿意,都可以指控他们没有在其任职期间遵照写下的文字或祖先的古老习俗来驾驭船只。同样的许可也会针对那些治愈了患者的人,而且,对于被判定有罪的人,这些法官将会决定他们遭受的刑罚或者缴纳的罚金。(|298e—|299a)

小苏格拉底讽刺说,在这些条件下接受执政官职务的人肯定是疯了。这段对话如此这般地延续,在布德版(Budé)的译本中占据了差不多三个页码:柏拉图的一大段独白(298a—300a),用怪诞的漫画手法描绘雅典的民主,将其比作一种在一切特殊的科学技术领域都按照政治辩论专用的程序来做出决定的政体。好像雅典人曾经梦想按照多数票来决定如何进行医疗诊断、如何驾驶船只,决定指挥一场战斗的方式,或者决定帕特农神殿圆柱的垂直度!他们从来没有这样做过决定。菲迪亚斯(Phidias)和伊克蒂诺(Icti-nos)建造了帕特农神殿,就是这样,没别的了。这个事情没有经过讨论,柏拉图知道得很清楚:这就是《普罗泰戈拉篇》的整个讨论。而且这是伟大的智者普罗泰戈拉本人提出的论点,他明确地区分开属于一般利益的事务和技术性的特定的知识即 technai,后者需要一种资格。如果有人对造船一无所知,却偏要走上讲台发言,要对雅典人提出如何造船的建议,雅典人会嘲笑他,会用笑声打断他,因为大家都知道他不是专家。如果是一位造船工程师走上讲台发言,人们就会尊敬地听他讲。

反过来,如果涉及一般的政治事务,任何人都会发言,而且人人都会听他讲,因为这里不存在任何特定的特殊的技艺(technè)。普罗泰戈拉借用一个奇妙的神话讲过这个道理,这个神话说,宙斯把政治技艺(technè politikè)平均地分发给每个人。[5] 柏拉图当然知道这些事情。他至少知道存在着一个问题。而且他更应该知道,之所以存在一个问题,是因为他的法律批判潜在地针对这个问题。他的法律批判也有这个意思:不存在任何普遍的知识,不存在任何涉及人类事务的推论性的知识。可是这样一来,那个知道者(epistèmôn)——无论涉及什么领域,他总是知道在每个特殊情况下必须做什么——又是什么呢? 这就是问题。

无论如何,这个问题在这里悄悄地滑过去了:这就是柏拉图的戏剧风格,同时也是他的修辞和诡辩。这个问题没有真正得到检查。而且,他给我们描绘的希腊民主制,有点儿像去世不久的马塞尔·达索尔[6]在十五年前给我们描绘的自我管理(autogestion)。感谢上帝,今天人们不再谈论自我管理了! 每个人都回到了自己的位置上,每个人都恢复了清醒。但是对于达索尔来说,自我管理意味着:他们想要医院的清洁女工来给我们动手术! 而且,要让外科医生、护士、出纳员、社会志愿者、清洗地板的女工组成的全体大会通过投票来决定病人是否得了阑尾炎而不是支气管炎! 这恰恰就是柏拉图关于雅典民主制所说的东西,因为它通过投票来做出决

---

5 参见《普罗泰戈拉篇》320d—322d。"政治技艺"(technè politikè)的平均分配出现在322c—d。——英译注

6 马塞尔·达索尔(Marcel Dassault)是法国的一位军用航空业商人,戴高乐主义政客。——中译注

定。至于投票发生在什么领域,这却完全被掩盖了。

* * *

一旦完成了这个指控,他终于开始辩护他的第二次航行(*deuteros plous*)。就是说,在城邦有了成文法(*grammata*)、有了写下来的法律的情况下,如果人们允许那些通过选举或抽签产生的执政官去做任何取悦于每个人的事情,那么上述指控的状况将会更加糟糕:

> 胆敢这样做的人就会犯下错误,(比医疗的、航海的以及……政治的实践受制于写下的文字)还要坏一百倍,而且,与写下的文字所做的事情相比,更加必定会毁灭一切活动。(300b)

这样,批判和指控是相当冗长和详细的;相反,突然提出来的对于第二种选择的辩护、对于各种解决办法中最不坏的解决办法的辩护却是相当简短的、出乎意料的,没有真正经过证明和阐述。外邦人怎么说的?他说,有些法律"来自于反复的摸索,每个条款都是由人们基于善意的顾问们的建议和劝告而制定下来的"(300b);这些法律都是"对真理的模仿,是在那些知道者的启发下尽可能完美地勾画出来的"(300c)。

与我们刚才读到的一切说法相比,这里出现了第一个新事物:在重大经验的基础上而且是经过大量的反复摸索之后制定下来的法律!因此,人们写下这种法律,既不是出于偶然,也不是因为它在公元前506年、在克利斯提尼时代大受欢迎。不,它是基于各种反复的摸索,基于一种重大的经验,*ek peiras pollès*{300b}。很明显,我们仍然在这里发现了肮脏的见解：不是民众、群氓独自制定了这些法律；而是一些机智的、博学的、善意的顾问应该知道如何说服民众。经过大量的艰苦努力和说服工作之后，人民最终制定出好的法律。

我们顺便来看一下这个奇特的结合，长期的经验和良好的建议的结合，但是它仍然假定了：（1）民众能够区别开好建议和坏建议；（2）经过反复的摸索和大量的经验，民众能够学习。这两件事情与前面说过的话完全背道而驰。不过，这一点我们就不去追究了。

我们听到柏拉图说，制定法律来奴役现实，这是个错误，而违反这些法律则是错误的平方，*hamartèmatos hamartèma pollaplasion* {同前}。正是为了这个缘故，必须接受这个第二次航行。当法律已经被制定出来时，任何人不得违反这些法律，即使它们在一切领域都只不过是对现实的模仿。这就是为什么我们说，真正的政治家不满足于模仿，而是直接与真理打交道，他不会去关心法律；相反，他将会按照他认为是好的东西来制定法律。

柏拉图结束了这个段落，随后终于开始谈论政体的类型学，他说，法律、成文法将会由懂得政治和人类事物的真正内行来制定，每一种政体因此将会更好些。这里有一个提示，我认为，对于理解这个段落的基本论证来说，这个提示是非常必要的。不过，首先必须阐明几个含蓄的公设，它们支撑着这里的一切，而且都是异乎寻常的。至少有两个公设。

第一个公设：存在一种而且是唯一的一种正当的政制（*orthè politeia*）。这个公设是不言而喻的，以至于在柏拉图那里从来没有在任何地方讨论过。实际上，政治哲学家们也没有讨论过：他们任何人都没有讨论这个事实，即存在一种而且是唯一的一种正当的政制，但是他们每个人却都推出自己的正当的政制。当然也可以举出几个例外:亚里士多德有过少量的讨论,孟德斯鸠有过大量的讨论(与"地理"条件相符合的最好的政体,等等)。但是说到底,对于大部分以及第一线的政治哲学家来说,存在着一种正义的、正确的政制(politeia),而且是唯一的一种。

柏拉图那里的第二个公设是:这个正当的政制(orthè politeia)是由唯一的特征所界定的,这种唯一的特征,就是指导者的知识(epistèmè)。这是知识(savoir)、睿智、智慧,但不是宽泛意义上的智慧,而是指导者的知识。

这两个公设当然是紧密联系的,而且导致同样的悖论:如果只有一种唯一的正义的政制,这是因为其他的一切政制都是对于现实的拙劣程度不同的模仿。自此以后,唯有具备这种知识的王者才会知道如何界定和确定这种政制。然而,这是怎样的知识?

让我们回到第一个公设。这种正当的政制(orthè politeia)是独一无二的,因为其他的一切政制只能是法律构成的体系。这些法律遭受双重的损害:一方面,由于缺乏真实的事物,它们在存在论上只是一些模仿(mimèmata);另一方面,法律始终想要"覆盖"现实,从而使自己消耗殆尽。有些特征不可能被固定在纸上,尤其是不可能被一劳永逸地固定,例如共产共妻(《国家篇》)或者财产的最初平等分配(《法篇》)。所有这些事情时时处处都是不同的。一个人绝不可能两次踏进同一条河流;一个城邦绝不可能保持与自身的相似;一个个体绝不可能两度保持相同。因此,人们不可能制定出同样的规则。然而,整个问题恰恰就是人们在这种流变、这种杂多与普遍规则之间设置的距离。柏拉图在这个地方的诡辩,就在于把这些项目(termes)绝对化。后来,亚里士多德在《政治学》以及《尼各马可伦理学》第五卷看到了这一点:抽象的普遍与具体的现实——我们将其称为赫拉克利特之流——之间的对立被描绘成绝对的、完全不可调和的对立。由于事物总在变化,抽象的普遍规则绝不可能完美地符合现实,有鉴于此,柏拉图想要得出这样的结论,即这种普遍规则不可能存在十五年,或者十五周,甚或十五天。它彻底不可能存在,而且没有任何解救办法。

然而,这并不是正确的见解。首先,当然存在着修改法律的可能性。第二,还有亚里士多德在《尼各马可伦理学》第五卷引入进来的整个关于衡平的理论。[7] 亚里士多德的衡平理论认为,在成文法与法学家所谓的案例的具体一致性之间始终存在着差距。形式上,法律惩罚杀害了另一个某人的某人。但是在现实中,绝不是"某人"杀害了"另一个某人",而是比方说,杜邦被他夫人激怒,割破了夫人的喉咙。或者是杜朗发现他的汤里有砒霜,因而将杜朗太太勒死。然而这总是不同于法律描述的东西。只不过,规则与具体案例之间的这个本质性的差距并不是绝对的,而且,正是法官要来填补这个差距。这就是衡平的意义。它在个别之中恢复普遍,它在具体案例之中重新确立法律的一般精神。亚里士多德的著名见解认为,正是法官做出解决,他按照立法者如若在场之时将会采取的方式来做出决定。法官把他自己放在立法者的位置上。

这意味着,在一个社会中,在一个基于权利并且由法律统治的国家中——我给大家说过,基于权利、由法律所统治的国家,它的第一次界定就是在《政治家篇》——立法者并非唯一的应该是立法者的人。这是柏拉图的论证具有的另一个巨大弱点。法官也是立

---

[7] 参见柯奈留斯·卡斯托里亚蒂斯:"价值、平等、正义、政治:从马克思到亚里士多德,从亚里士多德到我们",收入《迷宫的交叉路口》。——帕斯卡尔·维尔奈注

法者:他必须弥补法律,因为法律确实就像是一个"无知而粗暴的人",面对总是不同的现实,法律总是重复同样的话。立法本身已经预先考虑到这种情况,它设立一些法庭(dikastèria),并且赋予这些法庭对法律加以诠释的权利和义务。在这种法律诠释的背后,事实上隐藏着一种对于规则的制定。归根结底,在某种意义上可以说,不仅是法官而且是所有的个体都来制定法律。这种情况的出现,始于一项法律做出如此宣告的时刻:每个人都拥有在那个被承认是他个人的空间之中进行活动的权利。让我们举一件小事为例:一间咖啡屋,几张空桌子和椅子。我在其中一把椅子上坐下来。我如此行使我的权利,即坐在这把椅子上的权利,而这项权利是经由一整套规则通过的权利。从我在这把椅子上坐下来的那一刻开始,我已经创造了一个法律情境。不会有人过来告诉我说,"离开这个座位"。我坐在这里,因为这个位子是空的,因为没有别的位子可以坐。法律体系的具体化走得很远,以至于包括诸多具体的行为,通过这些具体的行为,我在立法赋予我的权利和义务网络中发挥作用,从而将权利和义务具体化。如果有人现在硬要占用这间教室,他进来就说"我们已经决定十二点半在这里进行梵语研讨课",那么,他就是在触犯法律。因为从宪法开始,一直延伸到"社科高研院"的规章制度的整个金字塔,所有这一切都是法律体系的一部分,这个法律体系此时此刻正在组织、保护和覆盖着我们所做的事情。[8]

但是这意味着什么呢?这意味着,如果没有设定臣民的最小的自律能力,任何人类的体系都不可能活下去,甚至在奴隶制度下

---

[8] 当时卡斯托里亚蒂斯在社会科学高级研究院举办他的研讨班。——英译注

也是如此。我在后面将会详细讨论这一点。此外,也许大家知道,这是我在针对极权主义乃至针对温和官僚制的批判方面提出的重要主题之一。各种他律体系的最终矛盾,至少是从这些体系没有被其臣民完全内化的时刻开始,确实就在这个地方。只要美国南部的奴隶是因为事物的存在方式如此、因为对他来说是近乎一项神圣的使命而虔诚地摘棉花,那么他律就会兴旺发达。可是如果他心里想着"我是给那个恶棍地主摘棉花",那么从这一刻开始,他律就完了,这个体系已经出现了对立。至于全面的内化,它确实已经存在。要观察这种内化在何时何地以及何种程度上存在,这属于另一项任务。事实就是,在某些社会之中,从某个时刻开始,全面的内化终于被打破了。

所以,由于柏拉图把抽象的普遍与具体的特殊之间的差距绝对化了,他没有看到,每个人都必然参与法律的具体化。当然他也没有看到别的东西。在这里,如果愿意的话,大家可以开心地观察一下,伪现代人如何绝对地受制于柏拉图,以及他们为何力图反驳柏拉图,反对逻辑—阳具—无论什么—中心主义。在这里可以看到其中的一个原因。罗兰·巴特(Roland Barthes)说,一切语言都是法西斯主义的。⁹ 为什么?因为我不可能通过发出"卜噜—卜嘟—格噜"的声音来讲话。我的发音必须发出法语音素,而且我必须按照法语语音强加的音序发出这些音素。这些音素的序列必须

---

9 巴特在法兰西学院的就职讲演。——皮埃尔·维达尔-纳盖注[原本发表为《讲演》(*Leçon*, Paris: Seuil, 1978)。1977 年 1 月 7 日的这个"就职讲演"由理查德·霍华德(Richard Howard)翻译为"就职讲演,法兰西学院",收入《巴特读本》("Inaugural Lecture, Collège de France", in *A Barthes Reader*, ed. Susan Sontag, New York: Hill & Wang, 1982),第 457—478 页。在第 461 页,巴特断言说:"语言——一个语言系统的施行——既不是反动的也不是进步的;它完全是法西斯主义的;因为法西斯主义并不是制止人说话,而是迫使人说话。"——英译注]

形成一些属于法语词汇的词语,而且这些词语必须按照法语句法来安排。就此打住,因为连巴特也不敢说语义学就是法西斯主义。"一切语言都是法西斯主义的",这句蠢话来自何处?此外,它还是一个典型的既挑衅又发昏的悖论,依据的是罗曼·雅柯布逊(Roman Jakobson)的一个说法。事实上,它来自于这种无能,即没有能力看到人(anthrôpos)的社会存在既蕴含着规则,同时又蕴含着与规则的距离。如果我们在生活中按照裁缝量体裁衣的方式来制定一些贴身的规则,这样的生活实际上将会是全面的奴役。这将会是理想的苦役犯监狱。然而,我们能够作为社会存在而拥有的自律,恰恰就是建立在这种双重的实存之中,即规则以及相对于规则的某种差距的实存。存在着差距,首先是因为规则不可能覆盖一切实际情况,所以迫使我们在具体的情境中寻找我们的道路,不仅包括法律上无关紧要的情境,甚至还包括法律上相关的重要的情境,在其中没有任何规定的情境。存在着差距,其次是因为,事实上,规则从来不可能适合于现实,我们时常需要质疑规则。但是,为了质疑规则,必须有规则存在。为了我们能够质疑规则,我们必须不是规则,或者说,规则必须不是我们。规则必须不是像涅索斯(Nessus)的紧身衣粘住赫拉克勒斯(Héraclès)那样粘在我们身上。赫拉克勒斯死于这件紧身衣,因为这是一件有毒的紧身衣。[10] 的确是这个意象,贴身的规则将会是一件有毒的紧身衣。我们只有脱离我们的皮肤,才能够脱离这样的规则。正是在这个差距之中并

---

10 这里涉及一个古希腊神话故事。赫拉克勒斯与妻子德伊阿尼拉(Deianira)逃亡途中,用毒箭射死半人马涅索斯。涅索斯临死前告诉德伊阿尼拉,把他的血染在紧身衣上,若是赫拉克勒斯将来另结新欢,穿上这件紧身衣就会回心转意。后来,德伊阿尼拉做了一件这样的紧身衣给赫拉克勒斯穿上,致使赫拉克勒斯中毒死亡。——中译注

且通过这个差距,我们的生活才有可能既是社会的又是个体的。这就是柏拉图的文本完全没有的东西,也是千百年来直到今天仍然妨碍一般的哲学尤其是妨碍政治哲学的东西。此外,这还密切地联系着一些非常深刻的问题,例如关于个人以及作为整体的社会所具有的创造性和创造的问题。

现在我们来看第二个隐含的公设:这种独一无二的正当的政制(orthè politeia)是由知识界定的。但是人们只能问:什么样的知识?鉴于公共事务的特征,几乎可以清楚地看到,这种知识至少在潜在的意义上是一种关于总体的知识。此外,这一点在对话中或多或少明确地说了出来,因为最终涉及拥有这样的知识:它决定什么样的特殊艺术应该在怎样的时刻、在怎样的条件下开始行动;正如柏拉图所说,一种下命令的(epitaktikè)知识{260c},命令其他知识的知识。

此外,正是在这个地方,外邦人摆出一个表面上显而易见但在事实上完全是虚假的推论:如果真的是这样,那么这种知识不可能被总体或者最大数量的人们所分有。我们回忆一下与演奏竖琴的艺术的比较,这个比较在逻辑上是完全不能容忍的。然后就是与医疗和航海的比较。其所以无法容忍,并不是由于病人的自愿或不自愿,就像蒂耶斯的有点傻乎乎的译文告诉我们那样,而是由于柏拉图在《普罗泰戈拉篇》辨识出来的一种技艺(technè)是不存在的,而且就在他谈论普遍与特殊之间的这个差距的时候,他把这一点隐藏起来,隐藏在主要的论题之中。

如此说来,这种知识(epistèmè)是关于整体的知识。但是,这个关于整体的知识的观念指涉什么呢?在这里,我们完全陷入混沌和深渊之中。因为这个关于整体的知识之观念与柏拉图的一个中心论题相矛盾;这个论题是柏拉图那里的希腊思想残余,它在《蒂迈欧篇》得到了承认,在《政治家篇》讲述法律、讲述抽象的普遍与具体之物的时候再次出现。这个观念认为,存在着一种不可消除的质料,在《蒂迈欧篇》中被称为空间(chôra),称为永恒的变易,始终变易(aei ginomenon),或者是《斐莱布篇》所谓的无界限(apeiron),或者是《智者篇》所说的非存在。这也是对于这个事实的承认,即存在的事物具有一个异乎寻常的不确定的部分。因此,在关于整体的知识和这个空间(chôra)、质料的这个不可知的部分之间,存在着矛盾。

我并不是要回到这个矛盾的形而上学方面,或者严格说来的存在论方面,我们在前面已经讲过这个方面。也就是说,归根结底,有两个元素从一开始就存在于希腊的想象物之中:一个元素是关于一种总体性知识的观念,另一个元素是关于一种部分地抵抗这种知识的质料的观念。这就产生了哲学传统中的两大选择。在苏格拉底以前的哲学家那里已经出现了这两种选择。一个是巴门尼德的选择,认为质料、未确定的东西不存在。唯有存在者存在;而且存在者完全是确定的。柏拉图采取的也是这个选择。结果,另一条道路,即赫拉克利特—德谟克利特—智者派的传统,在整个哲学史当中就被或多或少地放在一边了。不过,柏拉图就像亚里士多德一样,仍然保留了这种希腊痕迹。他们的存在论当中仍然有不可化约的质料部分,也就是说,最终是不可知的部分。这个部分可以被赋予形式,而且是被造物主赋予形式,但是只有在其能够被赋予形式的程度上才被赋予形式。造物主没有创造质料;他只是给质料赋予形式(《蒂迈欧篇》)。因而它仍然是某种不确定的或者说非理性的东西。后来则有基督教神学的不顾一切的斗争,想方设法要清除它。

*　*　*

但是，这里存在着悖论，甚至是双重的悖论：

(1) 在柏拉图那里一般都承认，在这个地方又特别地暗示，认为这种关于整体的知识（*epistèmè*）在事实上是不可能的、无法实现的；但是它仍然成为一种尺度，用来界定正确的政体、正当的政制（*orthè politeia*）。

(2) 另一个悖论是，*epistèmè de cet anèr basilikos*，这个王者具有的知识，不仅使得王者凌驾于法律，而且导致他提出自己的技艺（*technè*）作为法律；然而这种知识实际上是关于个别、关于具体的知识。也就是说，是与人们视之为知识的东西完全相反的东西。

当然，柏拉图并没有像后来的亚里士多德那样说，只有关于普遍性的科学。但是在他那里已经出现了这种观念。例如，《泰阿泰德篇》提出了苏格拉底式的知识定义：始终都必须设法将杂多的事物精简成唯一的本型。什么是知识（*epistèmè*）？《泰阿泰德篇》讨论的就是这个问题。尽管泰阿泰德很聪明，但他却傻乎乎地列举出关于这个、那个以及其他事物的知识来回答这个问题。于是苏格拉底纠正说：好啊，可是我并没有问你存在着多少种知识，我问的是知识的含义是怎样的，究竟是什么使得你列举的各种知识都属于知识。我们要寻找的是本型，即知识的本相。

于是出现了第二个悖论。按照柏拉图自己的观点，仅仅存在关于本型的知识，可是这里却把政治家描绘成这样的人物：他能够密切把握每一个个别的情境，正是由于这个事实，他是知道者（*epistèmôn*）。

这些都是柏拉图的困难,在《政治家篇》之前写的《国家篇》没有解决这些困难。后来的《法篇》也没有解决。它们只是被掩盖起来,由于承认了下述事实:现实之中不可能存在或者非常不太可能存在一种理想的政体;因此,只能有一种近似、一种模仿(*mimèsis*)。柏拉图的《法篇》很清楚地表达了这一点,而且,在《政治家篇》的光照之下,甚至对于《国家篇》来说也是如此。

* * *

我想要说的是,从政治的观点看,柏拉图的思想会产生《政治家篇》提出的那种绝对无法达到的政体,在那里,有一个个体,即知道者(*epistèmôn*),坐在每个人的床头告诉他应该做什么。这甚至连融贯的虚构都算不上——尽管《国家篇》是一个融贯的虚构。然而,正是与这个不融贯的虚构相比较,现实受到了评判。一切观念论哲学的毛病就是这样,先是建构一种不融贯的虚构,然后说:与这个不融贯的虚构相比,现实世界是虚假的、拙劣的、不够格的。接下来还有其他两个虚构,它们确实是融贯的,但又是非常不大可能的。关于第一个虚构(《国家篇》),就连柏拉图自己都承认它是不可能的。至于《法篇》,它那里描绘的政体还没有《国家篇》的政体更加接近完美的国家。但是,《政治家篇》集中暴露出来的柏拉图思想的这些困难、这些疑难——人们一般没有注意《政治家篇》,而是留意《国家篇》或者《法篇》——只是被此前的《国家篇》以及此后的《法篇》所提供的"解决"掩盖起来了。我们还会再次谈论这个故事。关于《政治家篇》,还有一些事情要告诉大家,不过我先在这里停下来,以便留下时间进行讨论。

问题

1. 我觉得,让-皮埃尔·韦尔南和其他学者研究的在希腊思想中以 *mètis*(做出发明的能力)这个名目出现的东西,就是"适当的时刻"(*kairos*)或者"时机"(conjoncture)的意思。这在柏拉图那里难道没有扮演某种角色吗?在这里,当您说这是关于个别和具体的知识,人们会认为这跟 *mètis* 是一回事。[11]

是的,不过确切地说,*mètis* 是与 *epistèmè*(知识)对立的。

柏拉图是否完全排除了 *mètis*?

有关 *mètis* 的最重要的、首要的、第一个版本的例子是尤利西斯(Ulysse),荷马说他是 *polumètis*(有发明能力的人物,足智多谋的人物)。尤利西斯是这样的人,他能够在每一个具体的情境中重新找到他的方位,找到出路,大部分时候都是通过发明一些解决办法、计谋、诡计,等等。回想一下独眼巨人波吕斐摩斯(Polyphème)的洞穴,尤利西斯的同伴们隐藏在船肚子底下……"你叫什么名字?"——"我叫没有人。"后来,这位独眼巨人叫喊着,就是"没有人"把他弄瞎了!{参见《奥德赛》9.355—365} *mètis* 就是这种发明的能力,在每一个特殊情境之中重新发现自己的方位、找到出路的能力。在希腊人的心理状态中,这种天赋的分配并不是人人平等的。否则的话,尤利西斯也就不会成为这种能够随机应变有所发明的人物典型了,而且也不会有特别愚蠢的人物典型了,至少是在

---

[11] 提到的这本书是德提安纳和韦尔南的《希腊文化和社会中的巧智》(Marcel Detienne and Jean-Pierre Vernant, *Cunning Intelligence in Greek Culture and Society*, 1974, trans. Janet Lloyd, Chicago: University of Chicago Press, 1991)。——英译注

这个方面来说。

不过,在柏拉图那里,问题实际上不是这样提出来的。柏拉图从来没有谈论 mètis;相反,他把实践智慧(phronèsis)和知识(epistèmè)对立、并置起来。在《政治家篇》中,这就产生出某种完全是不恰当的而且是不成立的东西:王者就是拥有知识的人,但是又应该凭借实践智慧(meta phronèseôs)进行统治。为什么呢?此处的情形,就像是一根头发掉进汤里。如果王者拥有知识,那么他就不需要实践智慧。无论亚里士多德还是一般的希腊人都认为,恰恰就是在没有知识的地方才有实践智慧。在谈论数学家证明数学定理的时候,不能说他在运用实践智慧,他运用的是知识。可以在数学家为自己规定的目标方面谈论他的实践智慧。当大卫·希尔伯特(David Hilbert)希望人们不惜一切代价去证明数学上的无矛盾性,这时候他就是违反了实践智慧。他说出了某种不太明智的(prudent)东西。这个念头非常丰富、非常多产,然而它是偶然掉到希尔伯特的头上,因为人们已经证明了相反的情况,即不可能证明这种无矛盾性。

不过,至于 mètis,这是知识(epistèmè)在其中无法说出任何东西的一个领域。如果知识能够说出什么,那么,这就是一种确定的知识,也就没有什么需要去澄清的。这就是我力图强调的观点,不过没有引入 mètis 这个词语——所以,你做得没错;不过还是要说,柏拉图并没有谈论 mètis。这就是《政治家篇》的悖论情境,在那里,唯一真实的政体以及体现这个政体的人都是由知识来定义的,然而对于法律的批判却是根据这个事实,即不可能存在任何普遍有效的法律。正是在这个地方,某种东西引起了巨大的问题,而且柏拉图显然是知道的;否则他也就不会去写《国家篇》和《法篇》了。

如果把《政治家篇》的王者理解成具有 mètis 的人,那么就要这样来看待塞米斯托克勒。塞米斯托克勒在萨拉米战役中把流氓恶棍(la crapule)编入海军的划桨队。这个做法固然可憎,但是却属于 mètis。没有任何科学可以告诉塞米斯托克勒:为了迫使波斯人在萨拉米海峡而不是在外海作战,应该运用如此这般的计策。不知道我是否已经回答了你的问题,不过这是文本的重大疑难之一。

2. 关于医学。难道不能做出结论说,人们都没有病,这样一来,柏拉图的比较也就崩溃了,还有,医学不是一门科学吗?

确实,医学不是一门科学。

这在柏拉图那里是某种隐含的事情吗?

完全如此。这是论证的隐含之处。在《政治家篇》的文本中,医学或航海确实都属于《普罗泰戈拉篇》所界定的那种含义的技艺(technè)。也就是说,针对某个对象而言的特定的技巧,能够考虑到特殊的境况。从 298 到 300 的整个段落正好就是涉及这个事情。预先告诉船长应该如何航行,这种做法是荒谬的。船长要弄清楚风向、潮汐、水流、月相、船只的状态等等,根据这些情况来决定如何驾驶船只。这就是为什么柏拉图针对雅典的民主制提出了这种讽刺的指责,民主制一劳永逸地决定了应该如何驾驭城邦之舟,然后通过抽签选出一些人,让他们按照这些书面的规定进行统治——荒谬之极!接下来,一旦这些人的任期结束,任何人都可以把他们拉到法庭上,控告他们说:你侵犯了法律,因为法律命令继续射击,可是你没有去做,如此等等。这种指责是不可接受的,柏拉图对此心知肚明。

在文本中，航海和医学绝对属于处理具体事务的知识。而且我认为，这只是强调了疑难，强调了这两者之间的背反：一方面是一般意义上的知识(*epistèmè*)，《泰阿泰德篇》界定的知识，但是《政治家篇》没有任何通知就利用了这种知识；另一方面是这些关于特殊事物的技艺(*technai*)。存在有两个区分，它们包含了一种专业知识的元素。这是《普罗泰戈拉篇》的讨论：雅典的将军们受命航行至西西里，但是雅典城里没有人要求他们十天之内到达，或者要求他们以这种方式或那种方式布置船帆。这就是问题：只有真正的航海家才能够这样做。可是出现了一个双重的错位。存在着一种无所不知的知识。《政治家篇》当作例子来使用的技艺，即医学和航海，都属于技巧，它们毕竟包括一部分知识。如果一个人不是确实知道人体解剖学，那他就不能行医；但是，拥有解剖学和药物学的知识却远远不足以治疗病人。如果一个人不知道方位基点，那他就不能航海；但是，知道这个也还不够。于是这里就有两个部分：一个部分差不多或者完全是可以法规化的，而另一个部分则是对于诸多境况的适应。

然后你就得到严格意义上的政治，在那里，人们并非真正知道什么东西是可以法规化的。这意味着通晓诸多事物：如果雅典人决定派遣一支远征队奔赴西西里，那么他们就必须知道西西里是一座海岛，岛上有这么多居民，叙拉古人是怎样的，如此等等。然而所有这些都是一种偶然的知识。今天要知道西西里的情况；明天要知道埃及的情况。所以，人们可以打听有关情况，而不是预先就知道。没有人能够知道所有诸如此类的事情。甚至美国中央情报局也都不得不获知有一位伊朗什叶派领导人名字叫霍梅尼(Khomeyni)。此外，这种获得的知识尤其牵涉到一种判断，就是说,对自己加以调整,使自己适应特殊的情境,而这种调整的程度远远大于包括了知识工具的技艺(*technè*)需要做出的调整。

可是,这三个关节都没有在文本中提出来,它们都被粉碎了,或者是被关于总体性知识的观念掩盖起来了,这种总体性知识可以坐在每个人身边,确定无疑地告诉他必须做什么或者不要做什么。

3. 在《国家篇》和《法篇》之间,柏拉图是否选择了民主制,然后是开明的专制君主?

他在《政治家篇》中提出的将会是一种开明的超—专制君主(sur-despote)。开明的专制君主或者技术官僚从来不打算告诉每个人需要做什么。好,柏拉图的文字表达是这样的:*parakathèmenos*,在每个人的床边。当我们下午一点钟离开这间教室的时候,王者将会告诉我们是否应该去吃午饭。所以这是超乎开明的君主专制之外的。至于《法篇》,它不是民主制,而是另一种类型的政体。

4. 关于巴特和一切语言的法西斯主义……

巴特和整个结构主义,都是围绕着雅柯布逊的一个说法而形成的一种巨大的滥用。但是雅柯布逊的这个说法对于语言的一个部分来说是正确的。雅柯布逊说,从结构的视点看,语言就像各种极权主义政体:凡不是强制性的(obligatoire)东西都是被禁止的;凡是没有禁止的东西都是强制性的。他说的是什么意思呢?此外,他的这个说法是错误的,也许除非是从语音学的视点来看。即便是在这里,我也不知道这个说法是不是对的。据说,在法语中,有些音素序列是禁止的。然而甚至这种情况也是非常相对的。基努(Queneau)的《扎西》一开头就是"Doukipudonktan"。[12] 属于不同语词的诸多音素组成的这个音素序列,尽管是先天受到禁止的,然而法国人完全可以发出这个序列。如果有人这样说上十分钟,那么他就排列出了 50 个音素序列,这 50 个序列在法语语音学中都是绝对禁止的。因为法语语音学只对每个词素的构造来说是有效的。这里我们得到被禁止的东西具有的强制性部分。但是这些对于法语口语的序列来说就不再是真的了。

即使假定这对于语音学和语法来说是真实的,但是这条规则——"凡不是强制性的东西都是被禁止的;凡是没有禁止的东西都是强制性的"——对于语义学而言也不再是真的。因为语义学恰恰是这样的领域,在那里,一种语言的活生生的言说者不断地创造出其他的关系。在这个意义上,巴特的说法是一句蠢话,而且是一种对语言中的最初的结构主义的糟糕解释,但是,雅柯布逊本人却描绘了这两者之间的一些非常清楚的界线:一方面是我称之为集合—同一论的(ensidique)部分,另一方面是他自己称之为语言的诗学部分。

---

[12] 这里指的是法国作家雷蒙·基努(Raymond Queneau)在 1959 年出版的小说《扎西乘地铁》(*Zazie dans le métro*)。"Doukipudonktan"是"D'où(est-ce)qu'il(s)pue donc tant?"["他(们)/它(们)从哪里发出这么大的气味?"]的注音。——中译注

1986 年 4 月 30 日的研讨课

五、三个离题(续)

我希望今天能够结束《政治家篇》，它让我们付出了大量的劳动。我们已经评论过两个半定义、八个附带插入和前两个离题。这两个离题是克罗诺斯时代的神话和各种政体形式。现在，我们处在第三个离题的正中间，这个离题在某种意义上就像是关于政治家的第三个定义。

3. 第三个离题从科学的观念出发来定义政治家(续)

我们正在讲的是，这个离题至少有两个隐蔽的预设。第一个预设是说，存在着一种共和国，一种城邦(polis)，一种正义的政制(politeia)，而且是唯一的一种。这可能似乎是明显的，但也无妨是可以质疑的。因为这样一来就打开了问题的海洋：一种正直的(orthè)的城邦——与什么相比？在什么条件下？希罗多德说过各种政体与各个民族相适应；至于孟德斯鸠，他说过政体与"自然的"条件相适应；马克思说过生产力的状况，尽管他假定在历史的终结之处将会出现唯一的正当的政制(orthè politeia)……因此，这是一个庞大的问题。柏拉图没有讨论这个问题，而是发布宣告：一个而且是唯一的一个正当的政制。这显然预先假定存在着不同类型的政制、城邦组成的等级序列，数学上将会把它称作良序等级序列，而正当的政制位于这个序列的顶点。

　　第二个隐含的公设:这个正当的政制(orthè politeia),这个正确的、正直的城邦——直立的,其他的都是倾斜的——是由知识(epistèmè)所定义的。在这里,柏拉图经常使用的这种知识的标准有时候是一种绝对的知识,有时候是一种也包含了运用技术的知识。简而言之,可以说——不过带有一些问号——这种政治家的知识、王者的知识界定了这个城邦,这种知识必须是由科学的知识(connaissance épistémique)制成,是由某种涉及事物本质的东西制成,与此同时,考虑到柏拉图经常用来支持其论题的例子(医学、驾驭船只),这种知识又必须包括一种在其实践意义上的技艺(technè),就是说,包括一种关于特殊境况的知识,后者自身包含着一种潜在的适应性,即有可能适应一切可能会出现的具体形势。

　　于是,这里出现了与这种知识(epistèmè)有关的第一个悖论:尽管一直都承认无法达到这种知识——有时候是含糊地承认,有时候则是明确地承认——但它还是变成了用来衡量现实的绝对尺度。为什么无法达到这种知识? 我们在《国家篇》已经知道:因为存在着诸多本质(ousiai),而且存在着超越本质之外的某种东西,这就是善(le Bien),真正的存在,它本身就是知识无法达到的。柏拉图自己说,这个在本质之外的善,这个"善"(agathon)"几乎不能被看见"{517b—c}。(这个"看见"当然是隐喻性的,不过倒也不尽然:在所有这一切事情之中,"观看"的隐喻都起到重要的作用。观看、思辨、沉思、理论(theôria),都来自于"观看行为"。)无论如何,真正存在的东西不是肉眼可以看见的。只有灵魂的眼睛可以勉强瞥见它。无论如何,这个"善"不是推论方式可以证明的。

　　柏拉图的好几个文本都说过同样的事情,例如《斐德罗篇》。还有《第七封书信》，这封书信或许是真的，或许不是真的，但无论如何是非常了解柏拉图的人所写的。它的中心的哲学段落可能是柏拉图写的。这个文本讲述的历史细节未必确实，正如芬莱所说的那样。[1]与《国家篇》相似，这封书信描述了一种预备性的劳作，属于讨论、研究、推论、定义和证明之类的事情；然而，"善"（agathon）本身的外观突然（exaiphnès）出现，就像人们把什么东西长时间摩擦之后突然冒出一团火焰。此外，《第七封书信》描绘的这个著名的意象，完全会让我们想到一些伟大的神秘主义者所写的片段：在发生旱灾的时候，需要付出持续的劳作，在此期间没有任何事情是有保证的，但是到了最后，神圣或光明或超越性也许就显现给神秘主义者……所有这些在《第七封书信》那里都已经出现了。

这到底意味着什么？这意味着，真正的知识对于人来说实际上是无法达到的。或者是以非常偶然的方式可以达到。于是，一旦这种无法达到的知识变成了衡量某种现实事物的尺度，悖论就从这个地方出现了。我们不得不按照这种知识的标尺来衡量尘世的城邦、衡量我们的所作所为、衡量我们的体制，等等。

此外，既然我们其余的人不是这种哲学家，也不是这种王者、这种政治家，那么当他露面的时候我们怎么认出他来呢？在最好的情况下——没有明说，然而是我们能够得出的唯一结论——我们是与一种信仰行为打交道：这个人就是王者；他的话比法律更好。我们要做的唯一的事情就是去追随他。

这里必须附带地说明一下亚里士多德的情况。亚里士多德始终是支持法治的，可是在《政治学》的一个相当令人吃惊的段落，他

---

[1] 这还是暗指芬莱的《古代社会》，法文本，第33页。——皮埃尔·维达尔-纳盖注

采取了一个非常类似的观点。在讨论不同的城邦形式的时候,他突然谈到,可能有非凡的人物出现在城邦之中。亚里士多德说,从这个人出现的那一刻开始,其余的所有人都停下来。公民们如此承认他,认出他是非凡之人,他说的话以某种方式变成了法律。人们可能会对此议论纷纷。亚里士多德始终都是非常务实的,他这里在想什么呢?这个非凡之人所以是非凡的,也许在于他有能力让人们信服,有能力吸引众人?无论如何,亚里士多德那里也有这种观念。另外,我们是否需要提到亚历山大大帝呢?他登上权力宝座的时间恰好是和《政治学》处在同一时代。

好,可是问题依然存在:这个王者出现在城邦之中,但是这还不够;城邦必须认出这个王者——柏拉图并没有这么说,除了在有个地方讲到,这种情况实际上是不可能的。如果城邦没有认出这个王者,那么就有必要进行计算(作为解释来说,这个解释或许是更有希望的),在王者的各种能力中间计算出这种说服的能力,即说服城邦相信他是王者,因此必须接受他的权威。这种看法绝没有在这里讨论过,而且还会受到极大的怀疑,因为按照柏拉图在其他地方的全部言论来看,他认为是说服所必需的诸多品质,都根本不是造就真正的哲学家、造就真实知识的拥有者的品质。

因此,第一个悖论分成两个部分:

(1)这种知识是绝对的、无法达到的,然而又是现实之物的尺度,某人如何能够拥有这种知识?

(2)如果某人能够拥有这种知识,那么其他人将会如何认出他拥有这种知识?

关于这种知识还有第二个悖论,上一次课已经让大家注意到了。这个悖论就是普遍和具体的这种结合。王者的知识使他凌驾于法律,并且使他能够"提供他的艺术来取代法律"。{297a}王者的知识恰恰是一种包含了个别和具体的知识,甚至包括极端的具体,因为政治家必须坐在每个公民的床边,*parakathèmenos*,希腊语的说法就是这样。这与人们一般的理解完全相反,而且与柏拉图自己用知识(*épistémè*)所意指的东西完全相反,就是说,他意指的是一种针对普遍的知识。《蒂迈欧篇》《国家篇》等对话都是这样界定的。

因此,我们看到,相对于以前的构想来说,这里出现了一种摇摆。按照以前的构想,尤其是《国家篇》的构想,城邦由哲学家进行统治,这些哲学家都是挑选出来的,在训练中度过了他们的生活的重要部分;这种训练就在于,从数学和辩证法的视点出发,为达到对于本相的直观、观看和理论做准备。

我们在这里再次发现同一个悖论:没有任何东西证明这些本相、这些本质使得《国家篇》的哲学家有能力在具体的、个别的情境之中进行管理(就像今天说的那样),进行统治。此外,柏拉图是随着他的工作的展开而逐渐领会到这一点的,或许也是根据他与西西里打交道、他与狄翁的关系给他带来的直接或间接的经验。这也许还导致他在《斐莱布篇》讽刺(想到他自己遭到狄奥尼修的囚禁?)那个知道正义的本相却不知道回家之路的人。另外,这也是希腊哲学轶事的一个古老主题:泰勒斯仰望星空,掉进洞里。在《斐莱布篇》中,柏拉图重新提到有些公民对哲学家的这种善意而温和的贬低态度:哲学家注意到别的地方,却没有看见脚下的东西。《政治家篇》的摇摆之处或许也有这种态度的痕迹。

但是大家看到在这个时刻创造出来的奇特的逻辑情境:第三个离题批判了法律的本质性缺陷,批判法律不可能弥补普遍性和具体之间的差距。而且,在《政治家篇》中,法律被当作抽象的普遍来看待。它被界定成"傲慢而无知的人",总是重复同样的事情。因此,它不可能适应具体的情境。由此引起我们颇为强烈的不舒服的感觉,差不多就像是一种空虚感:作为本型,正义的本相不可能转变成法律,不可能转变成简单的抽象的普遍规则。但是与此同时,第三个离题又把这个王者呈现给我们,他就是正义的本相,他把正义的本相化为现实之中的在场,目的是为了告诉每个公民在其生活的每个时刻以及所有境况之中应该做什么、不应该做什么。但是,如果不是同时凭借关于本相的知识和关于个别的知识,王者凭什么能够这么做?

所有这一切最终都让我们摇摆不定,无疑让我们对《法篇》将要描绘的政体有所准备:在那里,出现了几位执政官,他们或多或少是由其余的公民选举出来的,但是与此同时,也出现了著名的"夜间委员会",其成员的组成和招收都有相当明确的界定,可是它的角色却没有界定。它是一种秘密的寡头集团,监控着城邦发生的事情,实际上也监控那些执政官;它把一些按照其履历(cursus honorum)而被选择出来的人们集中起来。确实,这是古希腊文本中第一次出现这种观念,而在罗马,这种观念倒是很基本的,因为罗马元老院就是由一些完成了一种履历的人们组成的,是由承担过一系列行政职务的人们组成的。这是一项必要条件,即便不是充分条件。古希腊文本中第一次出现这个观念,就是在公元前4世纪中叶,在《法篇》讲到这种"夜间委员会"的地方。在柏拉图的语境里,这种委员会尽可能是由这些人组成:他们把普遍的知识与一种生意经(connaissance des affaires)结合起来,就像今天的新闻记者们会说的那样。{法国}社会党之所以遭到挫折,{据说}是因为他们在1981年重返政治舞台的时候不懂生意经；在执政两三年之后，他们学会了经营，如此等等。

因此，如果将其放回到柏拉图思想的演变之中，《政治家篇》的诸多摇摆也就可以理解了。这个演变始于《高尔吉亚篇》，当时苏格拉底对加里克利说——后者被描述成一个政客——真正的政治家不是你，而是我{521d}；真正的政治家是哲学家，他知道如何以符合其定义的方式来言说正义和不正义。从《高尔吉亚篇》到《国家篇》，都有这种进行统治的哲学家。然后，《政治家篇》给我们提供了这个关于王者的定义，然而是一个无法达到的、把诸多异质性的甚至矛盾的元素结合在一起的定义。最后我们来到《法篇》的城邦，它的政府差不多是民主制的，或者是在亚里士多德意义上的贵族政治，因为执政官是选拔产生的，不是抽签决定的；但是与此同时，存在着这个"夜间委员会"。

现在，这个文本还有一些完全是对立的蕴涵。人们在这里看到，一个文本可以具有何等异常的丰富性，一种思想如何可能远远地超出作者的明显意图，甚至导致与作者的目的完全相反的结论。这种不可穷尽性也许正是衡量伟大的艺术品的一个标准；人们反复阅读或聆听117次，始终可以在伟大的艺术品那里揭示出更多的东西。当然，所有这一切都是卡斯托里亚蒂斯在谈论、在阅读柏拉图，在柏拉图的作品中挑选出几颗樱桃，拉动几根绳子，以便看到它们牵连的东西。我有权这样做，如果我的阅读不是任意的，而且还因为，如同我们已经尽力表明的那样，这个文本显然充满了古怪异常之处。

那么让我们领会一下柏拉图的一个论证。为了表明王者的统治最终是不可能的，他提出这个论证来反对他自己（287a—b）：某个人怎么可能坐在所有公民的床边,以便精确而严格地命令每个人去做他该做的事情呢? 这是不可能的。任何统治者、任何统治都不可能同时出现在每一个地方并且照顾到每一个具体情况。这里,我请求大家进入哲学家的角色,进入诸多哲学家、哲学的角色,绝对地对待各种观念。若是说城邦中只有一个人知道政治技能,这在字面上意味着,他必须一天24小时都在每个人头顶上盘旋,以便告诉每个人应该做什么。此外,这就是柏拉图得出的推论。因为柏拉图不是当今1986年的作家:当他说a、b,他得出结论c。然后他在这里看到c不成立。因此他推断,必须收回a和b;并不是唯一的一个人——这个人应该是王者——能够统治城邦。于是就有第二次航行,次好的东西:写下的文字,这些成文法(*grammata*),这些不变的规则,一劳永逸地写在纸上,总是重复同样的事情,就像"一个无知的乡巴佬"。不过,它们毕竟是一种替代物,可能的最不坏的替代物,既然王者——如果王者实存的话——实际上不可能履行其职能。

因此,一方面我们看到这种不可能性:王者坐在床边(*parakathèmenos*),这是不可能维持下去的。唯一的解决就是成文法(*grammata*)。但是另一方面,还有第二个不可能性:这些成文法必然地而且在本质上远离现实,据此没有能力在细节上管理现实并且适应现实的演变。这一点是柏拉图第一个提醒、教导、揭示给我们的。因此,如果我们有法律的话,那么始终有必要弥补法律的抽象与现实的具体性之间的差距。这个要点至关重要,因为我已经提醒过大家,亚里士多德的《尼各马可伦理学》第五卷的整个衡平理论就是打算嫁接在这个地方;后来,它产生了罗马的衡平法(*aequitas*),然后是千百年以来的整个法律诠释理论。整个法律诠释理论以及整个法哲学，都是建立在《政治家篇》的这两个段落及其数不清的蕴涵的基础上。

结果，倘若我们不只是希望这位带有衡平法的法官在事后介入进来并且做出纠正，那么我们应该得出什么结论呢？显然应该得出这个结论：对于牵涉到自己生活的事情来说，每个公民都是法律的诠释者。每个公民都有在他自己面前的这套抽象规则，但是他生活在多样的变化的现实之中，生活在赫拉克利特式的现实之中，只有他才能够沟通这两个方面。更进一步的结论是，在这样的情况下，这种出色的立法者的任务——无论立法者是谁——就是教育（paideia），对公民进行教育，以如此的方式和取向进行教育，以至于这些公民自己能够经常不懈地补充法律，就是说，弥补抽象的法律普遍性和现实之间的差距。每一个公民自己应当在某种意义上成为拉丁语所说的事先的法官（juge ex ante），成为将要发生的事情的法官。

那么，让我们回想一下亚里士多德如何界定法官所做的事情：具体的案例不能套进法律的非常抽象的模型之中，这时候，法官应当像立法者会做的那样，审理特殊的案例，然后做出决断。法官把立法者的作用重新现实化，把法律明确化，把法律变成在这个特殊案例中的次法律（sous-loi）。适合于这个特殊案例的这项次法律是按照一般法律的精神制定的，就是说，考虑到特殊的境况，也考虑到法律的精神以及立法者的各种意图，就像人们在法哲学中所讲的那样。法官造就这个结合、这个综合。让我们转换到柏拉图描述的情境：城邦不可能真正凭借写下来的法律、凭借人人皆知的成文法（grammata）而运转，除非每一个公民都能实行这种工作，也就是亚里士多德归之于法官在解决诉讼的时候实行的工作，这就是说,能够在每一个具体情况下都像立法者那样发挥作用,审理特殊情况,然后做出裁决。这也就是说,只有当每一个公民都经常不懈地能够将他自己提升到那个界定了优秀立法者的层次,城邦才能够运转。

换言之,这里有两个相互排斥的选择:

(1)要么,一群公民是这种毫无希望的乌合之众,麇集的人群(*anthrôpôn agelai*),永远混集成群;柏拉图大部分时间所设想的就是这样。在这种情况下简直无事可做,因为无论怎样,无论是有成文法(*grammata*)还是没有成文法,法律和现实之间的差距始终将会以糟糕的方式来填充;更何况这些成文法在一开始就制定得很糟糕。另外,按照这种假设,人们是这种没有希望的集群,是柏拉图乐于向我们描述的没有希望的畜群,那么我们就必须支持民主制,按照柏拉图自己的看法也是如此,因为民主制是各种败坏的政体之中最不坏的政体。这是一种"绝不可能成就任何大事"的政体,《政治家篇》的白纸黑字就是这样写的{303a}。(他在雅典卫城的脚下、在帕特农神殿之侧写下这样的话!不过说到底,就是这样吧,哲学家有权利做出某种武断的事情。)民主制也干不了特别坏的事情。因此,反正你是生活在一种败坏的政体中,在民主制之中生活也是一样。

(2)要么承认,一群公民并非永远只是乌合之众。此外,柏拉图自己在300b这个段落自相矛盾地承认了这一点,当时他说到,如果城邦拥有成文法,那就不要违背这些法律,首先是因为需要成文法,这比非法状态或者完全的失范状态要好;其次是因为这些成文法是在经验的基础上制定的——柏拉图自己这么说;而且,说到经验,这就意味着主体能够获得一种经验。我面前的这张桌子是得不到任何经验的。如果法律是其所是,那么就应该受到尊重,因为它们凝结、融合、体现了一定的经验,而这种经验是在城邦中生活的人们经过几百年几十年学会的经验,他们知道这些法律没有别的法律那么坏。与此同时,柏拉图说,这些法律之所以被制定出来,是因为一些有才智的、智慧的、敏锐的人善于说服民众通过这些成文法(grammata)。那么,只有当民众"可以被说服"接受好的法律,人们才能够说服民众接受这些好的法律。如果民众总是涌向有人给他们提供的最为败坏的法律,那么柏拉图在300b所说的这些可就是荒谬之言了。

因此,如果我们承认这种人类畜群还有一点希望,在这个时候,柏拉图的文本引出的推论就明显了:这就是社会的持续不断的、民主的自行建制。为什么?因为必须以这种方式教育人们,以至于他们自己能够经常不断地弥补成文法(grammata)、法律的僵死文字和现实之间的差距,以至于他们每个人都能够坐在自己的床边,既然没有别的人能够为他们这样做;这是柏拉图已经承认了的。因此,每个人都必须尽可能地在那些与他有关的事务上能够几乎如同王者那样行事。必须在这样的意义上来理解柏拉图自己从295d开始的论证:大家想一下,医生出门旅行,给你留下一份处方,过一段时间,他回来了,打算改变治疗方案。可是你却愚蠢地反驳他说:"不,不,我已经有了你的处方。"当然,这里的医生就是王者。如果像柏拉图本人所说的那样,法律是由民众自己借助最有智慧的建议而制定的,那么,如同医生一样,民众可以改变它的决定,民众(dèmos)可以纠正自己,可以重新考虑有关的问题。而且,由于成文法、僵死的文字和不断变化的现实、始终不同的境况之间存在着本质上的差距,因而有必要变更法律,以便考虑到这些现实的变化和境况的差别,那么由此可见,立法不可能是一劳永逸地完成的东西;它是一种持续不断的活动。一切立法都应当能够持续地纠正自己,这就是我所谓的持续不断的自行建制。如果我们坚持这个文本的诸多潜力,我们就会看到,这种持续不断的自行建制的主体,这些能动的、发挥作用的主体,应该是全体公民,应该是民众自己。

* * *

于是大家看到,如果严肃对待这些观念:

——一方面,成文法与多样而变化的现实之间存在着本质性的差距;

——另一方面,任何统治都不可能经常坐在每个人床边。[2]

那么,我相信,由于柏拉图自己提出的各种不可能性,文本的诸多潜力悖论地但又非常严格地导致这个观念:归根结底,与事物的本性、法律的本性相适应的政制(*paliteia*),是一种持续地进行自行建制的民主制的政制。

* * *

在重新开始讨论这个涉及政体划分的部分之前,我想强调一

---

[2] 另外,这是针对极权主义的整个批判的核心。因为极权主义乌托邦就是这样。我已经给大家讲过。奥威尔(George Orwell)的小说《1984》提到的闭路电视监视器,还有其他的属于这种类型的幻想,无论是文学上的还是现实之中的幻想,都表现了这种极权主义。极权主义国家的各种理想都被每个公民完全内化,这最终意味着每个人都变成——从卢梭直到阿伦特对于这种现象的诠释都是在这个方向上进行的——他自己的监视者和告密者,与一般意志、国家、党有关系的监视者和告密者,或者是与无论你们想要的什么东西有关系的监视者和告密者;这里有一个x,大家可以按照自己的喜好填上它。于是,在《政治家篇》的这些观察中可以发现针对一切极权主义政体的批判之核心,甚至针对一切官僚制权力,包括工厂里的劳动管理、规章、工头等等。

个事实。实际上,整个关于法律诠释、关于诠释学的讨论,就是从柏拉图和《政治家篇》的这个段落开始的。不仅如此,整个关于作为异化的对象化的讨论也是由此开始的,不过,这方面也包括《斐德罗篇》的一个段落。存在着诸如活生生的主体,活生生的逻各斯,活生生的言说、讨论、对话;用一个时序错误的说法来讲,这就是真正的"精神之生命"。然后,存在着僵死的沉积物,即文字、成文法(grammata)、人工制品,这些都是精神已经构成的东西,精神在其中结晶,凝结定型,但又从中退出。这在后来的哲学、在黑格尔和马克思那里变成了一个重要的主题:这些对象化自此以后是作为一种活生生的主体的僵死的产物而存在的,这种僵死的产物妨碍活生生的主体,就像障碍一样阻挡着主体的进一步实现,或者妨碍主体的后来的生活。这就是黑格尔所谓的"变成外在于自己":活生生的精神已经从中退出去了的精神的作品。这种区分的起点,活的精神与死的作品之间的对立的起点,就在《政治家篇》的这个段落。

4. 再论第二个离题,即关于政体形式的离题

我不打算在这个问题上停留很长时间。在292a开始出现一段阐述,接着被一番长篇离题打断,这个离题涉及法律、王者等等,然后,柏拉图在300d和303b之间返回到主题上来。他从各种政体的划分开始,依据的是希罗多德那里已经知道的旧标准,即一个人、几个人、所有人进行统治。或者:君主制、寡头制、民主制。此外,这的确是贯穿在政治理论史和哲学史之中的一个传统主题(topos)。在逻辑学上与之相应的对等物,则是单称判断、特称判断和全称判断。黑格尔说,亚洲人知道一个人的自由,希腊人知道一些

人的自由，而德意志—基督徒知道所有人的自由。然后，柏拉图按照科学来界定政治家，接下来从这里开始重新引入法律，最后抵达这三种政体的二分。柏拉图的文本常常起伏不定，我不想在此逗留太久。我们说，在这个时刻出现了唯一正确的城邦，由王者驾驭的城邦。而且对于这三种政体来说，有些国家形式是建立在权利基础上的法治国家，有些国家形式则是处于非法状态的国家。这就是说，在君主制政体中，如果有某个人按照法律来统治，那就是真正的王权制；否则是僭主制。在只有几个人进行统治的政体中，如果是按照法律进行统治，那就是贵族制；否则是寡头制。最后，民众进行统治，这时候没有任何预先确定的名称，不过还是可以区分出不同的情形：民众没有法律而进行统治，另一种情形则是民众依据法律进行统治。但是柏拉图拒绝命名这两种政体。

关于这一番讨论，在我看来，并没有什么太多的东西要说的，只有再次钦佩柏拉图的修辞与诡辩。因为他在第三个离题之前的几个段落对于雅典民主政体的描绘方式完全是无法接受的，是一幅怪诞的漫画。在他的描述下，雅典民主政体仿佛是这样的政体：它任意决定医学方面的好坏，通过抽签任命一些人负责执行各项法规，然后要求他们进行汇报，责问他们，如此等等。这个论证是完全无法接受的，而且是不诚实的，因为确切地说，在雅典，由城邦来决定的事情，并不是一种技术性知识赖以存在的那些问题和主题。城邦决定一般的法律，或者决定政府（gouvernement）的法令，但是不存在任何法律涉及作为活动的驾驭（gouvernement）。柏拉图把雅典的民主制与船只的驾驭或者医生的活动相比较，其目的就是要把雅典民众（dèmos）描绘成这个样子：他们愚蠢地决定船只的驾驭者应该做什么，强迫他遵循民众在这个方面制定的法规。然而实际情况并不是这样,雅典不存在与作为活动的驾驭有关的法规。民众的活动所涉及的方面,都绝对不是技术上的事情。我在上一次课给大家说过,其实柏拉图自己非常清楚这一点,既然他在《普罗泰戈拉篇》讲到其他事情的时候就已经讨论过这种情况。不过,我们在这里不必进一步考虑这些关于政体类型的区分。

六、结语:关于《政治家篇》的谋篇布局

现在,我打算提出几个看法,以此作为结语。这几个看法涉及《政治家篇》的整体结构——在我们的阅读一开始的时候,我就把它称作这个结构的"奇特性"。

《政治家篇》的谋篇布局确实非常古怪。在那里,柏拉图启程去寻找政治家的定义,他提出了几个相继的定义,只是为了一路上将其抛弃;在那里,有一些附带插入牵涉到非常重要的问题,还有一些离题触及到非常具有本质性的要点,例如第三个离题讨论了法律。对于这种极其古怪的布局,人们应该怎么想呢?如何理解《政治家篇》在布局方面的这些奇特之处?这个问题越发迫切,因为我们知道,柏拉图特别擅长写作布局完美的对话,无论是从戏剧性的形式来看,还是从论证的非常紧凑的安排来看,这些对话的布局都堪称完美。我们想到《会饮篇》,既是文学杰作也是哲学杰作,我们还想到《普罗泰戈拉篇》《斐德罗篇》《克里托篇》《高尔吉亚篇》《欧绪德谟篇》,以及《国家篇》的第一卷。还有几篇对话,像《泰阿泰德篇》《巴门尼德篇》也都是绝对完美的,其规划如同水晶般透明而坚硬,其学理的阐述收放自如,各个论证团队遵循着完美的作战计划展开极度有序的进攻。

另一方面,我们应当看到,柏拉图在写作散文的时候不像现代人那样——尤其是卢梭和康德之后的现代人——操心形式和布局;亚里士多德和修昔底德也是如此。他们跟随自己的思想,任由笔端蔓生枝节和离题。就像我们思如泉涌的时候也会信马由缰:写着写着,别的思想来了,我们不惜一切代价想要将其记录下来,也不管它们是不是与我们正在阐述的主题有关。

这与书面作品中的更为一般的形式问题有着密切关系。从这个视点看来,古希腊的实际情况如何?当然,人们从一开始就在诗歌、史诗和抒情诗那里看到完美而严格的形式。在悲剧那里也很明显:谈到艺术品的力量,不可能想象还有比悲剧的形式更加"有力的"形式了。但是散文却有所不同。这在希罗多德那里表现得很明显,我在去年的研讨课上曾经说过,希罗多德抵制不住讲述好故事的快乐,甚至讲到"严肃的"地方也是如此。至于修昔底德,他把一些一般的考虑编成故事,要么是以他自造的纯粹离题的形式,要么是以当事人的话语的形式。

但是,即便考虑到这个事实,考虑到雅典人写东西不是为了提交教师资格考试的论文,不用担心评阅人会在论文上写下"跑题"二字,即便如此,《政治家篇》的布局仍然是非常古怪的。特别是因为它所涉及的两个定义——先是把政治家定义成牧者,然后又定义成编织者——都与对话的要旨无关。这种情况是有先例的:《智者篇》的对话是从定义一系列活动开始的,但是这些活动只在次要的方面涉及智者;不过,人们可能会说,在《智者篇》,柏拉图对于他的主题、对于智者的兴趣是相对次要的。这种说法对于《政治家篇》而言就是错误的:谁能坚持认为柏拉图的兴趣不在于政治(le politique),不在于作为王者、作为政治人的政治家,或者作为领域的政治？[3] 人们清楚地知道，他有好多次都在这个话题上做文章！

不过，有一条接近《政治家篇》的路径，或许会减轻这篇对话在布局上的奇特性，让它变得不是那么晦暗不明。这就是认为，在两次主要的离题之中表达出来的那些考虑都不是次要的，而是构成了这篇对话的主旨。

因此，第一个离题——我在几周前告诉大家，这个离题引入了克罗诺斯的神话——具有战略上的重要性，不仅在《政治家篇》，而且在柏拉图的哲学和政治作品之中都具有如此的重要性。因为正是借助这个神话，借助于这个关于神圣的牧者和地上的世界的观念（这个地上的世界被神抛弃了，注定要衰落和败坏），柏拉图为自己制备了可以说是政治—哲学上的战略储备。这个关于克罗诺斯时代的神话也是关于当前时代的神话，尽管当前已经不再是克罗诺斯时代，而是宙斯时代。这个神话安置在《政治家篇》的中间，因此为那些相信它或者愿意让自己被它强烈感染的人提供了全部战略纵深，就像人们谈论的领土的防御纵深那样，这种战略纵深对于柏拉图正在推进的其余部分来说是必要的，使之显得具备了充分的防卫力量。

同样可以认为，第三个离题的引入，其实也是对话的目标之一，因为柏拉图有必要引入这个法律批判，在这个地方形成共振，强化和巩固他对于活生生的言说的对立面即成文言说的整个批判。而且，柏拉图也有必要预先批准（如果我可以这么说的话）王

---

[3] 这里我把"le politique"既当作 politikos（《政治家篇》这个名称的希腊原文）又当作一般意义上的"the political"来翻译，以便符合这个法语词的双重意义，而且我相信作者这里的意图如此。——英译注

者的权利,因为王者的出现可能会显得突然,因而就像那位结束旅行回到家的医生,他可能会撕碎以前留下的处方,并且写下另一套处方或者口头吩咐病人应该做什么、不应该做什么。

也必须着眼于这个离题来理解牧者的意象——后来又抛弃了——以及编织者的范例的引入。我已经告诉大家,编织者的范例引入了其他的疑难和悖论,这些疑难和悖论都与下述问题有关,即这个著名的编织者最终是把什么编织起来,从什么开始编织,他的原料是怎么样的。

所以,说到底,我认为必须从这个视点来观察《政治家篇》在布局方面的诸多奇特之处。这是一座巴洛克式建筑,然而是有意建成这样,是通过协调安排有意识地建造的。因为,尽管对话的进展并没有在每个时刻都受到严格的逻辑控制(我的意思是说,一种形式上的控制),但是,这篇对话的发表——柏拉图承认这篇对话稿是他写的,否则我们不会得到它,它也不会流传下来让我们看到——确确实实是一种有意识的、存心的而且是有人承担的行为,就像人们今天会说的那样。因此,整个事情的发生就好像是,柏拉图在把这篇对话写成现在这个样子的时候,他确实已经想要提供一个关于活生生的思想的成文实例。好像他已经想要给我们提供一些成文法(grammata),这些成文法显示了精神、思想、逻各斯在被交给它自己的时候、在不去操心表达形式或者外部理解的问题的时候是如何运作的。好像他在告诉我们:这就是它在运作之时如何运作的;这就是人们如何进行思考的。

人们可以对《政治家篇》提出批判——在我们的讨论过程中,我已经做出了很多批判。然而也必须把它看作是我们所拥有的(就我所知)最为接近真正的思想行程的样本之一,而这个思想是一种重要的、伟大的、本真的思想,它在运作的时候不去操心批判者、主考官、形式主义者、亚历山大里亚的语法学家或者法兰西学院的院士……它就这样运作,这样展开,有时候离开原来的话题,然后尽可能恢复平衡。我们可能会想到安德烈·纪德(André Gide)如何评论天赋与天才的差别:"有天赋的人做他想做的事;有天才的人做他能做的事。"柏拉图确实如此,在这篇对话中,他做他能做的事情。他能够任由自己这样展示思想的行程,不需要做出修正。他以这种方式使我们看到思想的劳作所具有的一些最为深刻的方面。这些方面也出现在其他的对话之中,不过是以完全不同的方式,例如在《蒂迈欧篇》,正当对话进行到中途,一个突然的发现将它打断了:人们发现开始就走错了,必须从头再来。同样,在《泰阿泰德篇》,对话几度中断,几度重新开始。另外还有《法篇》,尽管它提出了一些其他的问题。亚里士多德也有这种离题的习惯,经常撇下正在论述的事情,跑到他觉得是重要的方向上。不过,他的方式要温和得多,从来没有像我们在《政治家篇》中遇到的这样强烈。

  我并不是想要提出一些肤浅而轻易的比较,而是希望大家能够理解我说的意思:这里我们遇到与梦有些相似的东西。在《政治家篇》中存在着一种隐内容,不是单一的而是多重的隐内容。无论弗洛伊德有时候怎么说,这种隐内容在梦里也不是单一的。梦里的隐内容作为单一性的存在,更大程度上是一些从属的营造所产生的结果,因为隐内容本身倾向于在所有的方向上发生,弗洛伊德完全知道这一点。而且,每当创造性的想象真正在工作的时候——甚至只是我们所把握的理论上的想象,还没有受到以某种方式从外部强加的各种形式上的约束——实际情况或多或少总是这样;因此,这种想象在劳作、在进行创造的时候,仅仅借助于它已经将其融合到自己那里的一些形式上的约束,例如这个事实:它能够言说,它没有被降低成咕咕哝哝,而是在表述什么事情。

而且我还认为,我们在这里得到某种类似于我们可以称之为隐内容的东西,这种隐内容位于一切乐曲的开头,或许最初只是包括一个节奏或强度,结合了另一个有旋律的隐内容。所有这些在一开始都被交给第一级从属的营造,对于表现的营造;然后被交给第二级从属的营造,营造真正的定形(fixation),就是说,营造表述或者布局。[4] 这种第二级的营造本来可以"修正"《政治家篇》:人们可以想象柏拉图或者其他某个人回过头来检查这篇对话,以便使它具有它在目前所没有的外在形式上的融贯性。然而这样的事情并没有发生。尽管如此,我还是要说,阅读《政治家篇》——也正是由于这个原因,我才一直在这篇对话上逗留——有点儿像聆听肖邦即兴创作一支小夜曲、一支叙事曲,先是把曲调弹奏出来,然后再写下来。与广为流传的错误看法相反,肖邦的作品在很大程度上都完整地写出来了,不是纯粹的即兴创作。他回过头来进行检查,建造了一座非常严密、非常巨大的建筑。但是我们也知道,他是一位伟大的即兴创作者。这就是我试图将其标记出来的差别;而且,这就是《政治家篇》给我们提供的差别。

我打算在这个地方结束,在这个关于思想作品的真实呈现的

---

[4] 关于音乐作品的布局构思,参见例如"社会—历史之物:存在样式,知识问题"("The Social-Historical: Mode of Being, Problems of Knowledge"),收入《哲学、政治、自律》,第44—45页;以及"从单子到自律"("From the Monad to Autonomy"),收入《碎片中的世界:论政治、社会、精神分析和想象》,第182—183页。——英译注

主题上结束。也请大家都来讨论我们已经看到的通过这种真实的呈现而展开的一切理论内容。在大家看来,也在我看来,这些理论内容将会辩护我们所做的这个事情,即我们把这几次研讨课全都用于这篇对话。与此同时,这使我们看到所谓"阅读"一部哲学作品的一个例子。"阅读"一词越来越被滥用了,但我指的是真正地阅读一部哲学作品,既尊重它又不尊重它,进入它的细节和幽深之处,不去事先判定它所包含的一切都是融贯的、同质的,都是有意义的、真实的。

问题

1. 关于王者,天命之人,以及他的现代化身⋯⋯

你指的是罗卡尔,他的声望的神秘性。[5] 但是我已经暗示过一些可以说是更加可恶的案例:希特勒、墨索里尼,或者你想要的无论什么人物。发生了什么事情?某个人突然出现了,他是一切问题的答案之化身。也许对于大部分人来说他并不是这种化身,但是只要有一部分人认为他是,那么就足以让他通过暴力手段来强制其他人承认。此外,始终都非常务实的亚里士多德就是这样分析了僭主的出现。城邦处在危机时刻,进行统治的寡头集团分崩离析的时刻;阻塞(*stasis*)的时刻,城邦的正常运转停顿下来的时刻。于是,知道如何诱惑人民的那个人强行施加自己的影响。例如雅典的庇西特拉图(Pisistrate)。还有其他的大量的事例。

人们也可能想到波拿巴之于1798—1800年的法国。他知道怎

---

[5] 指的是社会党政治家米歇尔·罗卡尔(Michel Rocard),曾经担任法国总理(1988—1991年)。——中译注

么办:他从埃及组织他的宣传机器,目的是让法国人相信他就是这个非凡之人,相信这位伟大的将军有能力带领法国摆脱目前的形势。

所以,这是一种在历史上反复出现的形象,韦伯强调了这种人物形象的奇里斯马式的、宗教的方面:例如穆罕默德。无论人们是否可能高度评价如此这般的人物,无论视之为怪物还是拯救者,但是这种现象确实存在。同样,确实也存在着一种倾向,一种群体癖性,指望有一位天命之人会来减轻我们作为公民的责任。

此外,你也在谈论媒体的角色,在现代世界,媒体偷偷地把它们的选择强加给人们。就我而言,我更乐意把柏拉图的王者的知识同某些现代的有关社会和历史的知识宣称联系起来。我想到的显然是马列主义政党:斯大林的所有马屁精都给他授予了"科学的领袖"的头衔,这并不是偶然的。但是人们也无妨提到我们所谓的专家,在国家行政学院或者其他地方毕业之后任职的官员。为什么是这些人管理我们?因为他们"知道"。他们知道什么?他们大部分时候都一无所知。

至于媒体,仍然用柏拉图的词汇来说,我会把它们归到这个标题下:幻影的呈现。不是真理,而是影像。这是现在已经非常确定的东西。我在 1959 年写过一篇论述现代资本主义的文章,当时我就提出:[6] 人们把一位共和国的总统卖给大众,就像出售一支牙膏。这在 1986 年的今天更加真实了。例如雅克・塞吉拉(Jacques Séguéla),密特朗的"平静的力量",[7]《世界报》严肃地评论希拉克

---

[6] "现代资本主义与革命"("Modern Capitalism and Revolution"),收入《政治和社会著作》第二卷,第 226—325 页。——英译注

[7] 英译者在这里指出,雅克・塞吉拉是一位广告商,他给密特朗在 1981 年的总统竞选提出的竞选口号是"平静的力量"。——中译注

和法比尤斯(Fabius)在《真相时刻》节目上的表现。[8] 这的确是影像操纵,不是别的。这就是德波同志在谈论"景观社会"的时候将其搬到法国并且加以袭用的东西。[9] 我们回过来讲罗卡尔,[10]我相信,他声名鹊起的时间应该回溯到1978年的竞选之夜。法国电视观众第一次看到这样的一位政治家,他没有说"我们输了,但我们无论怎样还是赢了",也没有说"我们输了,因为其他人作弊"或者"因为下雨了"。不,罗卡尔说:我们输了,这是我们的过错,我们只有责怪自己是不是做了蠢事。这真是前所未闻!这话说得非常有力,逆向地利用媒体,这为他招来社会党和共产党的憎恶,而且足以使他在八年的民意测验中保持领先地位。

还有里根(Reagan)!他的政治格言不是"这究竟好不好"而是

---

[8] 社会党—共产党联盟在1986年3月16日的立法选举中遭到失败。法国总统、社会党人密特朗被迫与新戴高乐主义领导人、巴黎市长希拉克过上(分裂的政府)"同居生活",希拉克成了密特朗的新任总理。这样,希拉克以及即将离任的社会党人劳伦·法比尤斯(Laurent Fabius)进行了几场电视新闻秀,包括《真相时刻》(*L'Heure de verite*);卡斯托里亚蒂斯在这里提到的就是这些事情。——英译注

[9] 境遇国际的领导人居伊·德波(他在1967年出版了《景观社会》一书)在一段不长的时间里曾经是卡斯托里亚蒂斯的革命组织"社会主义或野蛮"的成员。该组织的一位前成员曾经详细地描述了德波在这个组织中的一年的经历,参见丹尼尔·布朗夏尔(在这个群体中被称为Canjuers):"时代洪流中的德波",收入《革命的浪漫主义:醉舟文选》(Daniel Blanchard, "Debord in the Resounding Cataract of Time", trans. Helen Arnold, in *Revolutionary Romanticism: A Drunken Boat Anthology*, ed. Max Blechman, San Francisco: City Lights, 1999),第223—237页;一位历史学家的分析,参见斯蒂芬·哈斯廷—金:"'境遇主义国际'、'社会主义或野蛮'与马克思主义想象的危机",收入《实体:理论和文学批评评论》(Stephen Hastings-King, "*L'Internationale Situationniste, Socialisme ou Barbaric, and the Crisis of the Marxist Imaginary*", in *SubStance: A Review of Theory and Literary Criticism*),1999年第90期,第26—54页;对卡斯托里亚蒂斯和"社会主义或野蛮"有所同情的一位境遇主义迷的看法,参见比尔·布朗:"暗夜中的陌生人……",载《不无聊!》(Bill Brown, "Strangers in the Night…." in *Not Bored!*),1999年6月第31期,第74—83页。http://www.notbored.org/strangers.html。——英译注

[10] 罗卡尔一年以前(1985年)在一场抗议活动中离开了法比尤斯的内阁;后来,密特朗总统在其第二个总统任期内任命罗卡尔为总理。对那些潜在的总统候选人来说,这样的辞职都是常见的练习,例如,"国立行政学校毕业生"让-皮埃尔·舍维内芒(Jean-Pierre Chevènement)最近又一次离开内阁,而他在1983年、1990年和2000年曾经从社会党政府辞职。——英译注

"这是不是新闻"。美国袭击利比亚的时候我正好在纽约。事情准备得就像是一场电视实况直播。袭击是这样进行的,以至于它要独占 19 点的电视新闻。所有电视频道都在谈论这场袭击,不谈别的。19 点 30 分,白宫发言人拉里(Larry)的谈话开始上演。21 点是高潮:里根对美国人民的讲话。"从现在开始,世界将会知道,你们不能惹我们。"然后是民意测验,节目结束:你喜欢吗? 5∶1,美国人赞成这场袭击。或者欣赏这个电视节目;差不多一回事儿。

尽管这么说,但我绝不会给当代社会辩解,说它受到了媒体的强奸。它受到强奸,因为它确实想要被强奸。那些任由自己被"新哲学家"愚弄和侮辱的法国读者也是如此。[11] 他们拥有他们应得的作者。从这个视点来看,媒体的角色不是决定性的:如果有操纵,那是因为存在着"可操纵性"。

2. 关于这两者之间的等价和同一性:一方面是把法律和日常现实分离开的差距;另一方面是事物对于本相的困难的分有——例如巴门尼德对于这个问题的处理。

非常正确。柏拉图的伟大功绩,就是早在《巴门尼德篇》那里已经提出了这个问题。他没有给出回答。后来这成了亚里士多德

---

[11] 关于卡斯托里亚蒂斯对"新哲学家"的看法,可以参见"分裂分子"("The Diversionists", 1977),收入《政治和社会著作》第三卷,第 272—277 页;另外还可以参见他对"新哲学家"贝纳尔 - 亨利·莱威(Bernard-Henri Levy)的答复,"空虚的产业",载《新观察家》("L'Industrie du vide",*Nouvel Observateur*),1976 年 7 月 9 日—15 日,第 765 期,第 35—37 页。后一个文本重印于 *Quaderni di storia* II (January 1980):322—329,一起重印的还有 1979 年 6 月 18 日和 25 日的《新观察家》发表的皮埃尔·维达尔 - 纳盖的书信(同前:315—317, 319—321),以及 1979 年 6 月 18 日的《新观察家》发表的莱威的书信(同前:317—319)。卡斯托里亚蒂斯文本的另一次重印是在他的《迷宫的交叉路口(第二卷):人的领域》(*Domaines de L'homme: Les carrefours du labyrinths II*, Paris: Seuil, 1986),第 28—34 页。——英译注

经常用来反对柏拉图的主要论据。个别的人(anthrôpos)与人的本相之间的关系是怎样的？柏拉图说：他分有本相。亚里士多德反驳说，"分有"是什么意思？只不过是个隐喻。"第三者"论证就是从这里来的。

这个有关个别存在者与普遍性的问题始终存在。唯名论的解决办法没有支撑多久。当然，人们可以约定俗成地决定把拥有如此这般特征的一切哺乳动物称作是"狗"。但是人们发现，就像亚里士多德已经讲过的那样，一只公狗和一只母狗生出几只小狗，而不是生出几只塘鹅。这可不是依赖于语言的约定俗成。因此，存在着某种可以说是"犬性"(canitude)的东西——生物学家会说，这个"犬性"在于基因——而且它超出了语言的约定俗成。

关于个别/普遍的关系问题没有取得进展。我相信，在抽象方面不可能说出更进一步的重要的东西。我只打算补充一点：一个概念的诸多实例与这个概念之间的这种关系，按照我们考虑的存在区域而有所不同。这就是说，一只狗与狗的概念之间的关系，不同于"20世纪法国社会"或"15世纪佛罗伦萨社会"这个存在物与社会概念之间的关系。每一次都必须检查我们所处的存在领域，也必须检查在这个存在领域之中将普遍和个别统一起来的那种联系。

此外，在《政治家篇》，这种对于分有问题的柏拉图式的关注，同时还夹杂着另一个问题，我已经多次强调过：死的文字与活的精神之间的距离。这也是《斐德罗篇》的主题之一：活生生的对话具有高于文字(l'écrit)的优越性，后者凝固了思想，而且禁止对话。

附录

关于翻译

戴维·柯蒂斯

这次翻译遇到的主要挑战,仍旧在于尽量忠实地译出卡斯托里亚蒂斯对古希腊语的独特翻译。[1] 他本人曾经在"想象力的发现"一文中提到:"这些段落……是我自己翻译的。它们常常(有时候是在一些'基本的'意义要点上)与现有的译文颇为不同。我很少操心我的翻译是否优雅。"(《碎片中的世界》,第216页)在他的《政治家篇》研讨课上,卡斯托里亚蒂斯使用的是奥古斯特·蒂耶斯的译本,即纪尧姆·布德(Guillaume Budé)协会的标准的法文译本。不过,当他感到自己可以更好地翻译柏拉图的文本并且阐明其意义,这时候他就脱离开蒂耶斯的译本。在任何一门现代语言中,柏拉图作品的各种译本如果不是天壤之别的话,那也是相当不同的,更不用说是两门或更多的现代语言的译本之间的差别了。如果直接使用现有的《政治家篇》英文译本,那就没有办法抓住卡斯托里亚蒂斯的译文所具有的特殊的术语、措辞和风格。(至于他引用的柏拉图的其他对话以及其他的古希腊作家,尤其是凭记忆

---

[1] 关于我在翻译卡斯托里亚蒂斯作品的过程中遇到的问题和解决办法,请读者参照《碎片中的世界》一书的"关于翻译",我在那里提出了总的看法。也可以参看《政治和社会著作》第1卷附录B和第3卷附录G提供的术语表。

来引用的时候,情况也是这样。)因此,我仍旧决定把这些独特的法文译本——无论是蒂耶斯的译文,还是卡斯托里亚蒂斯自己的译文,或者是它们的结合——直接翻译成英语。这常常需要参考希腊语原文、蒂耶斯的法文本,以及汉米尔顿和凯恩斯翻译的英文本《柏拉图对话集》(Hamilton and Cairns, *Plato: The Collected Dialogues*),我把这三个文本的细微之处融合到这里提供的最终的英文译本之中。

这七次研讨课的法语原文是由帕斯卡尔·维尔奈准备的,并且经过卡斯托里亚蒂斯本人的审阅。它提供了一种令人满意的连续的指导,有助于确定卡斯托里亚蒂斯给出的对话翻译在《政治家篇》中的大体位置。在英语世界,注明引文和文献出处的标准更为严格。因此,我把有些特别附加的注释放在{ }这样的大括号里,我还注明了一些"参照";在大括号里的注释表明引文的出处不完全确定,或者表明是卡斯托里亚蒂斯给出的不太拘于细节的意译。这些附加的注释将会帮助读者紧紧跟随卡斯托里亚蒂斯的解说;其中出现的任何错误都应当由我来负责。

在很多地方,卡斯托里亚蒂斯引用或者临时提到了一些其他的作者。以前我都是直接找他一起核对这些没有指明出处的引文。如今再也不可能这样做了,因此,经过与法文本编辑小组商议,我自己添加了一些注释。但是在有些情形中,没有办法找到他的引语的出处。[2]

---

[2] 这些包括:希罗多德(2月19日的研讨课);"在《巴门尼德篇》讲过的关于虱子的著名故事",德谟斯提尼对雅典人的勉励,以及亚当·斯密谈论"我们的诗人们"(2月26日的研讨课);亚里士多德论"努斯"和尼采的说法"荒漠在生长"(3月5日的研讨课);亚里士多德批判柏拉图"使用诗意的隐喻"(3月12日的研讨课,参见3月5日的研讨课);曼海姆论柏拉图的"反动的乌托邦",我认为这指的是曼海姆的《意识形态与乌托邦》(4月23日的研讨课);柏拉图"在《斐莱布篇》讽刺那个知道正义的本相却不知道回家之路的人",安德烈·纪德谈论天赋和天才之间的差别,以及亚里士多德说的,公狗和母狗生小狗,而不是塘鹅(4月30日的研讨课)。

如同他的多语作品一样,卡斯托里亚蒂斯在研讨课上的讲授也使用了多种语言,好像"只有一门甚或是三四门语言都不足以承受他的思想的分量"。[3] 有趣的是,不少英语词汇溜进了他的课堂。这些包括:自始至终使用"次好"(second best)来翻译 *deuteros plous*,使用"好事之徒"(busyboy)作为 *polupragmonein* 的最佳译名(2月19日的研讨课);还有很多俗语,例如,"谁信你那一套!"(Tell that to the marines!)(2月19日的研讨课),"爵士乐即兴演奏"(jam session)(3月12日的研讨课),"他们会用笑声打断他。"(They will laugh him down.)(4月23日的研讨课);另外还有他对里根总统的"政治格言"的意译(4月30日的研讨课)。

还有一些在法语、英语或者在这两种语言中的新词汇值得注意。卡斯托里亚蒂斯用他自己新造的词汇 comitant(伴随)来翻译亚里士多德的 *sumbebēkos*,我们仍然将其翻译成"comitant"。[4] 我自己后来发现,"comitant"确实或者至少曾经在英语中存在。因此它不是我们的语言里的一个新词。《牛津英语词典》(Oxford Eeglish Dictionary)说,这个现在"罕用的"词项来自 comitānt - em,是 comitāri 即"to accompany"(伴随)的过去分词——恰恰就是卡斯托里亚蒂斯在创造他的这个法语新词汇的时候想要表达的意思!(我查找过几种法语词典,没有找到现存的、罕用的甚或是废弃不用的对等的词语。)Interrogativité(追问)似乎是卡斯托里亚蒂斯的

---

[3] 保罗·贝尔曼:"等待野蛮人",载《新共和》(Paul Berman, "Waiting for the Barbarians", *New Republic*),1998年12月21日,第38页。

[4] 卡斯托里亚蒂斯在"想象力的发现"一文中解释了他对 comitant 的发明(《碎片中的世界:论政治、社会、精神分析和想象》,第216页),并且让读者参考《社会的想象建制》英文本第328页、第395页注释22,以及《迷宫的交叉路口》第322—324页。关于他在本书中的解释,参见这个词第一次出现之后紧接着的两个插入段落(2月19日的研讨课)。

另一个新词,这个词的使用属于临场发挥。我创造了一个英语的"对应词"即 *interrogativity*,在它第一次出现的时候加上了引号。另一个法语词是 *sensorialité*(感觉性)。它的起源相对较晚——1970年,依据《拉鲁斯法语大词典》(*Grand Larousse de la langue française*),它被定义为"感觉系统的功能集合,就是说,诸多专门的感觉装置或感觉器官的功能集合。这是对它们的经典区分"。因为没有英语对应词,我使用了(生造了?)*sensoriality* 一词,该词是对英语中现有的带有康德学说内涵的形容词即 sensory 的名词化[如果翻译成"sensory makeup"("感觉构造"),也许会使人们认为卡斯托里亚蒂斯的有关见解完全是被动的意思]。卡斯托里亚蒂斯使用的另一个法语词 *démiurgie*(制造)是安德里·马尔罗(André Malraux)在1951年造的。这个新词汇来自希腊语的 *dēmiurgia*,意思是创造性活动、技艺、手艺。我只是把这个词翻译成"英语"——*demiurgia*,因此,我利用了一下翻译者的创造性活动所包含的一项小小的特权。

遵循标准的编辑惯例,除了人们最为熟悉的名称之外,专有名词第一次出现的时候应该标示出来。在这里出现的任何错误也由我负责。我查阅了《牛津古典词典》(*Oxford Classical Dictionary*)来拼写古代的人名和地名。大写字母开头的"Sophist"指的是那些特别被认为是属于该范畴的人物,小写意味着(就我能够分辨的程度来说)更一般的含义。[5]

整个译文都采用了非性别歧视的语言:非特指的人称都被任

---

[5] 在法语中没有大小写的区分。不过,复数形式的"sophistes"表示智者派。本书用"智者"、"智者派"来翻译英译者标志出来的"Sophist",用"诡辩者"来翻译小写的"sophist"。——中译注

意地指称为"他"或"她"。这种做法以前已经使用过,而且是与卡斯托里亚蒂斯商量之后提出来的。

法文本的一个微妙之处没有翻到英语中来。柏拉图的《政治家篇》涉及知识,尤其是"政治家"拥有的那种 epistēmē。法语的 *savoir* 和 *connaissance* 都可以翻译成"知识";但是前者的内涵更为正式一些,后者常常带有一种"熟悉"的意思,例如,"kowing (*savoir*) that one knows (*connaît*)"("知道某人知道")。在我们的译文中没有可能反映这个区别,除非每一次都特别指明。[6]

最后,我们谈一下柏拉图的这篇对话的标题本身。在希腊语中,该标题是 *Politikos*,在法语中是 *Le Politique*。英译本的标题是 *Statesman*,这个译名很不恰当,卡斯托里亚蒂斯自己曾经注意到这一点。[7] 如果他直接用英语讲授这些研讨课,我们可以想象他会做出这样的开场白:

现在,英文本的标题,the *Statesman*,特别不可忍受。我在许多场合都说过,希腊语的 *polis* 一词不应该翻译成城—邦(city-state),因为希腊人没有一种分离的国家机器。把从事 *polis* 管理的人称为 *statesman*(政治家),这是完全不可接受的,甚至按照柏拉图关于所谓王者的心术不正的解释来说也是如此。然而在这里,我们已经把这个词项载入传统之中,作为对于柏拉图的这篇对话的通常翻译。我们不能假装说这种现实不存在,所以必须使用这个

---

6 在有关的上下文中,本书把"savoir"翻译成"认识到",把"connaître"翻译成"知道"。——中译注

7 在"时间与创造"的英文原文中("Time and Creation",《碎片中的世界:论政治、社会、精神分析和想象》,第391页),卡斯托里亚蒂斯顺带提到"柏拉图的 *Politicus*(在标准英语用法中被错误地翻译成'Statesman')"。

完全是不合适的词项；每次用到它的时候，我们都要记得它是无法接受的。

同样，当谈到这种"政治家"的艺术的时候，我们指的是他的"政治技能"（"statesmanship"），然而希腊语原文讲的是 politikē，在法语中翻译成 la politique，在英语中则通常翻译成 politics。

我还想给这个想象的旁白加上这个事实：与 la politique（政治／政治技能）相对，le politique 的意思可以是政治家，也可以是"政治的东西，政治事务"（或"政治领域"），后者是一个相对晚近的词项，源自卡尔·施密特（Carl Schmitt）的 das Politische，卡斯托里亚蒂斯没有回避这种情况。[8] 我每次都尽力按照上下文来选择正确的英语译名：statesman（政治家）或 the political（政治的东西，政治事务），politics（政治）或 statesmanship（政治技能）。读者现在可以自己来判断我是否成功地挑出了这些微妙和歧义之处，或者是否还需要替代的读法。

8　在勒弗尔的《书写：政治检验》英译本译者前言中，我讨论了卡斯托里亚蒂斯和勒弗尔对 le/la politique 的用法，见克劳德·勒弗尔的《书写：政治检验》（Claude Lefort, Writing: The Political Test, trans. David Ames Curtis, Durham, N.C.: Duke University Press, 2000），第 x—xi 页。

英译者后记

戴维·柯蒂斯

常言道,"英雄所见略同。"这句格言常常是开玩笑说的,或者是恭维见解一致的谈话双方。然而,在幽默或者相互恭维的背后存在着这样的看法:如果一个人物是伟大的,那么他就会(可能、应该)与另一个伟大人物思考同样的事情。如同皮埃尔·维达尔-纳盖在其序言中指出的那样,柏拉图的另一位评注者列奥·施特劳斯"紧紧跟随文本,以至于效仿文本";他解释说,在这种情况下,"结果却是持续地辩护极其微小的论证细节"。确实如此,尽管施特劳斯——"伟大著作"的教育学派的主要支持者之一,认为"博雅教育(Liberal education)就在于聆听最伟大的人物之间的谈话"——事实上也承认,这些"伟大人物"的见解常常彼此不同,因而把我们这些可怜的现代人置于一种"不可抗拒的困难"境地。[1] 因此,一种不可能的怀旧,即怀恋"(伟大的)人物取得一致意见的相遇",但是,伟大的人物尽管"交谈",却从来没有发生过这种意见一致的相遇——似乎支配着施特劳斯的心灵,并且指点他进行模仿性的"效仿"和"持续的辩护"。

在柯奈留斯·卡斯托里亚蒂斯的持有不同见解的著述和言谈

---

[1] 转引自克劳德·勒弗尔的《书写:政治检验》,第188页。

面前,人们很难找到比它们更加强硬、更加多产的东西来反驳"英雄所见略同"这个看法。卡斯托里亚蒂斯认为柏拉图是迄今为止"曾经存在过的最伟大的哲学家"(《卡斯托里亚蒂斯读本》,第372页)。但是他在1981年就已经说过:"去敬重一位思想家,并不是要去赞美他,甚至不是去解释他,而是要去讨论他的工作,从而保持其活力,并且证明他的工作不受时间的影响而依然有其相干性。"[2] 更早的时候,在1974年,他谈到马克思的工作是"一项伟大的工作",他不仅要求讨论,而且要求深刻的探询:"它是不明确的,也是矛盾的:存在着不同的层次。需要开始一项艰巨的劳作来理解它,就是说,尤其是在那里找到一些问题。"(《卡斯托里亚蒂斯读本》,第15页)后来,在1989年发表的"批判地/政治地反思我们的历史"一文中,他提出一种更为一般的见解,而且把这种见解与恰当地阅读伟大的哲学相联系:

批判地反思诸多历史时代和过程……就是努力在那里找到一些对我们来说是重要的萌芽,以及界限和失败,这些界限和失败在一开始就阻止了我们的思考,因为它们在现实本身之中起到了实际的阻碍作用。(这也是或者应该是我们阅读伟大的哲学文本的方式,如果我们想要使之成为为了我们自己的东西。)当然不是从中寻找模型或陪衬,也不是从中寻找教训。(《碎片中的世界》,第73页)

---

[2] "极权主义的命运"("The Destinies of Totalitarianism", 1981),载《大杂烩》1983年春夏卷,第60期,第107—122页,修正了一个语法错误,按照法语译本来看,这个语法错误似乎是排版印刷的时候产生的(第107页)。

此外，伟大的哲学作品可能犯下极大的错误：康德断言，只需通过观察"主体"，他就能够"为经验提供可能性条件"，这个断言是"伟大思想的历史之中记录在册的最令人吃惊的谬论之一"（《碎片中的世界》，第 345 页）。

然而，我们不要由于某个伟大思想家的巨大错误而草率地抛弃他，也不应该简单地从中汲取"教训"。卡斯托里亚蒂斯认真地反思了对于伟大作品的接受，他告诉我们，这种接受"从来都不是而且绝不可能是单纯的被动接受；它始终也是再—创造"（《卡斯托里亚蒂斯读本》，第 346 页）。的确，这些作品邀请我们透彻地思考它们的巨大的谬论、明显的错误以及露骨的矛盾，以便我们自己可以进一步思考，正如这些思想家已经做过的那样，尽管他们并不是始终都知道或者承认这一点。为了理解他是如何考虑这种接受过程的，在这里值得大段引用他对这个问题的论述（《社会的想象建制》，英译本，第 174 页）：

真正重要的并不是这些构想本身，也不是对它们的批判，更不是对它们的作者的批判。在重要的作者那里，各种构想从来都不是纯粹的；运用这些构想，使它们与这些作者试图思考的物质的东西相接触，这种运用揭示出与他们明显思考的东西不同的某种东西，而且得到的结果比他们规划的论题无限丰富。按照定义，伟大的作者的运思超出他的手段。他在这个意义上是伟大的：他思考的东西不同于已经得到思考的东西，而且他的手段是已经得到思考的东西带来的结果，这种结果不断地蚕食他思考的东西，只要因为他不可能清除他已经接受的一切，并且将自己放在白板面前，即使他处于幻觉，自以为能够做到这些。伟大的作者那里始终存在

英译者后记

的诸多矛盾见证了这个事实；我正在谈论的是真正的、天然的、不可化约的矛盾，想要用这些矛盾来抵消伟大的作者的贡献，这是愚蠢的想法，同样，试图在相继的甚至更深的解释层面上消解或弥补这些矛盾，这种做法也是毫无用处的。

熟悉卡斯托里亚蒂斯的思想的人们都知道他的论点：正如政治挑战社会中已经建制起来的各种存在和做为方式（ways of being and doing），"哲学的真理就是封闭状态的破裂，公认的自明真理的动摇，其中包括而且尤其包括哲学上的真理"（《卡斯托里亚蒂斯读本》，第371页）。它的特有的彻底创造性就在于，"它是这种运动，是一种创造出它在上面行走的那块土地的运动"。它是规定性的，而不是预先受到了规定——甚至"整个希腊—西方哲学"的土地仍然是"规定性的土地"。这种创造始终也必须把自己规定成某种特殊的东西："这块土地不是而且不可能是任何东西——它进行界定、划界、塑造和约束。"因此，

某个伟大的哲学具有的界定性特征，就是容许它走出自己的土地之外的东西，甚至是激励它走出去的东西。由于它倾向于——而且不得不——负责可思之物的总体，所以它倾向于围拢它自己。如果它是伟大的，人们就会在它那里发现一些迹象，表明思想的运动不可能在那里停止，甚至可以发现一部分手段来继续这个运动。这些迹象和手段的表现形式是疑难、背反、明显的矛盾、异质性的团块。（同前）

目前的这个研讨课记录为我们提供了一个典范实例，显示出

这种务实的、中肯的、有识别力的进路如何通向对于伟大作品的透彻思考和阅读。卡斯托里亚蒂斯在1986年4月30日的研讨课结束的时候这样说道:"我指的是真正地阅读一部哲学作品,既尊重它又不尊重它,进入它的细节和幽深之处,不去事先判定它所包含的一切都是融贯的、同质的,都是有意义的、真实的。"在这里,他尊重而又不尊重的对手是柏拉图,雅典民主制在哲学上的伟大的反对者——柏拉图本人宣称,雅典的民主制"绝不可能做任何伟大的事情"(《政治家篇》,303a)。我们知道,卡斯托里亚蒂斯不仅在孤立的个人那里而且尤其在集体的民主努力那里——这些努力可以培育而不是窒息创造性——看到了人类成就伟大事业的能力。[3]

* * *

卡斯托里亚蒂斯把柏拉图的《政治家篇》历史性地放在《国家篇》和《法篇》之间的关键位置上,检查了它的"离奇怪诞"的结构。但是,关于这一系列研讨课,我们应该说些什么呢?它们在结构上并没有脱离常规,但是的确让人感到新奇。《政治家篇》有很多离题和附带插入,与此相似,这些研讨课记录也有很多漫笔(例如谈到乔姆斯基和肖邦)。像《政治家篇》那样,这些研讨课记录徘徊在书写的东西和言说的东西之间,不过,与卡斯托里亚蒂斯谈论的这篇对话不同,这些研讨课记录并不是按照同样有意的、带有标记的方式做出这样的往复徘徊。

---

[3] 比较一下他在4月30日的研讨课上对柏拉图和帕特农神殿的评论与《卡斯托里亚蒂斯读本》第348页有关革命后的希腊、法国和美国的民主创造性的论述:"悲剧与帕特农神殿"("tragedy and the Parthenon")、"司汤达、巴尔扎克、兰波、马奈和普鲁斯特"("Stendhal, Balzac, Rimbaud, Manet, and Proust")以及"坡、麦尔维尔、惠特曼和福克纳"("Poe, Melville, Whitman, and Faulkner")。

英译者后记

在卡斯托里亚蒂斯的全部作品中,这些授课记录处在什么位置上呢?为了对此有所了解,让我们从他的幽默的反应开始:他不知道他已经写了一本新书。不仅如此,卡斯托里亚蒂斯从来没有从头到尾地写过一本书。八卷本的 10/18 系列著作(《政治和社会著作》第 1—3 卷和《卡斯托里亚蒂斯读本》选译了这个系列的很多文章)重印了他在革命杂志《社会主义或野蛮》上发表的文章,附有几篇新的导论性质的文章。六卷本的《迷宫的交叉路口》丛书(目前为止选译在《迷宫的交叉路口》《哲学、政治、自律》《卡斯托里亚蒂斯读本》和《碎片中的世界》)重印了分散的文章和访谈,也包括以前没有发表过的材料。甚至《社会的想象建制》也不是一本通常意义上的著作,而是四个章节加上五个部分的《社会主义或野蛮》的系列文章,尽管我们将这本书称作他的巨著。除了另一个根据录音整理的文本之外——这是他在 1980 年与达尼埃尔·科恩-邦迪(Daniel Cohn-Bendit)的公开谈话,题为《从生态学到自律》(*De L'écologie à L'autonomie*),现在收入《卡斯托里亚蒂斯读本》——这些研讨课记录事实上构成了卡斯托里亚蒂斯出版的第一本具有书籍长度的、论述一个单独主题的著作。[《六八年五月:缺口》(*Mai 68: La brèche*)是他和克劳德·勒弗尔、埃德加·莫汉(Edgar Morin)一起写的。他用笔名写了第一部分,现在收入《政治和社会著作》第 3 卷,另外有一篇二十年之后的回顾性文章,收入《碎片中的世界》。这本著作最初是油印的小册子,在"事件"发生期间分发给抗议者。1981 年发表的《在战争面前》(*Devant la guerre*)分析了作为一种"军阀政治"的俄国,这部著作最初只是在 1980 年的一份杂志上发表的文章。]

因此,卡斯托里亚蒂斯是一位不断投入、不断发展的作者和言说者,"努力找到一些对我们来说是重要的萌芽",而不是一位撰写分量或大或小的大部头著作的作家,比如说,论述疯狂与文明、资本主义与精神分裂症,或者也许是明信片。他的言说变成了中等篇幅的论文集,他的论文变成了公开的谈话和访谈,在他整个一生之中得到了加工和再加工。举一个很恰当的例子:在1965年,他给英国的同志做了一次演讲,演讲稿印刷成伦敦团结组织(London Solidarity)的小册子,即"现代社会的危机"("The Crisis of Modern Society",收入《政治和社会著作》第3卷),修改之后发表在1979的一份法国—加拿大杂志上,题目是"社会改造和文化创造"("Social Transformation and Cultural Creation",收入《政治和社会著作》第3卷),后来又经过修改,在1987年讲给美国听众,题目是"文化危机和国家"("The Crisis of Culture and the State",收入《哲学、政治、自律》)。[4]

卡斯托里亚蒂斯也在1979年写了"社会主义和自律的社会"("Socialism and Autonomous Society",收入《政治和社会著作》第3卷),这是写给10/18系列文集的一篇导论性质的文章,论述社会主义的内容。在这篇文章中,他正式抛弃了社会主义这个已经太过于滥用的词项,转而支持自律的社会。这篇文章有很多地方类似于《论柏拉图的〈政治家篇〉》,这表明它确实是关于柏拉图的研讨课的先驱文本。

首先,卡斯托里亚蒂斯此前对于《政治家篇》的唯一一次实质性的讨论出现在"社会主义和自律的社会"一文。[5] 在那里,他检

---

[4] 参见我的论文"卡斯托里亚蒂斯论文化"("Castoriadis on Culture"),http://www.costis.org/x/castoriadis/culture.htm。

[5] 另外可参见"关于翻译",第五个注释,以及下面提到的"论社会主义的内容 I"。

查了柏拉图的观点,即认为法律就像一个"傲慢而无知的人"那样行事;他还强调说:"被法律所释放的权力……不能完全撒手不管",因为"无论在其深刻性上,还是就其在今天的相关性方面来说,都不能低估《政治家篇》的这种关于法律的讨论。"(《政治和社会著作》第3卷,第329页)如同他在3月26日的研讨课上所做的那样,他抨击了共产主义专政,将马克思与柏拉图相联系,并且肯定了各种规则和建制的必要性(同前,第328—330页)。然而,不仅存在着规则,而且还存在着与规则的距离,"一种无法消除的差距,这个差距使社会向它固有的问题、向有关正义的问题敞开"(同前,第329页)。"规则与具体案例之间的这个本质性的差距并不是绝对的"(4月23日的研讨课)。在最后一次研讨课结束的时候,他从柏拉图的文本得出与后者的明显意图相反的推论:"这就是社会的持续不断的、民主的自行建制",正如他在"社会主义和自律的社会"一文中得出有关社会的结论:"社会……经常处在明显的自我建制的运动中"("社会主义和自律的社会",《政治和社会著作》第3卷,第329页)。在这个方面,我们甚至可以补充一个最终无法找到出处的指涉:正是爱德华·贝拉米[6](同前,第317页;卡斯托里亚蒂斯补充说,"我认为")给柏拉图的"这种法律批判"提供了一种"社会主义的形式:例如,法律严禁穷人睡在桥下,同样严禁富人睡在桥下"(3月26日的研讨课)。[7]

尽管如此,我们仍然必须更进一步追溯这些根源。以"社会主

---

[6] 爱德华·贝拉米(Edward Bellamy,1850—1898):美国作家和社会主义者,其小说作品《回顾》(Looking Backward,1888年)表达了他的社会主义观点。——中译注

[7] 诸多相似之处甚至出现在微小的细节上,例如他转述的黑格尔关于一个人、一些人、所有人的自由的观点("社会主义和自律的社会",《政治和社会著作》第3卷第322页;以及4月30日的研讨课)。

义和自律的社会"为导论的那些关键文本构成"论社会主义的内容"的前两个部分("论社会主义的内容"I 和 II,现在收入《政治和社会著作》第 1 卷和第 2 卷)。在一些预备性的评论之后,卡斯托里亚蒂斯谨慎地从"关于社会主义的实证的界定"开始了 1957 年的这个经典文本,论述了建立在委员会基础上的工人的管理:"我们的诸多观念的内容致使我们坚持认为,说到底,除非是从关于社会主义的最为全面的观念开始,否则不可能理解资本主义及其正在经历的危机所具有的深刻意义"("论社会主义的内容 II",《政治和社会著作》第 2 卷,第 92 页)。同样,在对《政治家篇》提出开始的评论之后,他解释说:"之所以在此时提出这些预期,是因为如果没有看到这篇对话的中心内核,没有看到在那里得到发展的诸多立场以及它们产生的总问题,那么我们就不可能理解关于这两个定义的讨论所存在的真正赌注。"(2 月 26 日的研讨课)这些研讨课的"预期"涉及"各个层级上的自我管理",还涉及"针对一切乌托邦的彻底的、完全受到了辩护的谴责"["论社会主义的内容 II"建立在工人运动的实际经验的基础上,而且坚决反对"向后看的乌托邦思维"(《政治和社会著作》第 2 卷,第 101 页)][8]。

* * *

现在存在着一种倾向,想要把早期和晚期的卡斯托里亚蒂斯加以对照,认为前者是"政治的"或"革命的"卡斯托里亚蒂斯,而后者则是"知识分子"、"学究"、"哲学家"等等,好像这两套词语必须

---

[8] 不过,最有说服力的证据是最后一天研讨课的第二个注释,其中谈到《政治家篇》包含着"针对一切极权主义政体的批判之核心,甚至是针对一切官僚制权力,包括工厂中的劳动管理、规章、工头等等的批判之核心"。

始终完全相互排斥。⁹ 把卡斯托里亚蒂斯的整个作品在时间上一分为二,这种做法是不成立的。为了明白这一点,就让我们来检查一下,按照我所谓的先驱文本来阅读这些研讨课,如何能够阐明《论柏拉图的〈政治家篇〉》的诸多明显的反常之处。

首先,有一个小细节偷偷地溜进了转录的文本中,这个细节与蒂耶斯译本的一个错误有关。这是《政治家篇》中一个恢复完整的段落,在 292e,是小苏格拉底对爱利亚的外邦人做出的最为重要的回应之一。小苏格拉底在这里说了很多话,远远多于他通常表示赞成的几个字,但是,他仍然在强化外邦人的观点,即认为政治家是单独的"王者":

外邦人:这样说吧,在一个有一千个公民的城邦中,可能会有一百个或者五十个公民掌握这种(政治)科学吧?

小苏格拉底:按照这种算法,政治技能就会是所有艺术之中最容易的艺术了。在一千个公民中找到五十或者一百个棋艺好的人,已经是相当困难的事情。所以,对于这种一切艺术之中最难的艺术来说,如果能有一个公民掌握这种艺术,就已经是奇迹了!

有趣的是,卡斯托里亚蒂斯清楚地知道正确的"一千"(chilioi)和蒂耶斯的不正确的"一万"(murias)之间的差别,而且在他的复本中注明了这个错误。他在 1957 年曾经谈道,"资本主义对于社会的组织,否认了人民的自我组织能力",但是,资本主义对于社会的组织

---

9 最恶劣且持续不变的例子是高特鲁(Philippe Gottraux)提出的受到布尔迪厄启发的社会学论题,"Socialisme ou Barbarie": Un engagement politique et intellectuel dans la France de l' apres - guerre(Lausanne: Editions Payot Lausanne, 1997)。

本身具有根深蒂固的非理性、矛盾、浪费和永恒的冲突,这时候,他也许想到了《政治家篇》的这个特定的段落。他说:"如果在他们中间有一千个人拥有既定的自我组织能力,资本主义就在于或多或少任意地选择其中的五十个,授予他们管理上的权威,并且决定其他人都应该是小齿轮。"("论社会主义的内容 II",《政治和社会著作》第 2 卷,第 93 页)"一千"和"五十"在这两个段落中都出现了![10]

《政治家篇》292e 与"论社会主义的内容 II"之间的这个数字比较是牵强的吗?卡斯托里亚蒂斯两年前就已经提到过《政治家篇》把法律比作"无知而粗陋的人",并且得出结论说,"只有当社会主义的解决办法是一种具体的解决办法,涉及工人的组织单位持续地参与规定这个解决办法,只有在这个时候,社会主义的解决办法才可能是社会主义的"("论社会主义的内容 I",《政治和社会著作》第 1 卷,第 300 页)。因此,在 50 年代中期写作这些论述社会主义的内容的里程碑式的文本的时候,他已经彻底研究过《政治家篇》,研究过它对于法律的含糊的批判,以及它对于(有限的、特定

---

[10] 尽管柏拉图正在提出一个强烈的反民主论证,但他仍然是希腊人。希腊语表示"一万"的词语是 *murias*,而 *murios* 的意思是"数不尽的"。皮埃尔·雷维克和皮埃尔·维达尔-纳盖论述民主制诞生的经典之作(即《雅典的克利斯提尼》)的最后一章告诉我们,柏拉图通过从雅典民主制那里借来的东西,尤其是从其数字上的特征那里借来的东西——3,5,10,以及它们的倍数,都是特许的克利斯提尼式的数字——发展了他对雅典民主制的否定。卡斯托里亚蒂斯对维达尔-纳盖他们的这本经典之作赞赏有加。[《雅典的克利斯提尼》由我翻译成英文,包括一篇附录,即"论民主的发明",后者是 1992 年在巴黎举行的一次研讨会记录,参与者有皮埃尔·雷维克、维达尔-纳盖和卡斯托里亚蒂斯。这次研讨会由我本人和克拉拉·吉布森·麦克斯维尔(Clara Gibson Maxwell)、帕斯卡尔·维尔奈、斯蒂芬·巴贝利(Stéphane Barbery)组织,会议主席是以前的"社会主义或野蛮"的成员克里斯蒂安·德斯坎普(Christian Descamps)。举办这次小型讨论会,是为了纪念和批判地检查克利斯提尼改革 2500 周年。正是卡斯托里亚蒂斯在 1991 年第一次推荐我看《雅典的克利斯提尼》,以便为这次活动做准备。]甚至柏拉图都没有把公民群众描述成"myriad"(无数的、一万的)。相反,正是与非存在具有的那种令人烦恼的无休止、无尽头状态相联系的时候,"一万"这个词才出现,意思是"无数的、数不清的":正像卡斯托里亚蒂斯引用的那样,在《智者篇》259b,"在成千上万个场合,存在不存在,而且非存在存在"。

的)人们所具有的自我组织能力的坚决否认。[11] 所以说,认为卡斯托里亚蒂斯曾经是一位投身政治的活动家,后来又变成了一位着迷于希腊的学院哲学家,这种看法抵挡不住对他思想中的发展和连续性的持续检查。

如果仍然倾向于把早年的"委员会主义者"卡斯托里亚蒂斯与晚年的单纯评注柏拉图的"学院哲学家"相对照,那么,这些研讨课的许多错综复杂之处就会抵制理解。例如,当卡斯托里亚蒂斯宣布说(4月30日的研讨课),柏拉图把雅典民主描述得好像是"这样的政体:它任意决定医学方面的好坏",这时候,人们也许会猜测,卡斯托里亚蒂斯也是在抛弃人们认为他以前所支持的那种绝对主义的"一切权力归于委员会"的立场。事实上,他的"论社会主义的内容 II"已经减弱了对于"无产阶级专政"的拥护,他的"社会主义和自律的社会"无情地批判了"无产阶级专政"(《政治和社会著作》第3卷,第326页):"'无产阶级专政'在今天的支持者应该有勇气说明,他们原则上赞成废除在家里工作的农民、手艺人、按摩治疗师等等的政治权利;还要说明,医学、文学以及其他诸如此类的杂志的出版,应该依赖于'工人们'准许的特别授权。""论社会主义的内容 II"提出,一种彻底的委员会体系不仅要求广泛的分权(decentralization),还要求集中的决策——一种考虑周到的、冷静的立场,让许多无政府主义者和自由主义者感到心烦意乱。然而,他的中心的社会主义目标,就是要促进一套建制,这套建制将会顾及现代条件下的参与性民主规则在各个层次上的自我整合的分联,

---

[11] 在"论社会主义的内容 II",第142页,当代出现的对于"真正民主"的可能性的否认,也都被联系于柏拉图的《普罗泰戈拉篇》(1986年的研讨课多次提到了这篇对话)。

不是围绕着中心集合,也不是在"边缘"上打散集合("论社会主义的内容 II",《政治和社会著作》第 2 卷,第 99 页)。(相反,正是在极权主义社会中,例如各种科学的议题,比如李森科主义,都被系统地转变成了政府决议的对象。)因此,卡斯托里亚蒂斯在这些研讨课上坚持主张各种技术领域的工人的相对自律,这种主张是与他早期的观点相一致的,而且事实上是对早期观点的扩展和提炼。

在最后一天的研讨课上,卡斯托里亚蒂斯判断柏拉图的论证是"完全无法接受的,而且是不诚实的,因为确切地说,在雅典,由城邦来决定的事情,并不是一种技术性知识赖以存在的那些问题和主题"。也许又有人会倾向于认为,现在变得老成一些的卡斯托里亚蒂斯正在试图把有些议题排除在直接的民主机构的范围之外,但是以前他却会支持这样的解决办法。然而,有关的议题在这里直接指涉"论社会主义的内容 II"对于**技术**(technique)和**工艺**(technology)的区分:工艺是"在某个既定时刻可以得到的一'系列'技术"中间对于"一组(或一群)既定的过程"的社会选择,例如资本主义工艺对于诸多技术的选择,这些技术力图把工人排除在他们自己工作的管理之外,以便"适应资本主义的基本需要,就是说,把劳动力当作可以度量、可以监督、可以互换的商品来处理"。(《政治和社会著作》第 2 卷,第 104 页)一种工艺的使用、选择和取向,都是头等重要的**政治问题**,然而技术性的问题却不是以"民主集中制的"方式来解决的(尽管在"政治的东西"和"技术的东西"之间的划界本身都还是始终敞开的政治问题)。在这些研讨课上还有其他地方关于希腊语的技艺(technē)的整个讨论,都必须按照"论社会主义的内容 II"提出的这个关键区分来阅读。

卡斯托里亚蒂斯表明:"城邦决定一般的法律,或者决定政府的法令,但是不存在任何法律涉及作为活动的驾驭……不存在与作为活动的驾驭有关的法规。民众的活动所涉及的方面,都绝对不是技术上的事情。"(4月30日的研讨课)这个特别的说明也许显得只不过是经验性的,怀旧地诉诸他喜爱的雅典的实践,好像他已经变得非常迷恋古代希腊,不惜损害工人的管理实践。然而事实上,他早已提出了同样的要点:他从1956年就把匈牙利革命对于委员会的创造——甚至是在政府部门的范围内——概括成工人民主地管理自己事务的一条途径("论社会主义的内容 II",《政治和社会著作》第2卷,第151页)。

在前一次研讨课上,卡斯托里亚蒂斯模仿一位法国军工联合体领导人对自我管理(*autogestion*)的讽刺,如此转述这位领导人的言论:"他们想要医院的清洁女工来给我们动手术!而且,要让外科医生、护士、出纳员、社会志愿者、清洗地板的女工组成的全体大会通过投票来决定病人是否得了阑尾炎而不是支气管炎!"然而,这是否意味着卡斯托里亚蒂斯正在抛弃关于至高的决策委员会和委员大会的观点呢?当然不是。就在同一年,他称赞了1968年5月的法国学生—工人造反运动,"各种静坐抗议和校园宣讲会,在这些抗议活动中,教授和学生、教师和中学生、医生、护士和医院职员、工人、工程师、工头、商业和行政管理人员整天整夜地讨论他们的工作、他们的相互关系,讨论对他们的公司的组织和目标加以改造的可能性"(《碎片中的世界》,第48页)。对于理解他的思想方向和要旨来说,"论社会主义的内容 II"提出的技术事务和政治事务的区分,以及关于在一切层次上都能够自我管理(因而能够自我限制)的一套分联的建制的观念,都再一次显示出根本的重要性。

在 1968 年的"五月风暴"之后(在为这场运动准备前提方面,卡斯托里亚蒂斯及其革命小组发挥了作用),随着"社会主义或野蛮"群体提出的关于工人管理的论题和观念获得普及和推广,自我管理成了法国左派的一个口号。[12] 这个口号引起了这些论题和观念的软化,就此而言,他表示了不情愿的态度:

> 不消除一些特殊群体对生产和工作过程的统治,就不可能消除某个特殊群体对社会的统治……唯一可以设想的生产和工作的组织形式,就是全体参与者的**集体管理**,这是我从 1947 年以来的一贯主张。后来,这被称作"自我管理"——通常是为了用来给现状装点一种改良主义的门面,或者是为了用来当作"测试场地",同时又小心地不去打扰它上下游的巨大牵连。("社会主义和自律的社会",《政治和社会著作》第 3 卷,第 320 页)

因此,在讲到马塞尔·达索尔在十五年以前会如何谈论自我管理的时候(4 月 23 日的研讨课),卡斯托里亚蒂斯并不是在抛弃自我管理背后的原则和实践,而是在捍卫它们,反对 1968 年之后的改良派对这些原则和实践的淡化,也反对保守派对这些杂而不纯的东西的讥讽。

一个具有讽刺意味的事情值得在此一提。在"论社会主义的内容 II"一文中,卡斯托里亚蒂斯仍然含糊地谈到代议制民主。通

---

[12] 例如,采用《社会主义或野蛮》的独特红白封面,《自我管理和社会主义》(*Autogestion et Socialism*) 在 20 世纪 70 年代成了一份有影响力的杂志。

过引证"通讯技术"的进步(互联网出现之前的技术进步),他嘲笑了这样的宣称,即认为"现代社会的规模预先排除了任何真正的民主制的实行。据说,距离和数量都使得直接民主成为不可能。据说,唯一切实可行的民主就是代议制民主,它'不可避免地'包含着政治异化的内核,就是说,代表脱离他们所代表的人们"(《政治和社会著作》第2卷,第144页)。"晚期"卡斯托里亚蒂斯的读者都很熟悉这个论点。不过,他在1957年也承认:"有几种途径来设想和达到代议制民主。立法机关是一种形式。委员会是另一种形式,而且难以看到政治异化如何可能出现在按照自己的规则来运作的委员会体系之中。如果现代通讯技术用来服务于民主,那么,有必要保持代议制民主的区域就会大大缩小。"(同前)很明显,这里的相关议题不是各种标签,而是"政治异化"的存在与否。然而在其晚年的时候,卡斯托里亚蒂斯更加明显、更加彻底和坚决地谴责"代议制民主",强调它与直接民主的"对立"(《碎片中的世界》,第75页),他把这个对立称为"直接而明显的"对立(同前,第89页)。他拥护直接民主(他还考虑,在不能实行当场参与的情况下,通过抽签、轮换或者可以撤销的选举来进行授权,而不是通过"代表")。

经过仔细地检查一些先驱文本,我们看到关于柏拉图的研讨课如何继续探索对于经济和作为一个整体的社会的群众管理所具有的"巨大牵连"——卡斯托里亚蒂斯逐渐把这种群众管理称为"不再是简单的集体管理('自我管理'),而是**社会的持续明显的自我建制**;换句话说,是这样的状态:集体知道它的建制都是它自己的创造,并且能够这样来看待这些建制,能够再次重新开始和改变它们"(《卡斯托里亚蒂斯读本》,第30页)。每周三上午11点到下午1点,法国的一个学年期间,卡斯托里亚蒂斯在"社科高研院"开设的研讨课把数量可观的听众(50—100人)聚集起来。[13] 参与者不仅包括他认真指导的学生,也包括各个年龄阶段的听众:学者和无政府主义者,以前的托洛茨基主义者,以前的"社会主义或野蛮"组织的成员,还有其他很多对他的工作和讨论的话题有兴趣的听众。因此,如同随后计划出版的几卷著作将会表明的那样,这些研讨课让他可以在大量的、各种各样的、批判的、专心致志的听众面前检验他的正在演化的观点。[14]

* * *

卡斯托里亚蒂斯和其他参与者举办的研讨课的录音和誊抄工作早就着手进行了。誊抄本开始非正式地传播。从1991年开始,广场国际(Agora International)——一个致力于促进卡斯托里亚蒂斯所阐明的自律筹划的群体——制作了很多影印的誊抄本,以便于任何人都可以按成本价买到。[15] 卡斯托里亚蒂斯提出的唯一的限制性条件就是,未出版的作品仅限于散发给有兴趣的团体,本身不得变成出版物的形式:他已经多次看到自己的观念遭受剽窃和变质,[16]他

---

[13] 卡斯托里亚蒂斯的教职不是国家"任命"的,而是"社科高研院"成员选举的结果。他为此感到骄傲。

[14] 另一卷誊写的卡斯托里亚蒂斯研讨课记录目前正在由瑟伊出版社编辑出版,系列丛书的标题是 La Création humaine。1987年4月29日,从这卷记录中抽取出来的研讨课记录已经在《现时代》杂志(Les Temps Modernes,609,June-July-August 2000: 41 – 70)的卡斯托里亚蒂斯专号中发表,题目是"社会—历史的现实之中的真理"(La Vérité dans l effectivité social-historique)。

[15] 见《政治和社会著作》第3卷,"附录 E,1991o",第346页。广场国际(Agora International)——27, rue Froidevaux 75104 Paris FRANCE;curtiss @ msh-paris. fr——现在已停止影印发行这些抄本。

[16] 例如参见4月30日的研讨课,关于"新哲学家"的注释。

说过不想让自己未完成的工作变成别人的时髦书籍。[17]

在以前的介绍中,我已经试验过译者前言的形式。卡斯托里亚蒂斯称赞修昔底德、柏拉图和亚里士多德倾向于跟随他们自己的思想,无论思想将他们带向何处。按照这种赞赏的态度来说,通过扩展即兴创作,即兴重复研讨课的主题,以此来仿效文本的特殊方面,这种做法肯定是很有诱惑力的。不过,我只是满足于在纸上看到卡斯托里亚蒂斯自己对于即兴创作、对于"爵士乐即兴演奏"、对于作为"伟大的即兴演奏者"的肖邦等等的思考,这些思考联系着《政治家篇》,联系着《政治家篇》的飘忽不定的结构和"扰动"——这种结构和扰动使我们"直接处在混沌之中"。从我的第一篇译者前言开始(《政治和社会著作》第 1 卷),我就一直强调这个关于爵士乐即兴创作的主题,它是卡斯托里亚蒂斯关于自律筹划的阐明所具有的一个基本特征。[18]

卡斯托里亚蒂斯谴责巴特和结构主义"没有能力看到人的社会存在既蕴含着规则,同时又蕴含着与规则的距离"(4 月 23 日的研讨课)。同样,在接下来的一周,他在回答提问者的时候说:"柏拉图没有看到关于建制的问题,德里达在他的《声音与现象》中也没有看到这个问题。柏拉图没有看到在主体性和它的作品之间发

---

[17] 他引证的名字似乎出人意料:竟然是德勒兹(Gilles Deleuze)。只是在后来我才形成这个假设:卡斯托里亚蒂斯可能感到,德勒兹/加塔利论述资本主义和精神分裂症的著作采用了他自己关于资本主义的矛盾本性的诸多观点——例如,资本主义排斥工人的参与,同时又引诱工人的参与——但是却没有提及卡斯托里亚蒂斯,或者没有同样深度的革命目的。

[18] 在他去世前六个月,卡斯托里亚蒂斯在巴黎拉维莱特(La Villette)的讨论会上论述了音乐的即兴创作。这次讨论会是由爵士乐音乐家和古典音乐作曲家奥尔内特·库勒芒(Ornettt Coleman)组织的。库勒芒的另一位朋友让 - 雅克·勒贝尔(Jean-Jacques Lebel)参加了讨论会。勒贝尔是一位艺术家,与"社会主义或野蛮"的成员和其他人一起,是 20 世纪 60 年代中期发生的巴黎"事件"的发起人。

生作用的关系。"[19]并非一切语言都是"法西斯主义的"（巴特恰恰是利用语言来提出这个可疑的宣称），我们也没有陷入逻辑－、声音－或者无论什么的－中心主义的圈套中。我们所继承的哲学——连同它的维持各种主—客二元论的倾向，甚至在最杰出的批判者中间，也都存在着这种倾向——仍然必须吸收卡斯托里亚蒂斯的原创性贡献，这一贡献涉及社会的想象建制，还涉及它在政治、社会、精神分析和其他方面的种种蕴涵。自律的筹划不是一种排他性的对于成文之物的自主化，也不是对于口头言说的所谓绝对性的自主化，而是要把这种采纳的能力加以自主化，即采纳与我们的作品和我们自己的另一种关系的能力。一个人的即兴创作能力，就像培养这种创造性的社会的能力一样，既不是完全主观的，也不是完全客观的；它是历史的，始终是试验性的，而且永远要被更新。

在卡斯托里亚蒂斯的作品具有的未完成性质中，也许最终存在着某种适当的、具有唤起力量的东西。他设想过两项大型的多卷作品，即《想象的要素》(*L'Élément Imaginaire*)和《人的创造》(*La Création humaine*)。1986年的一系列注释表明（《碎片中的世界》，第213页，第416页注释4，第428页注释6），《想象的要素》打算论述想象力。同一年（同前，第413页注释1），他谈到《人的创造》，打算在他开设的研讨课的基础上进行写作。后来的结果表明，甚至不可能维持成文的著作和重新加工的口头讲述之间的分离。他最终把这两卷著作折合成一项巨大的计划，即"人的创造"。这项计划的著作从来没有出版过。我们这里看到的这些研讨课形成了

---

[19] 英译者在这里出现了笔误。德里达的《声音与现象》是在3月26日的研讨课上提到的，不是在提到巴特和结构主义的研讨课之后的"接下来的一周"。——中译注

这项没有完成的工作的第一个得到出版的部分。

说到底,要依靠我们来继续这项未完成的自律筹划,寻找"一些对我们来说是重要的萌芽",进行言说、书写和阅读,并且在今天与这个星球上的人们一起行动。人可能成就其伟大,这种可能性不应该只是保留给一些人专用,而是向伟大作品的一切对话者敞开,这种对话者敢于做出不同的、更加深刻的思考,比迄今已出现的思考更为深远的思考,如同卡斯托里亚蒂斯对柏拉图所做的那样——如同我们可以反过来对他所做的那样,贴切地讨论他的工作,比他更加深远地进行思考。不是要按照某种"新的"解释来"揭示"代议制民主的种种优点,也不是通过把"早期"和"晚期"的卡斯托里亚蒂斯轻率地对立起来。更甚于以往的是,我们受到"激励,要我们超出"他未竟的工作及其时代所能够做出的思考;要我们在他没有达到的这个新的千年彻底地思考他提出的议题和表述的观念;要我们开凿出新的路径,以便"再—创造性地"接受他的工作;要我们促进他曾经推进的个体和集体自律的民主筹划。单纯地同意他的诸多命题,这只会使他成为纪念碑式的人物,而不是成就其伟大。正是在开掘和筛选出卡斯托里亚蒂斯的"疑难、背反、明显的矛盾、异质性的团块"的过程中,在粉碎"现实本身之中起到了实际的阻碍作用"的各种障碍的过程中,我们才能在我们将要创造的土地上奠定新的基础,建造新的大厦,而且或许才能发现他属于两千五百年来的伟大思想家之列。[20]

---

[20] 麦克斯·布莱奇曼(Max Blechman)、佐伊·卡斯托里亚蒂斯(Zoé Castoriadis)、克拉拉·吉布森·麦克斯维尔、皮埃尔·维达尔-纳盖和多米尼克·瓦尔特(Dominique Walter)对这篇后记的草稿提出了有益的评论和建议,在此表示感谢。另外,也要感谢编辑海伦·塔尔塔(Helen Tartar)的热情支持。

译后记

本书的"序言"和"导言"都曾经提到,读者看到的这本书,是"哲学'广场'上的一个惊人的演出片断,在这里,柏拉图和卡斯托里亚蒂斯彼此对峙,各自施展绝顶的智谋,他们的赌注则是:民主制"。我们知道,柏拉图是历史上最伟大的哲学家之一。尽管哲学史上不乏反柏拉图主义的哲学家,但是,要想跟柏拉图对峙,这毕竟不是容易的事情,非高手不敢为也。那么,这位卡斯托里亚蒂斯是谁,他有怎样的绝技可以施展?

柯奈留斯·卡斯托里亚蒂斯于1922年3月11日出生在君士坦丁堡,两三个月之后随父母移居雅典,在那里度过少年时代。他的母亲是雅典人,弹得一手好钢琴,培养了卡氏对音乐的热爱;他的父亲是君士坦丁堡人,曾经在法国生活过,是一个伏尔泰式的民主派,在卡氏很小的时候就开始教他学法语。

卡氏13岁的时候开始对哲学和马克思主义产生兴趣,中学最后一年加入"希腊共产主义青年"小组。大学期间学习法律、经济、政治和哲学,20岁加入希腊托派组织,反对希腊共产党的斯大林主义。1944年,卡氏获得法国的一项高等教育奖学金(资助博士后研究),1945年年底离开希腊前往巴黎,进入索尔邦大学做哲学研究,并参加法国的托派组织的活动。此后,他一直定居法国。1948—1970 年,作为经济学家,卡氏受聘于"经济发展与合作组织"(OECD),最后曾经担任该组织的经济统计部主任。但是,在 1970 年以前,卡氏一直没有取得法国国籍,只好用化名发表作品,以免由于观点太过于激进而受到驱逐。

1948—1949 年,卡氏与托派组织决裂,与其他人一起创立"社会主义或野蛮"团体(Socialisme ou Barbarie,这个名称来自罗莎·卢森堡),并且出版同名刊物。这个团体的宗旨,是要研究当代社会状况,形成一种与之适应的革命理论。团体中有一些比较著名的人物,例如克劳德·勒弗尔(Claude Lefort)和利奥塔(Lyotard)。在这个团体活动期间,卡氏先后批判了斯大林主义、现代资本主义和官僚政治,反对列宁的政党理论,批判马克思主义落后于当代的社会运动,主张工人自治和社会的自我管理,认为左派必须在马克思主义者和革命者之间进行非此即彼的选择。这个团体内部一直都存在着诸多矛盾。在 1965 年,《社会主义或野蛮》杂志停刊;1967 年,"社会主义或野蛮"团体宣布解散。

1970 年,卡氏从经合组织退休。1973 年,他开始精神分析的训练,并在 1974 年成为一名开业的精神分析师。在这一时期,他批判了拉康的学说,重新解释了弗洛伊德的理论,强调想象力在社会建制中的作用。1979 年,由于他在学术上取得的巨大成就,卡氏被选为法国巴黎社会科学高级研究院导师。他在"社科高研院"开设了一系列研讨课,讨论柏拉图、亚里士多德、康德、黑格尔、弗洛伊德等思想家的作品。1997 年 12 月 26 日,卡斯托里亚蒂斯在巴黎去世。

　　卡氏是一位多产的作家,也是当代思想界罕见的百科全书式的思想家。他的作品涉及的领域包括哲学、精神分析、政治、文学、经济、自然科学和数学等学科。读者甚至可以在这本"小册子"中略微看到卡氏广博的学识。

　　在 1986 年的这些研讨课上,晚年的卡斯托里亚蒂斯面对晚年的柏拉图。在这场哲学的对峙中,我们可以看到柏拉图如何声东击西、瞒天过海、暗度陈仓,也可以看到卡氏如何有备而来、冷静应对、将计就计。总之,高手较量,煞是好看。卡氏自称要像"好的屠夫"(庖丁解牛?)那样,顺着关节来解剖《政治家篇》。至于他施展的"技艺"如何、达到的效果如何,读者可以像观众或者希腊戏剧中的合唱队那样做出自己的判断。

　　读者看到的这个译本也有"一番故事",不过不太有趣。最早是在十几年前,大约是在 2002 年或者 2003 年,我请当时还在中山大学哲学系任教的夏可君博士复印了《论柏拉图的〈政治家篇〉》的英译本。接下来的两三年,我从这个英译本翻译出来一个初稿。后来,可君博士把这本书推荐给三辉图书列入翻译出版计划。当时没有找到这本书的法文本。幸好,在 2007—2008 年,中山大学哲学系的朱刚博士在巴黎访学期间帮我用相机拍摄了法文本。接下来的工作,就是逐句对照法文本校改原来的译稿……不幸的是,在校改将近一半

译后记

的时候,我的电脑被盗,一年多的工作全部化为乌有。我逐渐打算放弃这项翻译工作。可是出版单位仍然愿意看到这本书翻译出来。于是,重新开始,断断续续拖了很久,这个译本终于可以面世了。

在这个译本的校对过程中,两位法语专业人士帮助检查了译稿。华中科技大学哲学系的博士生李佩纹女士检查了第三、第四个研讨课的译文,中国政法大学外国语学院的刘小妍老师检查了第五到第七个研讨课的译文。她们提出了很多修改意见,保证了这个译本的准确性。在此感谢她们的帮助!

这个译本依据的是法文本,并且参考了柯蒂斯的英译本(David Ames Curtis, *On Plato's "Statesman"*, Stanford University Press, Stanford, California, 2002)。柯蒂斯先生是卡斯托里亚蒂斯的朋友,非常熟悉卡氏的思想。他的译本为我们提供了极大的帮助。英译本的"关于翻译"和"英译者后记"有助于读者了解卡氏的思想,因此,征得柯蒂斯先生同意我们把这两篇短文作为"附录"添加在目前这个中译本后面。此外,英译本的注释基本上也都被翻译过来。

再次感谢这里提到的诸位朋友!最后,特别感谢编辑的耐心和宽容。

张建华
2014 年 1 月 28 日

图书在版编目（CIP）数据

论柏拉图的《政治家篇》/（法）卡斯托里亚蒂斯著；张建华译．—北京：商务印书馆，2015
ISBN 978-7-100-11054-9

Ⅰ．①论… Ⅱ．①卡… ②张… Ⅲ．①柏拉图（前427～前347）－哲学思想－研究 Ⅳ．① B502.232

中国版本图书馆 CIP 数据核字（2015）第 018773 号

所有权利保留。
未经许可，不得以任何方式使用。

论柏拉图的《政治家篇》
〔法〕柯奈留斯·卡斯托里亚蒂斯 著
张建华 译

商 务 印 书 馆 出 版
（北京王府井大街36号 邮政编码100710）
商 务 印 书 馆 发 行
山 东 临 沂 新 华 印 刷 物 流 集 团
有 限 责 任 公 司 印 制
ISBN 978-7-100-11054-9

2015 年 5 月第 1 版　　开本 880×1240　1/32
2015 年 5 月第 1 次印刷　　印张 9.375
定价：49.00 元